노동운동과 인터넷

새로운 국제주의

에릭 리 지음
국제연대정책정보센터 옮김

The Labour Movement
and the Internet
The New Internationalism

Eric Lee

Pluto Press

LONDON · CHICAGO, ILLINOIS

김진균

지식인연대 대표/서울대 교수

'대공업이 만들어낸, 서로 다른 지방의 노동자들 상호간에 연계를 맺어주는 진보된 통신수단'—이것은 맑스의 말이지만—극소전자기술시대에서는 그 중의 하나가 자본으로 일컬어질 수 있을 정도로 사회에 내화하고 있는바, 우리는 '컴퓨터를 매개로 한 통신수단'이 노동운동의 새로운 국제주의시대를 열어 갈 가능성에 직면하고 있다. 1996년 12월 말에 노동자의 총파업이 일어났고 그것이 1997년초로 이어지면서 한국의 노동운동에는 국제적인 연대를 몰고 오는 새로운 차원의 상황이 전개되기 시작했다. 몇몇 사람이 재빠르게 총파업을 알리는 통신지원단을 조직해 실시간으로 전 세계에 노동운동 속보를 전했고, 국제적으로 노동운동을 지원하는 사람들은 한국에서 일어나고 있는 사태를 정확히 알고, 지지와 연대를 직접적으로 또는 통신상으로 보내왔다. 이러한 경험에 힙입어 1997년 하반기에는 노동통신과 노동영상에 관한 국제회의를 개최하게 되었는데, 이로써 한국에서도 노동운동을 중심으로 한 통신네트워크가 만만치 않음이 확인되었다.

그렇지만 두 가지 문제점이 발견되었다. 하나는 노동자 또는 노동조합을 연결하는 지역 내지 전국 차원의 네트워크가 독자적으로 구축되어 있지 않다는 사실이고 또 다른 하나는 한 나라의 노동운동이 범지구적 차원에서 문제되는 데도 불구하고 국제적·범지구적인 네트워크에 접속하는 힘이 너무 약하게 짜여져 있다는 사실이다.

민주노동운동은 1987년 이후 전국적인 차원으로 조직적인 발전을 해왔다. 그러나 그 과정에 융합해서 통신네트워크를 구축하기에는 너무나 어려움이 많았다. 동시에 자본은 세계적으로 연결되고 있고 더구나 초국적 자본의 범지구적 횡포는 날로 심해가는 데도 불구하고 그것에 대항하는 노동자·민중의 연대는 자본주의 초기 노동자 국제주의 물결이 지나간 후에 괄목할 만하게 대두되고 있지 못하다.

IMF나 WTO는 다자간 투자협정을 통해서 완벽하게 전지구를 초국적 자본의 지배하에 두려고 서두르고 있고, 한국은 그 외중에서 한파를 맞이하여 총체적 위기에 직면했다. 그 어느 때보다도 노동자·민중의 전 세계적 연대가 필요함을 절감하고 있는 시기인 것이다. 마침 컴퓨터 통신기술이—물론 자본의 필요에 의하여 발전된 것이기는 하지만—그 이용에 노동자의 개입영역이 넓어지고 있음을 실질적으로 인정할 수 있게 되었다. 사람과 돈과 시간을 들여서 직접 만나지 않아도 소통이 가능한 기술적 기반이 조성되고 있는 것이다. 우리나라도 노동자운동의 단위가 잠재된 능력을 조직하면 이 요구에 부응할 수가 있다고 판단된다.

마침 오랫동안 노동운동과 컴퓨터통신으로 새로운 인터내셔널을 꿈꾸며 이 분야에서 실질적으로 일해오고 있는 에릭 리가 노동활동가에게 인터넷을 이용해 온 노동운동의 역사와 그 기술과 형태들, 그리고 새로운 국제주의의 가능성을 점치며 인터넷 이용 안내책자를 간행하였다. 국내에도 인터넷에 관한 서적은 무척 많이 나와 있지만, 확실하게 노동운동에서 이것이 어떻게 이용되고 있고, 어떻게 이용되어야 '노동운동' 맥락으로 구성될 것인가를 보여주는 것으로는 첫번째의 경우가 될 것이다. 그 동안 노동운동이 어려운 고비를 넘기면서 발전해 온 저력에다가, '전자우편, 데이터베이스, 토론그룹, 온라인대화, 전자출판' 등 인터넷에서 이용되는 힘을 얻는다면, 새로운 노동운동의 경지로 나가게 될 것임에 틀림없을 것이다.

이 점을 이 책에서 확인해 보고 민주노동운동을 전망하는 데 그 확충의 가능성을 추구해보자.

한국어판 서문

　나는 이 책의 최초 번역본이 한국에서 나와야 한다는 것에 전적으로 동 감합니다. 오늘날 세계에서 한국은 상당한 상징성을 갖고 있습니다.

　우선 오래된 산업국가들에게 많은 교훈을 주는 아시아 '호랑이'의 사례 로서입니다. 오늘날의 한국은 (대만, 인도네시아, 말레이시아 등과 마찬가 지로) 많은 사람들에게 '호랑이'의 종말―그리고 오래된 자본주의 사회 방식의 예정된 우월성의 확증―을 상징하고 있습니다.

　또 지난 몇 년간 한국에서 일어난 여러 일들은 노동조합 활동가들에게 많은 의미를 줍니다. 먼저 우리는 1996년과 1997년 겨울의 총파업 기간 에 보여준 한국의 노동조합, 특히 민주노총의 투쟁정신에 고무되었습니 다. 이후 우리는 이와 동일한 노동운동이 1997년 11월에 시작된 'IMF 시 대'에 직면하여 혼란과 마비를 겪는 것을 당혹스럽게 보았습니다.

　지난 몇 년간 한국 노동운동의 경험은, 인터넷을 포함한 컴퓨터통신의 활용이라는 점에서 저에게는 특히 흥미로운 것이었습니다. 따라서 1997 년 서울에서 열린 역사적인 '노동미디어 97' 행사에 제가 초대되었을 때 무척 기뻤습니다. 그곳에서 민주노총 지도부와 여타 활동가들, 그리고 유 럽, 북미, 일본, 남아공 및 다른 지역(나는 '다른 지역'에서 온 사람이었습 니다. 이스라엘의 유일한 대표단으로.)의 소수 조합원들과 학자들이 함께 모였습니다.

　이 책은 이 회의가 열리기 훨씬 전에, 실제로 1996년 12월의 총파업이 벌어지기 전에 씌어졌습니다. 하지만 오늘날의 한국 독자들에게 여전히 필요하고도 적절한 내용이라고 생각합니다.

노동조합들이 이런 신기술을 어떻게 채택해 왔는가를 보여주는 역사(1972년까지 거슬러 올라갑니다)는 가장 보수적이고 기술을 두려워하는 노조활동가에게도 이것이 전혀 새로운 것이 아니라는 점을 확신시켜줍니다. 그리고 이는 분명 유행도 아니고 일시적인 시류도 아닙니다. 컴퓨터 통신망은 확고한 지위를 얻게 되었고, 이것은 노동운동을 포함한 사회운동이 활용할 수 있는 강력한 무기입니다.

이 책이 담고 있는 우리가 활용할 수 있는 각기 다른 도구들, 즉 전자우편부터 토론그룹, 온라인 대화, 월드와이드웹상의 전자출판 등에 관한 논의는 여전히 적실성을 가집니다. '노동미디어 97' 회의는 리얼오디오를 통해서 생방송된, 최초의 신기술 활용이었습니다―물론 이 책에서는 이미 예견됐지만 말입니다.

미국, 캐나다 등의 나라에서는 인터넷 이전의, 지방 전자게시판 같은 기술들은 이미 사라졌습니다. 이 책에서 부분적으로 서술하고 있는 이를 만들어 낸 사람들의 경험은, 인터넷에 연결되지는 않았지만 폐쇄이용자그룹(CUG) 같이 여러분 나라에서 대중적인 온라인 네트워크 도구들을 사용하는 노조활동가들에게 여전히 흥미로울 수 있을 것입니다.

이 책의 목적은 이러한 신기술의 활용을 촉진하는 것뿐 아니라 신기술 자체, 그리고 이의 한계를 이해하는 것입니다. 한국의 노조활동가들과 그들의 지지자들이 총파업 웹사이트를 만들어낸 작업은 굉장한 것이었으며, 우리 모두에게 한국 노동운동과 이의 투쟁을 최초로 보여주었습니다. (이 사이트는 여전히 웹상에 있으며, 이를 통해 노동운동이 어떻게 네트워크를 무기로 활용할 수 있는지 생생한 사례를 볼 수 있습니다. http://kpd.sing-kr.org/strike).

하지만 CNN 같은 고전적인 뉴스원으로 파업 소식을 접하는 수억의 사람들과 비교한다면 실제로 얼마나 많은 나라의, 얼마나 많은 사람들이 이 사이트를 보았겠습니까?

그리고 훨씬 도발적인 질문을 던져보자면, 노르웨이, 뉴질랜드, 나미비아 등의 나라에서 얼마나 많은 조합원과 노동자들이 이 사이트를 들여다볼 만큼 한국 상황에 관심을 기울였겠습니까? (현재 월드와이드웹에는 기껏해야 세계 인구의 1, 2퍼센트만이 접속하고 있음을 유념해야 합니다.)

진실을 말해 봅시다. 그리고 이를 직시합시다. 월드와이드웹에 글을 올리는 것으로는 충분치 않습니다. 우리는 이 작고 빽빽한 행성의 모든 곳에서 벌어지는 투쟁에 관해 배우려는, 한국과 다른 모든 곳의 노동대중의 욕망을, 아직 없다면 창출해내야 합니다. 다시 말해, 피터 워터만이 '범지구적 연대문화(global solidarity culture)'라고 부른 바를 창출해야 합니다.

한국 노동운동에 있어서 이는 사활의 문제입니다. 앞으로 몇 달 후나 몇 년 후 민주노총은 다시 한번 전위의 역할을 떠맡게 될 것이며, 투쟁 속에서 한국 노동자들을 이끌게 될 것입니다. 국가의 공격에서 살아남기 위해서 민주노총은 대중적인 국제적 지지를 필요로 할 것입니다. 그리고 이러한 지지는 사태가 벌어지는 즉시 실시간으로 전달되어야 할 것입니다. 한국 노동운동과 전 세계간의 빠른 정보 흐름은 필수적입니다.

이것이 왜 모든 한국 노동조합원이 인터넷으로 연결되었건 아니건, 이 신기술에 관심을 기울여야 하는가의 이유입니다. 여러분이 행하는 노동운동의 생존은 이에 달려 있을지도 모릅니다.

1998년 7월
키부츠 아인 도르에서
에릭 리

감사의 말

내가 이 책을 준비하고 있을 때, 어떤 노동조합의 관계자가 이 책의 집필 자체를 국제적인 공동작업으로 하는것이 어떠냐는 질문을 보내왔다. 그렇게 하고자 하는 나의 의도는 별로 중요하지 않다고 그에게 답변했는데, 이 책과 같은 종류의 책을 쓸 때에는 여러 나라에 살고 있는 많은 사람들의 노력과 경험이 모아져야 하기 때문이다.

노동자교육협회 국제연맹에서 나는 이러한 주제에 관해 배울 수 있었고 이를 연구할 기회가 있었다. 연맹의 집행위원회는 나를 채용하기 전에 컴퓨터통신에 대해 연구하기로 결정했고, 그 이후로도 이 새로운 기술에 전념해왔다. 나는 이 연맹의 의장 댄 갤린과 사무총장 아론 바니어의 은혜를 입었다.

세계 곳곳에서 범지구적 노동네트워크를 만드는 사람들이 시간을 내어 훌륭한 정보를 제공해주었다. 그들의 박식한 분석과 예상, 조언, 그리고 특히 격려는 나에게 큰 힘이 되었다. 4개 대륙의 8개 국가 10여 명의 사람이 내 책의 일부분을 읽었다. 당연한 말이지만 그들에게는 이 책의 부정확성이나 오류, 부당한 견해에 대한 책임이 없다. 이는 오로지 나의 책임이다.

인터넷이 없었다면 이 책의 저술은 불가능했을 것이라는 점은 강조되어 마땅하다. 극히 소수의 경우를 빼고, 모든 인터뷰는 전자우편을 통해 이루어졌다. 한두 명은 문서를 봉투에 넣고 풀로 붙여 우편으로 보내기도 했지만, 내가 보내거나 받은 서신의 99% 정도는 네트워크를 통한 것이었다. 1992년과 1993년의 맨체스터 회의 같은 중요한 회의 자료들은 온라인상에서 열람할 수 있었다. 남아공 노동운동에 전자우편을 도입하려는 남아공노조회의(COSATU)의 노동조합 내부 문서도 인터넷을 통해 나에게 왔다. 그리고 물론 월드와이드웹은 노동조합 정보의 매우 귀중한 원천이었다. 인터넷을 이용함으로써 나는 십여 개 국가의 노동조합 활동가들과 시차도 비용도 없이 질문하고 견해를 교환할 수 있었다.

나는 피터 워터만에게 많은 신세를 졌는데, 그는 이 책의 주제와 관련된 자신의 글을 보내주었을 뿐 아니라 초고상태로 읽고 조언과 격려를 아끼지 않았다.

또한 잭디쉬 패릭, 존 앳킨스, 데이브 스푸너, 크리스 베일리, 그레고리 코인, 피터 스카이트, 마크 벨랜저, 래리 쿠엔, 플로렌스 로스, 샘 랜프랜코, 마틴 니콜, 크리스천 셀러스, 셀리아 매서, 애슬랙 리스란드, 짐 캐터슨, 리차드 플린트, 앨리스 칼, 로라 카버, 배실리 밸록, 키릴 부케토프, 애드리언 베이츠, 피터 홀-존스, 스티븐 힐, 밥 캐스티거, 네이턴 뉴맨, 개리 그래프, 스티브 젤처, 에드워드 B. 아머, 짐 데버, 아리 레보위츠, 찰리 루이스, 제리 프레이, 마이크 로스터터, 재니스 커쉬너, 데이빗 세인트 존, 데이빗 콜리, 로라 세이거, 렌 윌슨, 세쓰 위그더슨에게도 감사한다.

플루토 출판사의 편집자 아서 리포우와 발행인 로저 반 츠바넨베르크가 나의 제안을 받아들이고 협약들을 해주었으며 견해를 나누고 일정을 논의해준 것에 대해서도 감사한다. 이는 모두 전자우편을 통해 온라인으로 이루어졌다.

이 책의 저술은 키부츠 아인 도르의 공장인 텔도르전선(Teldor Wires & Cables)의 지원과 이해가 필요한 것이었다. 특히 총지배인 아브리 마오즈와 정보시스템관리자 하나 질은 나의 작업을 충분히 이해해주었다. 그들은 내가 일하는 척하면서 실제로는 이 책을 쓰고 있다는 걸 알고 있었다. 어쨌든 결과적으로 더 많은 노동조합원이 인터넷을 이용한다면, 전선 판매가 늘어날 수도 있지 않은가.

아리와 레지나 야아리는 늘 끊임없는 격려를 해주었다. 이 책은 우리의 다섯번째 책으로(두 권은 그들 책이고 세 권은 나의 책이다), 이제는 우리 셋이 키부츠의 식당에서 점심을 먹으면서 하는 얘기를 전 세계가 알게 되었다.

　마지막으로 저자는 항상 자신의 배우자와 아이들, 애완동물에게 감사하게 마련이다. 나는 애완동물은 없고, 이러한 일에 대한 자신들의 커다란 공로는 방해하지 않은 것이라고 생각하는 메다드와 요나탄이라는 두 명의 아들이 있다. 그들은 정말 그렇게 했다. 그리고 이 책을 헌정한 노에미에게는, 글쎄, 이제 당신이 컴퓨터를 사용할 차례요, 여보. 난 다 썼소, 당분간은.

에릭 리

차례

약어 소개

ACTU   Australian Council of Trade Unions(호주노동조합회의)

AEEU   Amalgamated Engineering and Electrical Union
             (기사, 전기 통합노조)

AFGE   American Federation of Government Employees
             (미국공공노동자연맹)

AFL-CIO   American Federation of Labour-Congress of Industrial Organi-
             sations(미국노총산별회의)

AMRC   Asia Monitor Resource Centre(아시아감시자원센터)

AOF   Norwegian workers' education association
             (노르웨이노동자교육협회)

AOL   America Online(아메리카온라인)

APC   Association for Progressive Communications(진보통신연합)

APWU   American Postal Workers' Union(미국우편노조)

ARPANET   Advanced Research Projects Agency Network
             (선진연구계획청네트워크)

ASCII   American Standard code for Information Interchange
             (미국정보교환기준규약)

AUT   Association of University Teachers(대학교수연합)

BBS   Bulletin Board System(전자게시판)

BCTF   British Colombia Teachers' Federation
             (브리티쉬컬럼비아교사연맹)

CALM   Canadian Association of Labour Media(캐나다노동매체연합)

CCF   Cooperative Commonwealth Federation(연합협동연맹)

CD-ROM   Compact Disc-Read Only Memory(읽기전용컴팩트디스크)

CERN   European Particle Physics Institute(유럽분자물리학연구소)

CIS   Commonwealth of Independent States(독립국가연합)

COSATU   Congress of South African Trade Unions(남아공노동조합회의)

CTU   Clerical-Technical Union(사무기술노동조합)

CUE   Coalition of University Employees(대학노동자연맹)

CUPE	Canadian Union of Public Employees(캐나다공공노조)
CWA	Communications Workers of America(미국통신노동조합)
CWIU	Chemical Workers' Industrial Union(화학산별노조)
EDIN	Economic Democracy Information Network (경제민주정보네트워크)
FES	Friedrich Ebert Stiftung(프리드리히에버트재단)
FIET	International Federation of Commercial, Clerical, Professional and Technical Employees (상업, 사무, 전문, 기술직 노동자 국제연맹)
FTP	File Transfer Protocol(파일전송규약)
GCTU	General Confederation of Trade Unions(노동조합총연맹)
GFTU	General Federation of Trade Unions(노동조합총연합)
HSE	Health and Safety Executive(보건부)
HTML	hypertext markup language(비순차문서구성언어)
HTTP	hypertext transfer protocol(비순차문서전송규약)
IASS	International Association of Fire Fighters(국제소방수연합)
IBEW	International Brotherhood of Electrical Workers(국제전기노조)
ICEF	International Federation of Chemical, Energy and General Workers' Unions(ICEM의 전신. 화학·에너지·기타 직종 노동조합 국제연맹 '국제화학노련')
ICEM	International Federation of Chemical, Energy, Mine and General Workers' Unions(화학·에너지·광산·기타 직종 노동조합 국제연맹 '국제화학노련')
ICFTU	International Confederation of Free Trade Unions (국제자유노동조합총연맹)
IFTU	International Federation of Trade Unions(국제노동조합연맹)
IFWEA	International Federation of Workers' Education Associations (노동자교육협회국제연맹)
IGC	Institute for Global Communications(국제통신협회)
ILCC	International Labour Communications by Computer (국제노동컴퓨터통신)
ILO	International Labour Organisation(국제노동기구)

ILRIG   International Labour Resource and Information Group
            (국제노동자료정보단)

ILU   International Labour University(국제노동자대학)

IMF   International Metalworkers' Federation(국제금속노동자연맹)

INMARSAT International Maritime Satellite Organisation(국제해상위성기구)

IRC   Internet Relay Chat(인터넷중계대화)

ISDN   Integrated Services Digital Network(통합서비스디지털네트워크)

ITF   International Transport Workers' Federation
            (국제운송노동자연맹)

ITPA   Information Technology Professionals' Association
            (정보기술노련)

ITS   International Trade Secretariat(국제산별노련 사무국)

ITU   International Telecommunications Union
            (국제전자통신노동조합)

IUE   International Union of Electrical Workers(국제전기노련)

IUF   International Union of Food, Agricultural, Hotel, Restaurant,
            Catering, Tobacco and Allied Workers' Associations
            (식량·농업·호텔·식당·출장요리·연초·기타직종 노동자협회 국
            제연맹 '국제식량농업노련')

IUGW   International Union of Gas Workers(국제가스노조)

IUOE   International Union of Operating Engineers(국제기사노조)

KAS-FOR   Labour Information Centre(러시아노동정보센터)

LAN   Local Area Network(근거리통신망)

LO   Scandinavian trade union federations(스웨덴노동조합연맹)

LTC   Labour Telematics Centre(노동정보통신센터)

MSF   Manufacturing, Science, Finance Union
            (제조업·과학·금융노동조합 '제조노련')

NABET   National Association of Broadcast Employees and Technicians
            (전국방송기술노련)

NAFTA   North American Free Trade Agreement(북미자유무역협정)

NATCA   National Air Traffic Controllers' Association
            (전국항공관제사연합)

NCSA	National Centre for Super com- puting Applications (수퍼컴퓨터응용프로그램전국센터)
NGO	Non-Governmental Organisation(비정부기구)
NIOSH	National Institute for Occupational Safety and Health (전국산업안전협회)
NTUC	National Trades Union Congress(전국노동조합회의)
NUJ	National Union of Journalists(전국언론노조)
NUM	National Union of Mineworkers(전국광산노동조합)
NUMSA	National Union of Metalworkers of South Africa (남아공전국금속노조)
NUTP	National Union of Teaching Profession(전국교원노조)
PC	Personal Computer(개인용 컴퓨터)
PGP	Pretty Good Privacy(무료암호화프로그램)
PSA	Public Service Alliance(공공노동자동맹)
RMALC	Red Mexicana de Accion Frente al Libre Comercio (자유무역 행동전선 멕시코 네트워크)
RTECS	Registry of Toxic Effects of Chemical Substances (유독성 화학물질 명단)
SANGONeT	South African Non-Governmental Organisations Network (남아공비정부기구네트워크)
SMTP	Simple Mail Transfer Protocol(단일우편전송규약)
TCP/IP	Transmission Control Protocol/Internet Protocol (전송제어규약/인터넷규약)
TGWU	Transport and General Workers' Union (운송 및 기타직종노동조합)
TUC	Trades Union Congress(노동조합회의)
UAW	United Auto Workers(전미자동차노조)
UNA	United Nurses of Alberta(앨버타간호사연합)
USENET	User's Network(사용자네트워크)
WAN	Wide Area Network(원거리통신망)
WFTU	World Federation of Trade Unions(세계노동조합연맹)
WWW	World Wide Web(월드와이드웹)

서문

이 책을 쓰기 시작했을 무렵, 나는 이미 20년 이상 노동운동을 해왔고 컴퓨터세계에 대해 10년간의 경험을 갖고 있었다. 나는 격동의 1960년대에 활동가로 자라났다. 내 첫번째 일자리는 뉴욕교사연맹이었고 거기서 고등학생들이 투표하도록 장려하는 계획에 참여했다. 대학에서는 노사관계를 전공했고 여름방학 동안에는 미국섬유노동조합과 노동운동 단체들에서 일했다. 1977년, 나는 ≪신국제평론(*New International Review*)≫이라는 사회민주주의 이론지의 창간에 관여했고, 이로 인해 세계의 노동조합 활동가들과 접촉하게 되었다. 이 잡지 덕분에 나는 칩 레빈슨(Chip Levinson)과 댄 갤린(Dan Gallin) 같은 사람들을 만났고 그들에게서 깊은 영향을 받았다.

15년째 살고 있는 이스라엘에서는 통합노동당(Mapam) 중앙위원회에서 활동하고 있으며, 현재는 노동자교육협회국제연맹에서 계간지 ≪노동자교육(*Workers' Education*)≫을 편집하고 있다. 나는 키부츠 아인 도르라는 노동자·농민 자치공동체의 일원이기도 하다.

나는 1984년부터 컴퓨터 프로그래머로도 일하고 있다. 내 전문분야는 S/34, S/36, 그리고 현재는 AS/400 등의 IBM 중범위 컴퓨터군이며, 여기서 RPGII와 RPG/400 프로그래밍언어를 프로그램하고 있다. 그러나 컴퓨터통신 분야에 내가 알려진 것은 컴퓨터 전문가라는 경력보다는 오히려 노동운동을 위한 나의 작업 때문이었다. 나는 ≪노동자교육≫의 편집자이기 때문에 전 세계 노동조합활동가들과 접촉할 필요가 있었지만 국제전화는 너무 비쌌고 항공우편은 너무 많은 시간이 걸렸다. 나는 다른 여러 나라에서 노동운동이 어떻게 진행되고 있는지를 알아야만 했으나, 신문에서는 정보를 전혀 제공받지 못하였다. 때때로 나는 토론과정에 참여하여 견해를 표명하고 영향을 주고 싶었으나 여러 나라에서 열리는 회의에 비행기를 타고갈 여유는 없었다.

갈릴리의 언덕 꼭대기에 살면서 국제 노동운동에 활동적으로 참여하는 것은 쉽지 않았다. 그리하여 마침내 1994년 초 어느 겨울 저녁에 나는 최초로 인터넷에 접속했다.

1
인터내셔널의 쇠퇴와 몰락

노동자들은 때때로 승리하나, 그것은 단지 일시적일 뿐이다. 그들 투쟁의 진정한 성과는 직접적인 전과가 아니라 노동자들의 더욱더 확대되는 단결이다. 노동자들의 단결은 대공업이 만들어낸, 서로 다른 지방의 노동자들 상호간에 연계를 맺어 주는 통신수단(means of communication)의 개선에 의해 촉진된다.
　　　　　　　　　　　　　─칼 맑스·프리드리히 엥겔스, 『공산당선언』, 1848.

노동자와 인터넷에 관한 논의는 범지구적 컴퓨터통신 네트워크가 실현되기 1백여 년 전으로 거슬러 올라가서 시작할 것이다. 그때 네트라는 것은 물고기를 잡기 위한 것이었고 웹은 거미의 에너지 산물이었다.[1]

내가 곧바로 월드와이드웹과 전자우편의 복잡성으로 이 책을 시작하기를 기대했던 독자들에게는 인내를 요구할 수밖에 없다. 곧 인터넷을 다루겠지만 처음부터 한 가지는 명확히 하겠다. 이 책은 노동운동의 역사와 미래에 관한 보기 드문 종류의 책이지 인터넷의 경이로움에 관한 수많은 책 중의 하나가 아니다. 나는 컴퓨터통신의 활용이 노동운동이 수십 년간 직면해온 몇 가지 문제를 해결하는 하나의 방법(단지 하나의 방법이다)을

---

1) 영어로 'net'와 'web'은 각각 '그물'과 '거미줄'을 뜻한다. 컴퓨터통신으로 형성된 공간이 이전의 피라미드형 조직형태와는 달리 그물과 거미줄과 같이 교직해서 연결되어 있기 때문에 영어에서 이 단어를 차용한 것이다. (이하 모든 주는 역주임.)

제공한다고 믿기 때문에 이 책을 쓰게 되었다. 따라서 우리는 그러한 문제들을 정의내리고 역사적 맥락에 위치지우면서 시작해야 한다.

1백여 년 전, 국제 노동운동은 번영하고 있었다. 세계 곳곳의 노동자들은 노동조합 신문에 실린 지구 반대편 파업소식을 흥미롭게 읽었고 때때로 파업중인 그들의 형제자매들을 지원하기 위해 주머니 깊숙이 손을 찔러 넣곤 했다. 국제적 노동조합 조직과 그들의 정치적 동반자인 노동자인터내셔널, 사회민주당들은 점차 국제정세에서 인정받는 세력이 되었다. 그러나 오늘날 그러한 사례는 더 이상 존재하지 않는다. 노동자 국제주의는 극적으로 쇠퇴하였고 거의 모든 국가의 노동조합 세력도 마찬가지 상황에 처하였다. 이제 사회주의인터내셔널(Socialist International)은 오직 문서상으로만 존재한다.

역설적이게도, 노동조합 국제주의는 다국적 자본주의가 유아기에 있을 때 번창했다. 지구 경제를 지배하는 초국적기업들이 존재하는 오늘날, 기업의 권력에 맞설 수 있는 활발한 노동조합운동은 계속 일어나야 한다. 이 사실은 국제노동운동이 현재로서는 노동자의 기본적인 이해관계를 효과적으로 방어할 수 없을 뿐 아니라 세계를 새롭고 좀더 정의로운 사회로 이끌 수 없기 때문이다.

이 사실이 사람들이 노력하지 않는다는 것을 의미하지는 않는다. 북미의 다국가간 연대활동—이는 북미자유무역협정(NAFTA)의 시행에 뒤따른 것이다—과 유럽공장평의회(European Works Councils)—유럽노동조합 강화의 직접적 결과물이다—등 지역 차원에서 중요한 다국적 노동조합 계획들이 시작되고 있다. 남미, 아프리카, 아시아, 태평양지역 등 전역에서 지역 노동조합 조직들이 활동하고 있다. 거대한 국제자유노련(ICFTU)이 존재하는데, 이는 냉전의 종식과 친소비에트 경쟁자의 소멸과 더불어 활기를 되찾게 되었다. 국제자유노련은 거의 모든 국가 단위의 노동조합중앙조직을 포괄하고 있으며 수천만 명의 조합원을 갖고 있다. 게다가 더욱 중요한 사실은 국제산별노련 사무국[2]들이 존재하며, 집행력과 자금의 부족에도 불구하고 이들이 전 세계 노동대중을 지키기 위해 열정

---

2) 각국 산별노련들의 국제적 연합체의 중앙조직.

적으로 노력하고 있다는 것이다. 국제산별노련은 유럽에 본부를 두고 있으며 산업부문별로 국가 단위의 노동조합들을 포함하고 있다. 모든 국제노동조합 조직들 중에서, 실체를 드러내는 범지구적 경제구조와 가장 대등하게 견줄 수 있는 것이 이 국제산별노련이다.

이들 조직들은 평조합원들에게는 잘 알려지지 않았으며 국가 노조와 국가노동조합중앙조직들과 주로 관계한다. 한 예로 이들 조직의 출판물은 자금 부족으로 많은 부수를 배포하지 못해 소수의 사람들만 읽을 수 있는데 심지어는 국가 노조의 국제부 담당자만이 알고 있는 경우도 있다. 내가 보기에는 이런 사실이 문제 중의 하나이다. 국제적 노동조합조직이 평조합원들에게 다가가는 방법 중 하나는 새로운 통신기술을 통하는 것이고 나는 이 책에서 그것을 보여주려 한다.

인터내셔널들의 역사를 간략히 검토하기 전에, '인터내셔널'의 의미를 논의하는 것이 순리인 것 같다. 사실 이 용어에 대해 단일하게 동의된 정의는 없다. 대부분 사람들에게 '인터내셔널'은 하나의 형용사이지 명사가 아니다. 지속적으로 존재했던 인터내셔널은 이 용어의 의미를 각각 정의내렸다. 인터내셔널은 단순한 상호 보조계획과 연대행동에 참여하는 노동조합의 연합체일 수도 있고 또 군대 같은 엄격한 규율하에 자신의 목표를 향해 행진하는 세계혁명의 군대일 수도 있다. 인터내셔널은 본질적으로 세계평화를 증진하는 것이 가장 우선적인 존재이유가 되는 조직일 수도 있고 유사한 전통과 목표를 지닌 좌파 정당간의 토론을 위한 단순한 논의체일 수도 있다. 역사상 존재했던 인터내셔널들은 모두 이러하였다. 인터내셔널은 때로는 노동조합의 연합체였고 때로는 정당의 연합체였다. 역사상 존재한 인터내셔널들 중 단 하나—제1인터내셔널—만이 노동조합과 정당 양자를 포함한 모든 종류의 노동자 조직을 포괄했다.

오늘날 새로운 종류의 인터내셔널이 만들어져 활동하고 있으나 이들의 대부분은 노동운동과 그 역사와는 무관하였다. 이는 '신사회운동'이라 불리는데 특히 인권운동, 평화운동, 여성해방운동, 환경운동 등이 바로 그것이다. 최근 몇 년간 그들은 그린피스(Greenpeace)와 국제사면위원회(Amnesty International) 같은 대중운동조직을 포함, 자신들의 독자적인 인터내셔널을 만들어내었다. 이들 인터내셔널은 상설 사무국을 유지하면서 국제회의를 개최하고 간행물을 발간하며, 여러 캠페인을 수행하고 있는데, 이러한 활동으로 과거 노동자인터내셔널의 부러움의 대상이 되고 있다. 또 이들은 정보를 강조함으로써 피터 워터만(Peter Waterman)이 지칭한 '통신인터내셔널들(communications internationals)'로 탈바꿈하게 되었다.

인터내셔널이라는 말로 우리가 의미하는 것을 정의했으므로—잠정적으로는 실패했지만—이제 지난 150년간 노동운동이 추구해온 바를 간략히 검토해 보도록 하자.

노동자인터내셔널이라는 사상은 150여 년을 거슬러 올라간다. 이제는 모든 사람들이, 만국의 노동자에게 단결하라고 했던 칼 맑스와 프리드리히 엥겔스의 1848년의 외침(『공산당선언』)을 알고 있다. 사실 이러한 꿈은 맑스 이전에도 있었으며 18세기에 이미 국제적인 노동자조직을 건설하려는 시도들이 있었다.

만국의 프롤레타리아에 대한 맑스와 엥겔스의 외침이 있은 지 16년 뒤, 그들의 꿈은 국제노동자협회(International Workingmen's Association)의 결성으로—부분적으로나마—실현되었고 이것이 제1인터내셔널이다. 1864년 형성된 이 인터내셔널은 주목할 만한 실험이었다. 제1인터내셔널은, 이후의 공산주의(제3)인터내셔널과는 달리, 엄격한 규율과 중앙집권화된 구조를 가진, 세계혁명의 '참모부'가 아니었다. 또 사회주의(제2)인터내셔널과 같은 '협의체(talking society)'도 아니었으며 맑스주의인터내셔널도 아니었다. 제1인터내셔널은 모든 다양한 종류의 사회주의자를 위한 공간이었으며, 사회주의자가 아닌 노동조합원들을 포괄했고, 무정부주의자들조차도 (잠시 동안이나마) 참여했다. 제1인터내셔널은 진정으로 세계적인 논쟁들에 초점을 맞추었으며 그 뿌리는 당시 존재했던 노동인민의 대중조직들이었다.

제1인터내셔널의 결성을 주도한 것은 영국의 직공조합들(craft trade unions)이었는데 이들은 전혀 혁명적이지 않았다. 런던조합평의회(London Trades Council)의 동기는 단순히 경제적인 것이었다. 영국 노동계급은 유럽대륙 노동조합과의 협력을 통해야만, 노동조합의 조직으로 획득한 제한적인 성과나마 보존할 수 있었던 것이다. 1850년대와 1860년대 영국으로 유입된 외국의 파업파괴자(파업대체노동자—역자)들 때문에 인터내셔널은 영국 노동자들에게 경제적으로 필수적인 것이었다.

1864년 노동조합 지도부와 모든 종류의 사회주의자들이 '모든 인류는 형제다'라는 깃발 아래 런던 사무소로 집결하도록 자극한 것은 국제주의적인 사상 때문이라기보다는 단순한 계급적 자기이해였다. 이러한 사실이 맑스를 고민하게 만들지는 않았는데 그것은 맑스가 이전의 공상주의적 사회주의자들과는 달리, 노동인민이 새롭고 정의로운 사회를 만드는 것은 그것이 도덕적이고 정당하기 때문이 아니라 그들의 구체적인 계급이해를 담보로 하고 있기 때문이라는 사실을 확신했기 때문이다. 설사 그것이 '도덕적이고 정당하다고 하더라도' 맑스에게는 나쁘지 않았다.

맑스가 참석했던 인터내셔널의 총평의회는 거의 매주 열렸는데, 항상 파업 지원에 대한 구체적인 요구사항을 다루었다. 파업중인 노동조합들은 재정적 원조를 필요로 했고 '악질'(비조합원) 노동자들이 외국으로부터 유입되지 않도록 하는 보장을 원했다. 이러한 기본적 연대활동은 이후 수십 년간 노동자 국제주의의 중추로 유지되었다.

- 1869년 1월 초 총평의회는 프랑스 섬유제조업자들이 선진기술을 가진 영국 제조업자들과 경쟁하기 위해 임금인하를 위한 동맹을 결성한 것을 알게 되었다. 그 자신이 손꼽히는 제조업자였던 소뜨비유레루앙(Sotteville-les-Rouen) 시장은 자기 공장의 노동자들에게 임금삭감안을 내놓았고, 노동자들은 이를 거부, 직장폐쇄가 이어졌다. 그들은 인터내셔널에 도움을 호소하였다. 맑스는 직장폐쇄로 내몰린 섬유노동자들에게 인터내셔널이 즉시 재정적 원조를 할 것을 제안했으며 이는 승인되었다.
- 같은 해 2월에 총평의회는 ≪노동자(*Arbeiter*)≫라는 스위스의 노동자신문이 문단을 위기에 처했다는 소식을 들었다. 총평의회는 표결을 통해 신문발행을 돕기 위해 약간의 돈을 보내기로 결의했다. 그러나 돈은 너무 늦게 전달되었고 결국 신문발간은 중단되었다.

- 같은 해 4월, 총평의회는 맑스에게 벨기에 파업노동자들의 학살 문제에 관한 발표문을 준비하라고 지시했다. 이 발표문은 다음 회의에서 논의되었고 영어로 씌어진 독자적인 소책자를 발간하였으며 프랑스와 독일의 몇몇 신문에는 기사로 실렸다.

이러한 종류의 연대행동은 '매주' 논의되었고 19세기의 더딘 통신수단을 고려하면 놀랄 만한 속도로 실행되었다.

유럽 지배계급이 보기에 제1인터내셔널의 힘은 굉장한 것이었다(런던에서 발행되는 《더 타임스》는 인터내셔널을 '조그마한 몸체를 가진 거창한 사상'이라고 했다). 인터내셔널의 성원 일부가 참여했던 1871년의 파리 코뮌은 정부를 뒤흔들고 정치권력을 빼앗을 만큼 거대해진 인터내셔널의 힘을 보여주는 본보기로 널리 알려졌다(맑스는 이것이 파리의 경우만은 아니라는 사실을 알았다).

제1인터내셔널은 그리 오래 지속되지 않았다. 1870년대 초반, 맑스 자신이, 마음에 들지 않는 무정부주의자들과 다른 부류가 개입하지 못하도록 인터내셔널의의 해산을 계획한 것이다. 이 당시 국제적 조직을 와해시키거나 무의미하게 만드는 방법은 본부를 유럽에서 미국으로 옮기는 것이었으며, 맑스는 정확히 이렇게 했다. 제1인터내셔널은 1876년 7월 필라델피아 회의에서 공식적으로 해산했다.

제1인터내셔널이 실패한 것은 세련된 첨단기술을 이용한 범지구적 통신시설이 부재했기 때문이 아니다. 19세기의 노동자운동은 가장 원시적인 도구, 즉 주로 서신왕래를 통해서 연대활동을 수행하고 기금을 모으고 조직과 선동을 할 수 있었다. 제1인터내셔널은 다른 나라의 사건들에 '즉각적으로' 대응할 수는 없었지만, 이는 자본가들도 마찬가지였다. 계급갈등의 양편에 서 있던 '양자 모두' 동일한 기술 안에 묶여 있었던 것이다(이는 확실히 오늘날의 상황과는 다르다).

그럼에도 불구하고, 제1인터내셔널과 기술 사이에는 일종의 연계가 '존재한다.' 맑스와 엥겔스가 1848년에 언급한 것처럼, '대공업이 만들어낸 통신수단의 개선'은 '노동자들의 더욱더 확대되는 단결'을 가능케 하는 것이며, 이것이 바로 인터내셔널인 것이다. 근대적인 대공업이 없었다면 근대적인 노동조합도 존재하지 않았을 것이다(증기력의 발명이 제1인터내셔널을 탄생시켰다면, 범지구적인 컴퓨터통신 네트워크-인터넷-의 창조는 분명 새로운 인터내셔널의 모태가 될 것이다).

제1인터내셔널은 잊혀지지 않았고 실제로 그 전설은 점점 커져갔다. 1870년대와 1880년대에 유럽을 중심으로 강력한 사회민주당과 노동조합이 등장했을 때, 그들은 제1인터내셔널의 재창조를 꿈꾸었다. 1889년 프랑스혁명 백주년기념일에 파리 국제노동회의는 인터내셔널을 다시 출범시켰다. 여기서 매년 5월 1일을 국제노동절로 제정, 경축하기로 했으며 다음해인 1890년부터 노동절이 시작되었다. 이때 만들어진 조직을 제2인터내셔널이라 하는데 기본적으로 오늘날까지 존재한다. 이 인터내셔널은 당시 유럽과 세계의 다양한 사회민주당과 노동당을 결합시켰고 현재까지도 그 역할을 하고 있다.

1년 후인 1890년, 최초의 국제산별노련(International Trade Secretariat; ITS)이 형성되었다. 산업별로 전 세계 노동자들을 대표하는 이들 국제산별노련은 오늘날까지 가장 지속적인 활동을 펴고 있는 국제적 노동조합조직이다. 1차대전 발발 당시 14개의 사무국이 있었으며 현재까지 비슷한 수를 유지하고 있다(뒤에서 살펴보겠지만 이들 사무국은 최근 노동운동진영의 컴퓨터통신 활용에 있어서 선구적인 역할을 해왔다).

특정 산업별로 조직된 각국 노동조합들의 연합체인 국제산별노련과 유사한 각국 노동조합중앙조직의 범지구적인 연합체도 존재해왔다. 국제노동조합연맹(International Federation of Trade Unions; IFTU)이 양차 대전 사이에서 그러한 역할을 하였다. 2차대전 이후에는 세계노동조합연맹(World Federation of Trade Union; WFTU)이 이 역할을 맡았고, 이후에는 세계노동조합연맹의 비공산주의 계열 경쟁자였던 국제자유노련이 이를 대체하였다. 국제자유노련은 공산주의가 몰락하고 소련이 지배했던 세계노동조합연맹이 급속히 쇠퇴한 오늘날 국가별 중앙노동조직들을 연결하는 유일한 실질적인 조직이다.

1914년 이전 시기는 국제사회민주주의와 국제노동운동의 '황금기'였다. 이 시기는 국제적인 노동자연대의 많은 사례들로 이루어졌는데, 주목할 만한 한 예로 1909년 스웨덴의 총파업 기간 동안 덴마크의 노동조합원들이 조합원 1인당 3일분 임금을 스웨덴 파업기금으로 기부한 일이 있다. 사실 덴마크의 노동조합은 전국중앙조직으로 조직된 이래 15년간, 협상, 출장, 선전, 급여, 행정을 모두 합친 비용의 50% 이상을 해외 파업지원에 썼다. 덴마크 노동언론에 대한 탁월한 분석을 포함한 이 시기 노동운동에 관한 연구에 의하면 노동조합운동은 타국 동료노동자의 투쟁과 일상적인 기반에 상당한 관심을 갖고 있었음을 알 수 있다.

제2인터내셔널과 국제산별노련의 건설 이후 사반 세기는 국제노동운동에 있어 중요했던 시기로, 그 이전에도 이후에도 그처럼 국제주의적 정서가 강했던 적은 없었다. 매우 극적인 순간이 있었는데, 1905년 러일전쟁 당시 러시아와 일본의 사회민주당 지도자였던 플레하노프와 가타야마가 암스테르담에서 열린 국제사회주의자대회에서 만나 공개적으로 악수를 했고, 각국의 대표단들은 이에 떠들썩한 환호를 보냈다. 전시(戰時)에 그처럼 꾸밈없는 인류연대의 사례는 전례가 없던 일이었다.

1차대전의 폭풍우가 유럽의 지평선에 나타났을 때, 많은 사람들은 인터내셔널이 전쟁의 발발을 막을 수 있는 힘을 보여주기를 기대했다. 1907년 슈투트가르트에서 열린 국제사회주의자대회는 세계전쟁의 발발이 혁명적 파업을 초래할 것이라고 결의했다. 1912년 발칸전쟁이 대륙 전체로 확산될 위기의 시기에 제2인터내셔널이 조직한 전 유럽의 대중적인 평화시위는 노벨평화상 후보에 올랐다. 프랑스 사회주의의 지도자였던 장 조레스(Jean Jaures)는 1914년 봄 한 친구에게 확신에 찬 어조로 다음과 같이 말했다. "걱정하지마. 사회주의자들은 자신들의 임무를 다할 거야… 독일의 4백만 사회주의자들은 황제(Kaiser)가 전쟁을 시작하려고 하면 단결해서 그를 처형할 거야."

그러나 1914년 8월 전쟁이 발발하자, 대부분의 노동지도자와 사회민주당 지도부는 자국 정부를 지지하였다. 인터내셔널은 전투의 시작과 더불어 사분오열되었다. 전쟁기간 동안 선의의 혁신주의자와 혁명적 사회민주주의자 모두 인터내셔널을 소생시키려고 했으나 이들의 거듭된 시도는 모두 좌초하고 말았다.

1차대전 동안, 레닌과 제2인터내셔널의 극좌파는 국제적인 노동자 활동을 조정하기 위해, 혹은 자신들이 말한 대로 세계혁명의 참모부로 복무하기 위해 제3인터내셔널이 새로이 건설되어야 한다고 확신하게 되었다. 그들은 낡은 사회민주당과 이에 연계된 노동조합은 종말을 고했다고 믿었다.

처음으로 기회가 생기자 러시아 볼셰비키는 좌익 노동지도자, 생디칼리스트, 혁명적 사회주의자들을 모스크바로 소집해서 새로운 인터내셔널을 건설했다. 1919년의 창립회의가 완전히 성공한 것은 아니었지만, 후에 제3(공산주의)인터내셔널이라 불리게 된(보통 약자로 '코민테른'이라 부른다) 이 인터내셔널은 1, 2년 동안 모든 종류의 좌익운동을 통합했고 이탈리아의 사회당, 생디칼리즘적인 세계산업노동자연맹(Industrial Workers of the World) 등의 대중운동까지 포괄하였다.

하지만 이는 오래 가지 않았다. 볼셰비키는 새로운 인터내셔널이 악명 높은 '21개조'를 채택하도록 강요했는데 이 21개조는 엄격한 조직규율과 소련공산당과 소련에 대한 확고한 충성, 그리고 레닌을 분노시킨, 1차대전 이후에도 살아남아 재조직되고 심지어 번창하기까지 한 기존 사회민주당에 대해 가차없는 전투를 요구하는 항목이었다.

제3인터내셔널은 진정으로 국제주의적인 노동조직의 모든 외양을 갖추고 있었다. 이 조직은 노동조합원과 여성, 청년을 위한 인터내셔널의 부문조직을 만들었으며 수십 개의 언어로 된 중앙집권화된 출판물을 계속 간행했다. 또 세계를 누비는 조직원들을 고용했고, 이들은 종종 신상의 위험을 겪으면서 세계혁명당의 국제 지부들을 건설해내었다. 인터내셔널 최고위층의 결정사항은 전 세계 부속정당과 지방조직에까지 의무 사항으로 강요되었다. 의심의 여지없이 많은 정직한 노동조합 투사와 사회주의자들은 제1인터내셔널과 제2인터내셔널이 가질 수 없었던 모든 것을 보았다. 그것은 중앙집권화되고 전투적이며 효율적인 세력, 바로 그것이었다.

비극적이게도, 러시아혁명을 덮친 것과 동일한 암세포—스탈린주의—가 제3인터내셔널의 희망과 꿈을 절멸시켜 버렸다. 제3인터내셔널은

1943년 해산할 때까지 공식적으로는 24년 동안 유지되었는데 이는 맑스의 인터내셔널보다 두 배 긴 것이다. 코민테른은 실제로는 70년 이상 지속했으며, 1991년 소비에트정권의 소멸과 더불어 마침내 해산되었다. 코민테른의 범죄 목록은 너무 길어서 여기에 열거할 수조차 없다. 이후 '제4인터내셔널'을 만들고자 했던 트로츠키주의자들의 실패한 노력을 비롯, 혁명적인 인터내셔널을 건설하기 위한 지속적인 시도들은 항상 코민테른 ─모든 인터내셔널 중 가장 혁명적이고 야심적이었던─의 실패라는 그림자 속에서 이루어졌다.

한편 제2인터내셔널은 1차대전 이후에 소생했고(2차대전 이후에 다시 소생했다) 코민테른에 대한 민주적 대안의 역할을 했다. 이후 수십 년간 대부분의 나라들에서 사회민주당과 그와 연계된 노동조합들은 노동계급 내의 지배 정당이었다. 이는 특히 거의 모든 영어권 국가들에 해당되는데, 이 나라들에서 공산당은 거의 노동자정치의 방관자적 위치에 있었다(남아공은 예외이다).

제2인터내셔널이 영향력을 잃은 후에도 국제산별노련들은 노동계급의 국제주의를 위한 매우 효율적인 도구로 남아 있었다. 일찍이 1918년에 국제운송노동자연맹(International Transport Workers' Federation; ITF)은 헝가리혁명을 피로 물들이던 반혁명군에 대해 무기공급을 중단시키는데 성공했다. 3년 후 또 다른 국제산별노련인 국제식량노련(International Union of Food Workers; IUF)은 노동조합의 인정 여부를 둘러싼 스위스 초콜릿산업과의 대결에서 최초로 국제적인 투쟁을 수행했다.

그러나 이미 패배하는 와중의 전쟁에서 이러한 투쟁들은 고립된 승리였다. 1923년 국제노동조합연맹(IFTU)은 프랑스의 루르 지방 점령에 대항하는 총파업을 조직할 능력이 없음이 드러났다. 비록 에도 피멘(Edo Fimmen)─그는 국제노련의 사무장이었으며 후에는 국제운송노련의 사무총장이 되었다─과 같은 선견지명이 있는 몇몇 노조 활동가들이 점증하는 초국적자본과 맞서 싸울 범지구적 노동조합조직의 필요성을 예견했지만, 노동자 국제주의는 장기적인 후퇴국면으로 들어섰다. 현재 국제식량노련 사무총장인 댄 갤린(Dan Gallin)은 피멘이 "우리가 현재 여전히 해결하려고 노력중인 문제들을 70년 전에 이해했고 해결하려 했다"고 서술하고 있다. 1924년 출간된 『노동자의 대안(*Labour's Alternative*)』이라는 예언적인 저서에서 피멘은 다음과 같이 말하였다. "자본주의의 발전이 항상 자신의 적대자들의 조직형태를 결정하고, 처음에는 지방차원의, 나중에는 전국적인 노동조합을 생성시킨 것과 마찬가지로, 자본주의는 산업노동자의 국제조직의 시조가 되거나 적어도 촉매가 될 것이다."

국제산별노련 등과 같은 국제적인 노동조합 조직이 지속적으로 존재했지만, 범지구적인 노동조합 활동은 쇠퇴하였다. 국제노동조합운동은 더욱 집중적이고 협력적인 활동을 조직하는 대신, 점차로 탈중심화되었고 각국 노동운동은 일국적인 것으로 방치되었다. 간혹 국제적인 노동조합 활동이 있더라도 성격상 주로 쌍무적이거나 다변적인 것으로 변모되었다. 기존 노동조합원들이 아는 한, 국제노동운동에 남은 것은 아무것도 없었다.

1980년 댄 갤린은 ≪신국제평론(*New International Review*)≫에서 20세기에 자신의 약속을 지키지 못한 국제노동조합운동의 실패에 관해 논의했다. 그에 의하면 국제노동조합운동이 쇠퇴한 가장 중요한 원인은, '파시즘이 강요한 엄청난 통행세'였고 또 하나의 이유는 '냉전이 초래한 양극화'였다. 2차대전 후 많은 노동조합—특히 미국의 노동조합중앙조직—의 국제적 활동은 냉전적 사고에 의해 지배되었다. 대부분 세계노동조합연맹의 성원으로 구성된 전체주의적 노동자통일전선들 또한 스탈린주의 정권들을 위한 냉전활동의 도구였다.

노동조합국제주의의 쇠퇴와 더불어—사회민주당과 노동당으로 구성된—노동자인터내셔널의 정치적 힘 역시 확실히 성장하지 못했다. 반세기 이상 세계 자본주의 세력을 이끌어온 미국에는 대중적 사회주의 정당이 존재한 적이 없다. 소비에트 제국에서 스탈린주의 독재는 사회민주주의의 금지를 최우선정책으로 삼았고 서유럽의 사회주의 정당들은 두 차례에 걸친 세계대전으로 황폐화되었다. 가장 강력했던 독일의 당은 제3제국에 의해 치명타를 입고 1950년대 후반에는 공식적으로 개혁주의 정당이 되었으며, 냉전정책에 몰두하는 등 사회주의적 전망을 완전히 상실하였다. 재야의 사회민주주의 정당들은 유럽과 다른 지역의 기존 우익 정부에 대한 대안을 발전시킬 수 없었다. 간신히 정치권력을 획득하는 경우, 그들은 거의 노동계급 유권자들을 실망시켰다. 한두 가지 예외를 제외한다면 민주적 사회주의 정당들은 개발도상국에서는 아직 생겨나지도 않았다.

오늘날의 사회주의인터내셔널은 1차대전 전야에 보였던 모습의 공허한 껍데기에 불과하며, 사회민주주의 관료들이 1주일 정도 모여 연설과 회의를 하는 비정기적인 회합을 후원하는 것 이상을 하지 못하고 있다.

제1인터내셔널이 창건된 지 130여 년이 지난 지금 '모든 인류가 형제가 되는' 세상에 대한 전망은 거의 남아 있지 않다. 당시의 남성들과 여성들이 만들어낸 조직들은 사회주의인터내셔널, 국제자유노련, 다양한 국제산별노련들을 통해 오늘날에도 존재한다. 하지만 기본적으로, 투쟁하는 노동자인터내셔널, 새로운 사회와 민주적 사회주의를 향한 흐름에 앞장서는 노동자인터내셔널이라는 그들의 꿈은 1945년에 완전히 끝났다.

노동운동은 최악의 시기를 맞이하였다. 노동조합에서의 국제주의 쇠퇴는 기업가들 사이에서의 국제주의의 발흥과 때를 같이했다. 국제적 노동조합운동이 죽어가는 동안, 초국적기업들이 태어나고 있었다. 노동자들이 절박하고 시급하게 인터내셔널을 요구하는 바로 그때, 남아 있는 인터내셔널은 하나도 없었다.

맑스가 날카롭게 지적했듯이 이미 19세기에 세계시장이 존재하고 있었다. 세계무역은—특히 수송과 통신의 혁명의—기술적 변화라는 연료를 받으면서 호황을 누리고 있었다. 그러나 최근 몇 년간 범지구적 '시장'은 범지구적 '생산체계'로 변형되었고, 이는 도처의 노동운동에 중요한 효과를 갖는, 무언가 근본적으로 다른 것이었다.

통신이 보다 정교해지면서, '가상기업(virtual corporation)'이라는 생각도 현실화되었다. 가상기업은 전 세계에 퍼져 있는 이들을 입안에서부터 마케팅에 이르기까지 모든 작업을 하청하는 소규모의 관리팀으로 구성할 수 있으며, 가상기업 자체는 거의 아무도 고용하지 않고, 공장을 소유하지도 않으며 재고를 쌓아둘 필요도 없다. 대부분의 경우, 하청이란 개발도상국의 저임금·무(無)노조 노동자를 고용하는 것을 의미하는데, 이는 직물이나 컴퓨터 칩 생산뿐 아니라 컴퓨터 프로그램 제작, 의류 디자인에까지 해당된다.

현재 대략 3만 7천개의 초국적기업이 범지구적 경제를 지배하고 있다. 또 이들은 자신들의 모국 바깥에 17만 개의 자회사를 소유하고 있다. 초국적기업들은 현재 세계의 사적 부문 생산자산의 3분의 1을 좌우하고 있는데 그들의 해외판매(1992년에 5조 5천억 달러)는 세계 각국의 총수출액을 능가한다. 댄 갤린은 "우리는 지금 새로운 통신과 수송기술로 인해 가능해진, 국경 없는 범지구적 경제 속에 살고 있다"고 이야기한다. 이러한 새로운 통신기술 중 하나가 바로 인터넷이다. 이런 새로운 세계질서 속에서 국민정부, 국법, 일국적 정당, 일국적 단체협상, 일국적 노동조합 등은 점차 무의미한 것이 되어 가고 있다.

노동조합 운동은 거의 모든 곳에서 쇠퇴하고 있다. 조합원수는 하락하거나 정체하고 있으며, 많은 나라에서 노동조합의 정치적 영향력은 영(zero)으로 떨어졌다. 사회민주당내에서조차도 노동조합은 약화되거나 영향력을 잃어버렸다. 월터 갤런슨(Walter Galenson)은 1994년 『노동조합의 성쇠: 국제적 연구(*Trade Union Growth and Decline: An International Study*)』에서 흥미로운 사실을 발표했다. 노동조합의 쇠퇴는 거의 모든 산업국들은 물론, 많은 저발전국들에도 영향을 끼쳤다는 것이다.

1980년대 동안, 미국의 노조 가입률(고용상태의 생산직노동자 및 사무직노동자에 대한 노동조합원의 비율)은 23%에서 16.4%로 급락했다. 프랑스에서도 이러한 저하가 나타났는데—19%에서 12%로—이는 사회당 정부 밑에서 일어난 것이었다. 뉴질랜드와 영국, 오스트레일리아에서도 큰 폭으로 하락하였다(오스트레일리아와 뉴질랜드에서는 거의 노동당정부가 집권했던 시기였다). 그러나 한국과 대만 등 일부 개발도상국에서는 상승세가 보이기도 했으며, 사회민주주의의 최후 보루인 스웨덴과 노르웨이에서도 상승했다. 스웨덴의 노조 가입률은 1980년대에 80%에서 85.3%로 실질적으로 상승했다.

갤런슨의 통계는 1990년대에 이루어진 새로운 양상, 즉 남아공 같은 나라들에서 보여준 대규모의 노동자 증가, 그리고 구소비에트권과 뉴질랜드, 이스라엘과 같은 서구 국가에서 나타난 파국적인 쇠퇴등은 반영하고 있지 않다.

이러한 수치는 노동운동의 성장과 쇠퇴를 측정하기 위한 하나의 방법 —아마 최상의 방법은 아닐 것이다—에 불과하다. 하지만 이는 적어도 이러한 현상이 범지구적이고 영속적이며 독립적이고 민주적인 노동운동의 생존 자체를 위협하고 있음을 우리에게 보여 준다.

훨씬 더 불길한 것은 국제자유노련이 노동조합권의 침해에 관해 매년 수집·간행하는 통계들이다. 가장 최근의 국제자유노련 보고서는 98개 국가에서 노동조합의 권리가 악용되었음을 상세히 기록하고 있다. 1년이란 기간 동안 528명이나 되는 노동조합원이 암살되었는데 이 숫자는 그 이전 해보다 두 배나 증가한 것이었다. 4,300여명의 조합원이 노동조합 활동을 이유로 체포되거나 구금되었다. 국제식량노조의 회보가 말하듯이, 노동조합운동은 '점증하는 폭력과 억압의 표적이 되었다.'

한편 노동조합이 점차 약해짐에 따라 기업은 점점 강해졌다. 그리고 그들은 인터넷을 비롯한 최신 통신기술의 도움을 받고 있다. 오늘날 기업들이 어떻게 인터넷을 이용해서—이미 이용중이다—이윤 증대나 경쟁력 향상을 실현하는가에 대해 다루는 여러 책들이 발간되었다. 인터넷이 기업의 판매, 구매, 내외 통신, 연구개발을 향상시키는 것과 마찬가지로, 인터넷은 또 고용주들에게 노동조합에 대한 경쟁력의 우위도 제공한다. 이러한 경쟁력의 우위는 협상테이블에서뿐만 아니라 범지구적 계급갈등의 난투가 벌어지는 세계에서도 나타난다. 인터넷과 더불어 초국적기업들은 역사상 유례가 없을 정도로 용이하게 노동조합의 의표를 찌르고 앞서서 행동할 수 있게 되었다. 이는 기업과 인터넷에 관한 책들이 세련되게 회피하는 점이다.

새로운 세계질서 속에서, 개발도상국에 등장하는 산업노동계급은 가장 불이익을 당하고 있다. 초창기에 있는 이 지역의 노동조합은 노조인정과 단체협약 같은 기본권리를 위해 싸우고 있으며, 강력한 초국적기업의 인터넷 이용에 필적하는 통신수단을 갖고 있지 못하다. 사실 이들 노동조합은 세계 통신망에 연결하는 것은 고사하고, 전화나 팩스를 이용하려 해도 엄청난 비용에 직면하여 어려움을 겪는다.

하지만 역설적인 사실은, 기업이 노동조합에 대해 엄청난 우위를 점할 수 있게 해준 바로 그 기술—통신, 특히 컴퓨터통신의 진보—이 저렴하게 연결되면서 노동조합들이 새로운 국제주의로 이동하고 있다는 것이다.

한 가능성의 예로 1970년대 국제산별노련들이 주창한 세계 '기업평의회'[3] 창건 계획이 어떻게 되었는가를 살펴보자. 기업평의회는 시간이 지나면 초국적기업에 대한 '대항세력'(국제화학노련의 찰스 '칩' 레빈슨의 말이다)을 구성할 미발달된 국제노동조합으로 간주되었다. 몇몇 사람들은 이들이 기업과 계약협상에 들어가고, 범지구적인 파업행동을 조정하면서 노동자국제주의를 되살리는 출발점이 되기를 기대했다. 그러나 이러한 일은 일어나지 않았는데 그 이유 중의 하나는 '기업평의회'를 위한 회의에 노동조합 활동가들이 참가하는 데 너무 많은 항공료가 든다는 현실적인 문제 때문이었다. 오늘날 노동운동이 컴퓨터통신을 채택함에 따라 '가상 공간 기업평의회'의 건설 가능성은 의제에 올랐고, 이와 더불어 초기에 맞닥뜨려야 했던 예산문제도 해결되고 있다.

새로운 정보기술의 채택과정은 노동운동의 전국적·국제적 중앙조직에서뿐만이 아니라 지방적·대중적인 수준에서도 벌어지고 있다. 이후의 장들에서는 이 과정이 현재 어떻게 전개되고 있는가에 초점을 맞출 것이다. 우리는 노동자국제주의의 소생을 위해 현재 활용가능한 다양한 새로운 도구들, 즉 전자우편, 온라인 데이터베이스, 토론그룹, 전자출판 등을 논의할 것이며, 또 노동진영에서 컴퓨터통신의 활용이 시도된 초기 10여년간을 검토하면서, 1970년대 초반 '칩' 레빈슨의 제안으로 시작해 1981년 개시된 최초의 온라인 노동네트워크까지 다룰 것이다.

또 지방·지역 노동네트워크로 항해하면서, 독립적인 노동조합네트워크, 노동조합에 의한 기존 기업네트워크의 활용, 지방 노동조합 게시판 등을 설명하며 지방 수준에서 컴퓨터통신을 독창적으로 이용한 사례인 온라인 일간 파업신문도 살펴볼 것이다. 그리고 다양한 국제적 실험들, 즉 캐나다

---

3) 당시 유럽 각국으로 확장하고 있던 초국적기업들로 인해 노동자들의 이해와 요구가 국경을 가로질러 수렴되고 있었다. 기업평의회는 공동의 단체협약과 활동을 위해 제안된 초국적기업 차원의 노동자 조직이다.

의 선구적인 연대네트워크(Solidarity Network)에서부터 러시아의 글라스넷(GlasNet)까지 검토하면서 태동하고 있는 범지구적 노동네트워크 자체에 초점을 맞출 것이다. 이러한 국제적 실험들의 주요 부분은 유럽 주요 도시와 기층 수준에서는 수많은 쌍무적·다변적 온라인 연대행동에 기반을 두고 있는 국제산별노련들에서 발견된다.

마지막으로, 온라인 국제노동대학, 전자노동뉴스서비스, '가상공간 기업평의회' 등 미래를 위한 몇 가지 구체적 제안(과 이보다 구체적이지 못한 전망)을 살펴보게 될 것이다.

2
신국제주의를 위한 새로운 도구들

인터넷이란 무엇인가? 노조활동가들은 어떻게 이것을 이용해서 노동운동을 되살릴 수 있는가? 이 장에서 우리는 인터넷을 구성하는 범지구적 온라인 네트워크로 여행을 떠날 것이다. 사실, 이는 독립된 한 권의 책으로 다룰 수 있는 주제로, 인터넷에 관한 대부분의 책들은 정확히 이 부분만을 다루면서 사람들이 인터넷으로 할 수 있는 다양한 일들을 보여준다.

이 책에서 나는 훨씬 더 신중한 무언가를 할텐데 우선은 아주 간략하게 인터넷의 역사를 다루면서 시작할 것이다(나는 무언가를 이해하기 위해서는 그것이 어디에서 연유하는지를 먼저 알아야 한다고 생각한다). 그리고 나서 노동조합활동가(다른 모든 사람도)가 인터넷으로 할 수 있는 다섯 가지 일, 즉 전자우편, 데이터베이스, 토론그룹, 온라인대화, 전자출판을 검토할 것이다. 이것들은 내가 신국제주의를 위한 새로운 도구라고 부르는 것들이다.

위의 용어들이 이해가 안되더라도 걱정할 필요는 없다. 나는 이 장을 통해서 이 새로운 용어를 정의하고 다양한 기술간의 차별성을, 때로는 애매할 수도 있겠지만, 설명할 것이다(예를 들어 전자우편을 기반으로 한 토론그룹이 있다). 그리고 이 책은 항상 노동운동이 해당 기술을 이용하는 방법에 초점을 맞출 것이다. 나는 초보자를 위한 실용적인 정보를 강조할

텐데(초보자만 해당되는 것은 아니다), "전자우편을 쓰려면 뭐가 필요합니까?", "월드와이드웹에 어떻게 홈페이지를 만들죠?" 같은 질문들에 답할 것이다.

나의 직업은 컴퓨터 프로그래머이다. 10여 년간 나는 주로 소프트웨어 프로그램을 작성해왔다. '전구를 갈아끼우기 위해 얼마나 많은 프로그래머가 필요한가?'는 말은 인터넷에서 유행하는 심한 농담 중의 하나인데 이 퀴즈의 답은, '전혀 필요없다. 이는 하드웨어 문제이다'이다. 고로 나는 여기서 하드웨어를 논하지도 않을 것이고, 모뎀이나 컴퓨터도 다루지 않을 것이다. 인터넷에 관한 모든 기본서에는 모뎀을 사고, 설치하고, 사용하는 데 필요한 정보가 담겨 있기 때문이다.

'하드웨어 문제'는 농담이긴 하지만 인터넷을 이용하려는 사람에게는 정말 문제가 된다는 말을 해야겠다. 1994년 초, 내가 처음 인터넷에 접속했을 때, 나는 1990년에 제작된 낡은 가정용 컴퓨터(IBM호환 개인용 컴퓨터로 286칩에 1메가바이트의 기억장치, 40메가바이트의 하드디스크였다)를 이용하고 있었고 모뎀도 느린(2400bps) 것이었다. 거의 2년이 지난 지금도 이같은 기종의 컴퓨터와 모뎀을 사용할 수는 있지만 이것으로는 월드와이드웹에 화상으로 접속할 수 없다. 그래서 지금은 다른 컴퓨터를 쓰고 있는데, 이 기종은 몇 세대 진보한 것으로 훨씬 빠른 모뎀을 장착하고 있다. 그러나 앞으로 1, 2년 후에는 이것도 충분하지 않아 또 업그레이드를 해야 할 것이다. 컴퓨터 가격이 계속 떨어지기는 하지만 계속 업그레이드를 해야 하기 때문에 이런 이유로 노동조합원과 노동대중이 온라인에 빠르게 접속하지 못하는지도 모르겠다. 거의 2년마다 컴퓨터에 상당량의 돈과 시간을 투자해야 하기 때문이다.

물론 이것이 유일한 이유는 아니다. 나는 이 책 전체에 걸쳐 인터넷을 이용하는 데 있어서의 다른 문제점들을 논할 것이다. 하지만 지금 당장은 '컴퓨터공포증'이라는 일반적인 문제에 대해 말하겠다. 나는 컴퓨터가 소개된 지 15년이나 된 다세대 공동체[1]에서 살면서 일하고 있기 때문에 컴퓨터공포증환자들과 그 정반대인 사람들을 가까이서 관찰할 수 있었다.

---

1) 키부츠를 지칭.

나는 75살 먹은 인터넷광도 보았고, 20살이면서도 '엔터'키 누르는 것을 무서워하는 사람도 보았다. 컴퓨터에 관한 한 사람들의 행동에 일반법칙이란 없는 것 같았다. 하지만 일반적으로 많은 사람들이 컴퓨터를 불편해하고 되도록이면 컴퓨터를 멀리하려고 하는 것이 사실이다(1970년대 초반 대학생이였던 나는 사회학 연구를 위해 컴퓨터를 사용해야만 했다. 나는 교수에게 컴퓨터를 안 써도 되도록 특별허가를 요청해 허락을 받았으며 결국 컴퓨터 대신에 필사문서로 제출하였다. 그 결과 이후 10년간 나는 컴퓨터에 손도 대지 않았다).

이와 같은 컴퓨터와의 불화는 광대한 인터넷과 마주칠 때 더욱 가중되기 마련이다. 나는 이 공동체에서 인터넷을 이용하는 최초의 사람 중에 한 명이었으므로, 인터넷의 공포와 당혹스러움에 정면으로 마주쳤고, 또 그와 반대로 위대한 희망과 열광도 만나게 되었다. 이러한 공포와 대면하는 것은 노동운동이 직면하는 관문으로 이제 나는 적합한 훈련과 지원으로 노동조합에 도입된 컴퓨터네트워크의 성공적 사례들을 지적해 보도록 하겠다.

이 장에서는 각각의 새로운 기술이 가지는 장점과 단점을 내 견해대로 밝힐 것이다. 예를 들어 리스트서브(LISTSERV)가 유즈넷(USENET)보다 더 나은 이유 등을 설명하겠다. 그 이후의 장들에서는 특정 분야나, 지역, 전국, 세계 수준의 사례들을 많이 제시할 것이다. 이 장에서는 이와 같은 기술적 문제들을 검토하지만, 우리의 목표가 기술, 그 자체를 탐구하는 것은 아니라 —이것이 흥미롭긴 하지만— 이 기술이 가능케한 '노동자들의 더욱더 확대되는 단결'임을 유념해야 한다.

인터넷의 간략한 역사

인류는 반세기 동안 컴퓨터를 사용해왔다. 1960년대 후반경 적어도 미국에서는 대학, 정부, 군대 등에서 일상적으로 컴퓨터를 볼 수 있었다. 냉전이라는 시대적 흐름은 1960년대 말 여러 도시에 있는 컴퓨터들의 네트워크를 만들어내려는 미국정부의 결정을 촉발시켰고 기술의 발전이 이를 가능케 하였다. 미국 서부에서 네 대의 컴퓨터를 연결시키는 실험이 성공하면서 오늘날의 인터넷 선구자인 선진연구계획청 네트워크(ARPANET)가 탄생하게 되었다.

미국 방위당국이 알파넷에 투자한 이유 중의 하나는 컴퓨터간의 연결 가능성에 대한 관심이었다. 컴퓨터들이 하나의 전화선으로 서로 연결된다면 이 연결은 쉽게 끊어질 수 있다. 하지만 알파넷은 컴퓨터간에 서로 다른 많은 경로를 제공했고 컴퓨터들은 고정된 하나의 경로가 아니라 가능한 여러 경로 중 하나로 서로 메시지를 보낼 수 있었다.

또 다른 관심사는 전혀 다른 유형과 작동체계를 가진 컴퓨터간에 서로 '대화'할 수 있는 방법을 찾는 것이었는데, 이를 위해서는 공통의 언어 혹은 '규약'이 필요했다. 미국 방위당국은 서로 다른 도시에서 다른 컴퓨터를 사용하는 과학연구자들이 활발한 협력활동을 하기를 원했다.

원래 알파넷 접속은 보안상 안전한 방위계약자와 연구자들에게만 엄격하게 제한되었다. 밀넷(Milnet)이라고 알려진 두번째 네트워크는 1980년대 초반 확립되었고 대학교수와 과학자들간의 공개 통신을 허용했다. 과학·학술집단은 독자적인 네트워크들을 건설하기 시작했다.

한편 서로 다른 두 가지 종류의 네트워크가 대학과 연구집단 외부에서 형성되고 있었다. 하나는 전자우편 교환, 온라인회의, 데이터이용 등을 제공하는 상업적 네트워크로, 미국의 컴퓨서브(CompuServe. H&R 블록 소유), 프로디지(Prodigy. IBM과 시어즈 소유), 아메리카온라인, 지니(GEnie. GE는 제너럴 일렉트릭의 준말) 등이 그것이었다. 모뎀과 가정용 컴퓨터를 가진 개인과 조직은 이 네트워크들을 통해 지역전화번호로 접속해서 서로 연결할 수 있었다.

또 다른 종류의 네트워크는, 1978년 시카고에서 싹트기 시작했는데, BBS라고 알려진 지역 전자게시판이었다. 이 전자게시판은 1980년대와 1990년대 초반에 걸쳐 삽시간에 퍼졌고 일종의 '빈자(貧者)의 인터넷'을 만들어냈다. 북미만 해도 오늘날까지 수만 개의 게시판이 존재하는데 이를 통해 지역 수준에서 전자우편의 교환과 데이터 이용이 가능하다. 1980

년대에는 피도넷(FidoNet)[2]이 시작되었고, 이는 전 세계에 있는 수천 개의 지역 전자게시판을 연결시켰다.

지역 게시판을 운영하는 데 필요한 것은 가정용컴퓨터, 모뎀, 전화선, 적당한 소프트웨어가 전부였다. 이 소프트웨어는 대부분 '프리웨어(free-ware. 무료로 배포되는 프로그램)'였고 가정용컴퓨터와 모뎀의 가격이 계속 떨어졌기 때문에, 1990년대 북미에는 수만 개의 게시판이, 세계적으로는 무수한 수의 게시판이 존재했다.

1990년대 중반에는 수백만 명이 이용하는 아메리카온라인에서 수십 명이 사용하는 지방 게시판에 이르기까지 거의 모든 네트워크가 인터넷에 연결되었다. 처음에는 지역 게시판이나 상업 네트워크에서 인터넷으로 전자우편을 발송하는 것은 대단한 기술과 종종 많은 비용을 필요로 하는 전문적인 기술이었다. 그러나 오늘날에는 지역 게시판도 저가로 인터넷 서비스를 제공할 수 있다. 심지어 몇몇 도시에는 사람들이 아무 비용 없이 인터넷을 이용할 수 있는 '무료네트워크'도 있다.

알파넷이 서로 다른 종류의 컴퓨터들이 대화할 수 있도록 개발한 '규약'(TCP/IP)은 세계 통신네트워크의 에스페란토가 되었다(에스페란토는 국제공용어를 위한 시도로 한때 노동조합 활동가와 많은 사람들의 열광적인 환영을 받았다. 하지만 수백만 명의 사람들이 이 언어를 배웠음에도 불구하고 이는 성공하지 못했다).

패킷전송 네트워크라고 알려진 시스템은 다른 네트워크들의 환영을 받았다. 오늘날 인터넷은 처음 네 대의 컴퓨터 대신 수백만 대의 컴퓨터를 연결하고 방위연구자, 교수, 정부관료뿐만 아니라 수천만 명의 평범한 사람들도 연결하고 있다. 그리고 여기에는 수백만 명의 노동조합원도 포함된다.

전 세계의 노동조합들은 십여 년 간 네트워크, 온라인 데이터베이스, 게시판, 토론그룹 등을 만들려고 실험해왔다. 이들은 비공식적인 지역 게시판이나 기존 상업 네트워크, 혹은 인터넷 자체를 이용해서 이러한 시도를 하고 있다. 어떤 경우에는 이들은 자신들의 독립적인 네트워크를 만들

---

2) 인터넷과 전자우편을 교환할 수 있는 미국 사설 게시판 통신망.

기도 하였다.

전자우편

전자우편(email)은 'electronic mail'의 준말이다. 전자우편은 단순히 한 컴퓨터 사용자로부터 다른 컴퓨터 사용자로 데이터를 전자(電子)적으로 전송하는 것이다. '데이터'는 대부분의 경우 문서(text)를 의미하는데 이는 라틴문자이며 액센트 부호나 밑줄, 이탤릭체, 진한 표시 등이 없는 문서이다(이는 보통 '단순 ASCII' 문서라고 불린다). 하지만 키릴어, 아랍어, 헤브루어, 중국어, 일본어 등 다른 종류의 문서를 전송하는 것도 가능하다. 전자우편은 컴퓨터프로그램과 화상, 소리도 담을 수 있기 때문에 기본적으로 컴퓨터에 저장하고 있는 모든 것을 전송할 수 있다.

이것은 오늘날 지구 한쪽 끝의 파업을 다루는 한 노동언론인이 전자우편을 통해 파업 전개에 관한 문서뿐 아니라 파업보호선(picket line)[3]에 선 노동자들의 사진과 동화상까지도 보낼 수 있다는 것을 의미한다. 여기에는 노동자와 기업주의 차이를 묘사하는 그래픽화면(흔히 있는 스프레드쉬트[4]와 데이터베이스 프로그램을 이용한다)과 노동자들의 언론회견을 녹음한 음성 등도 포함된다. 인터넷에서 전자우편을 보내는 것은 매우 쉽고 빠르고 때문에 이는 세계의 이 편에서 저 편으로 노동자투쟁에 관한 문서, 사진, 소리를 빠르게 퍼뜨리는 훌륭한 방법이다.

전자우편을 보내기 위해서 다음과 같은 것이 필요하다.

- 컴퓨터: 이 컴퓨터는 그리 강력할 필요는 없다. 1980년대 초반의 구식 애플 컴퓨터와 IBM 호환 개인용 컴퓨터도 전자우편을 완벽하게 보내고 받을 수 있다.

---

3) '파업보호선'은 파업시 작업장을 파업노동자들이 관리하기 위해 설치하는 것이다. 서구 국가들의 경우 대체노동자들이 몰래 작업장에 들어가는 것을 막고 사측의 간섭으로부터 파업을 보호하기 위한 파업보호선이 보장되고 있다.
4) spreadsheet: 엑셀 등의 수식계산용 프로그램을 총칭하는 말.

- 모뎀: 이것은 컴퓨터를 전화선에 연결해주는 비싸지 않은 장치이다.
- 전화선: 꼭 컴퓨터 전용일 필요는 없는데 컴퓨터를 통해 사용할 때 만 통화중이기 때문이다. 사실 전화선이 꼭 필요하지도 않다. 저궤도 위성(이는 몇몇 아프리카 나라의 경우 선택가능하다), 패킷 라디오(packet radio), 시선 극초단파 연결망(line-of-sight microwave connections) 등이 대안으로 이용될 수 있다.
- 인터넷 연결(서비스 제공회사를 통한 계정접속이나 직접접속).
- 모뎀을 통해 여러분의 컴퓨터를 네트워크에 연결시켜주는 통신 프로그램: 무료로 사용할 수 있는 통신 프로그램이 많다.
- 전자우편 프로그램(전화접속일 경우라면 선택사항이다): 무료 전자우편 프로그램도 역시 많다.

여러분은 전자우편을 이용하기 위해서 기술적인 문제를 알 필요는 없다. 수백만 명의 사람들이 매일 전자우편을 이용하지만, 실제로 그 체계가 어떻게 작동하는지 아는 사람은 극소수에 불과할 것이다(다행스럽게도 그들 중 몇 사람이 노동운동에 몸담고 있다). 얼마나 많은 사람이 팩스기기의 작동법을 이해하는가? 이에 관해 전자우편을 더 잘 이용할 수 있도록 몇 가지를 설명하겠다.

전자우편이 인터넷을 통해 가는 방식은 수신의 지체를 초래할 수도 있고, 종종 한꺼번에 올 수도 있다. 이는 바로 어느 사람이 토론그룹의 참가자일 경우인데, 이는 이 장의 후반부에서 논의될 것이다. 전자우편은 항상은 아니지만 보통 순간적으로 전송된다. 전자우편은 또 뜻하지 않게 사라지거나 삭제될 수도 있다. 믿기 어렵겠지만 전자우편 이용자들이 '달팽이우편(snail mail)'이라고 조롱하는 보통 우편업무보다 전자우편에서 이런 사고가 더 빈번하게 일어난다(『실리콘 만병통치약*Silicon Snake Oil*』의 저자 클리포드 스톨[Clifford Stoll]은 자신이 행한 실험에서 우체국이 인터넷보다 좋은 결과를 낳았다고 주장했다. 이 실험에서 인터넷은 편지가 일부 사라진 반면 우체국은 하나도 없었다고 한다).

사용자들이 직면하는 가장 큰 문제는 아마도 전자우편에 정확하게 주소를 기입하는 일일 것이다. 전자우편 주소를 정확하게 기입하는 것은 전화번호를 정확히 누르는 것보다 어렵지 않다. 국제전화를 써본 사람이라면 누구나 전화의 자동다이얼러의 소중함을 느낄 것이다.

만약 여러분이 빌 클린턴 미대통령에게 편지를 쓰는데, 클린턴의 'C'를 'K'로 잘못 표기한다하더라도 당신의 편지는 백악관에 도착할 것이다. 만일 여러분이 대통령의 주소를 몰라서 '워싱턴 D.C., 백악관'이라고만 써도 편지는 배달된다. 또한 수백만 명의 어린이들이 알아낸 것처럼, 북극의 산타클로스에게 편지를 보내고 답장을 받을 수도 있다. 한 번은 내 친구가 거대한 다국적기업의 회장에게 편지를 쓴 적이 있는데 주소를 그냥 '책임자(the man in charge)'라고만 썼다. 물론 그 편지는 제대로 갔다.

하지만 전자우편에서는 아주 작은 실수에서도 인간지능과 인공지능의 차이점에 관해 훌륭한 교훈을 얻게 된다. president@whitehouse.gov(클린턴의 전자우편 주소이다) 대신에 resident@whitehouse.gov라고 주소를 쓴다면 당신의 전자우편은 곧바로 반송될 것이다. 또 여러분은 the.man.in.charge@transnational.com에게 편지쓰는 일 따위는 생각하지도 않는게 좋다.

세계의 모든 우체국 직원이 매일 하는 일, 즉 주소상의 사소한 실수를 다루는 일을 해내는 전자우편 프로그램은 아직 없다. 하지만 전화국의 전화교환기는 더 편할까? 내가 언급한 대로, 오늘날 전화를 사용하는 가장 좋은 방법은, 자주 쓰는 전화번호를 기억하는 신형 전화를 쓰는 것인데 문제는 모든 사람이 이런 전화기를 갖고 있지는 않다는 점이다. 그러나 내가 아는 모든 전자우편 프로그램은 주소를 저장할 수 있으며, 따라서 여러분이 일단 성공적으로 전자우편을 보내면 다시 주소 전체를 타이핑할 필요는 없다.

인터넷에서 전자우편을 전송하는 표준규약은 단순우편 전송규약(simple mail transfer protocol; SMTP)이라 불리는데, 이를 통해 초대형고속 컴퓨터와 수퍼컴퓨터에서부터 내가 지금 쓰고 있는 소형 IBM 호환 개인 컴퓨터에 이르기까지 다른 여러 종류의 컴퓨터들간에 데이터 전송을 할 수 있다. 또한 인터넷은 '네트워크들의 네트워크'5)이기 때문에 여러분은 컴퓨서브에서 지오넷(GeoNet)으로, 남아공의 상고넷(SANGONeT)에서 아메리카온라인으로, 캐나다의 솔리넷(Solinet)에서 러시아의 글라스넷 (GlasNet)으로 전자우편을 보낼 수 있다. 한 네트워크에서 다른 네트워크 로 이동할 때 '통로(gateways)'라고 불리는 것을 이용함으로써, 여러분은 지역 컴퓨터게시판의 피도넷 네트워크를 이용해 다른 네트워크로 전자우 편을 보낼 수 있는 것이다.

전자우편이 무엇인지 알게 되었으므로 여러분은 왜 노동운동이 이를 이용하려 하는지 궁금할 것이다. 팩시밀리와 일반 '달팽이 우편'에 반대 되는 전자우편의 이점은 무엇일까? 몇 가지 이유를 생각해 볼 수 있다.

- 전자우편은 매우 빠르다. 이는 팩스보다도 훨씬 더 빠르다. 한 실화로 이를 묘사해보자. 얼마 전에 나는 (내가 편집하는) 《노동자교육》이 라는 계간지 한 권 전체를 팩스를 이용해 이스라엘에서 부에노스아 이레스로 보내야 했다. 나는 이 책을 빽빽하게 30쪽으로 인쇄했고 팩스로 보내기 시작했는데 무척 운이 좋았다. 국제연결을 할 수 있었 고 그쪽의 팩스도 통화중이 아니었던 것이다. 중간에 종이도 떨어지 지도 않았다. 거기다 놀라운 것은 팩스가 전송되는 30분 동안 전화 연결이 끊기지 않았다는 것이다. 우리가 전자우편을 이용할 수 있었 다면, 나는 10초만에 전부 보낼 수 있었을 것이다. 하지만 항상 이런 것은 아니다. 때로는 특히 피도넷을 이용할 경우에는 전자우편도 몇 시간에서 며칠까지 걸릴 수도 있다. 팩스는 일단 연결만 되면 즉시 수신된다. 만약 여러분이 어떤 사람에게 팩스를 보낼 때 그가 자기 사무실에 있으면, 그 사람은 전화소리를 듣고 팩스기기에서 종이가 나오는 걸 보게 될 것이다. 전자우편을 이용하면, 사람들은 전자우편 편지함을 확인해야 한다. 따라서 전자우편을 보내는 데 몇 초밖에 안 걸린다 하더라도, 수신자가 편지함을 확인하고 편지를 읽는 데는 몇 시간이 걸릴 수도 있다.
- 전자우편은 매우 저렴하다. 보통 전자우편은 거리로 요금이 부과되지

---

5) 인터넷 자체가 여러 네트워크를 하나로 연결하는 네트워크라는 의미이다.

않는다. 지구 반대편에 보내는 편지도 같은 도시에 보내는 것과 똑같은 비용이 드는 것이다. 대부분의 경우 비용은 이용시간으로 부과된다. 팩스 이야기를 다시 해보자. 30쪽을 부에노스아이레스로 보내는 비용은 대강 30시간의 인터넷 이용료에 해당한다.

- 전자우편은 팩스보다 확실하다. 몇몇 국제산별노련은 정기적으로 일반전화로 통화할 수 없는 나라들이 있기 때문에 개발도상국가들과 구 사회주의권 나라들에 메시지를 보내는 데는 팩스보다 전자우편이 더 좋은 방법이라고 말한다. 이는 전 세계 노동조합 활동가로부터 ≪노동자교육≫의 기사를 모았던 내 자신의 최근 경험에서 확증된 것이다. 우리 잡지의 주제는 '노동조합의 방어'로 이는 모든 대륙의 노동조직들로 하여금 기사를 제공하도록 고무시켰다. 캐나다, 노르웨이, 뉴질랜드, 필리핀에서 온 기사들은 전자우편을 통해 그대로 읽을 수 있게 도착했다. 그러나 체코와 불가리아의 노동운동 동료들은 전자우편을 이용할 수 없었기 때문에 팩스로 기사를 보냈다. 그러나 타자기의 잉크리본이 흐렸기 때문에 나는 체코 기사의 저자 이름을 알아볼 수 없었고, 불가리아 기사의 반쪽은 아예 읽을 수가 없었다. 나는 프라하와 소피아로 다시 팩스를 보내야만 했다. 체코와 불가리아 친구들은 몇 시간 후에 답장을 보냈지만 그래도 체코 저자의 이름과 불가리아 기사 전체를 해독할 수 없었다. 모뎀은 보통 정교한 오류정정 내장프로그램을 갖고 있지만, 팩스는 일반적으로 그렇지 않다. 또한 전자우편은 보통 저장-전송 방식으로 작동하기 때문에 팩스의 경우처럼 좋지 않은 상태의 국제전화선을 쓸 필요가 없다.
- 전자우편은 팩스, 전화, 우편보다 융통성이 있다. 나는 전자우편을 이용해서 천연색 사진—단순하고 저렴한 스캐너를 이용해 만든 것이다—을 보내본 적도 있고 받아본 적도 있다. 음성 파일, 동영상, 스프레드쉬트, 편집문서 등 내 컴퓨터에 저장되어 있는 모든 것을 보낼 수 있는 것이다. 팩스로 천연색 사진을 한번 보내보라.
- 전자우편은 다시 타이핑할 필요가 없다. 나는 전 세계에서 팩스로 제공되는 기사를 받는 노동출판물의 편집자로서, 다른 사람이 다른 컴퓨

터에 문서작업한 것을 다시 타이핑하는 것이 얼마나 귀찮은 일인지 알고 있다. 전자우편은 다시 타이핑하는 번거로움을 없앨 뿐 아니라 비용도 절감해준다.

- 전자우편은 기동력이 있다. 여러분은 보통 호스트컴퓨터(host computer)로 보내지는 자신의 전자우편을 골라내기 위해 집이나 사무실 혹은 거리에서(휴대용 컴퓨터나 다른 사람의 컴퓨터를 이용해서) 그 컴퓨터에 접속할 수 있다. 나는 벨기에에서 열린 국제노동조합회의에 참가하는 동안, 그 지역 컴퓨터를 사용해서 이스라엘의 내 계정에 온 전자우편을 전송받을 수 있었다. 이 책을 쓰는 동안에 나는 여행 중인 노동운동 전문가들과 몇 번 상의해야 했었다. 한 명은 페루에, 다른 한 명은 인도에 체류하고 있었는데 그들이 어디를 여행하고 있었던 간에—이는 인터넷 접속이 단순하고 싸지 않은 개발도상국에서도 마찬가지인데—나는 그들과 연락하고 내 질문에 대한 답을 얻을 수 있었다. 나는 그들의 전자우편 주소로 편지를 보냈고, 그들은 그곳에서 자기들의 우편을 골라내어 읽고, 답장을 보내주었다. 여행중인 노동조합 활동가나 때때로 집에서 일해야하는 사람들에게는 전자우편이 팩스보다 훨씬 좋은 것이다.

- 전자우편을 통해 우편수취자명단을 간단히 만들 수 있다. 개인과 조직들의 전산화된 전자우편주소 목록을 만드는 데는 아무런 노력이 필요없다. 마우스를 누르기만 하면 모든 가입자에게 동일한 메시지를 보낼 수 있다. 내가 내 리스트에 올라 있는 20여 명의 친구와 동료들에게 소식을 보내고자 할 때, 나는 간단히 내 지역의 인터넷접속 제공회사에 편지를 하나 보내면 되고, 이 회사의 컴퓨터는 나의 '수신인(To)' 목록을 읽고 해당하는 모두에게 그 편지를 발송해준다. 일반 팩스기로 이같은 일을 하려면, 여러분은 전화선을 통해서 같은 팩스를 반복해서 보내야만 한다. 목록이 길면 길수록, 팩스와 전화선이 이용되는 시간은 길어진다.

- 몇몇 인터넷접속 제공회사는 팩스와 전자우편을 결합시킨 서비스를 제공한다. 여러분은 문서와 팩스번호 목록을 보내고, 상대방의 팩스기를

이용해서 그 문서를 보낸다. 이러한 팩스는, 늘 바로 전달되지는 않지만 다른 나라의 지역 호스트컴퓨터에 의해 보내지고, 여러분의 국제전화요금을 절감시켜준다.

• 전자우편은 대화를 끌어낸다. 전자우편 메시지에 답하는 것은 매우 쉬운 일이기 때문에 사람들은 안 읽은 편지 뭉치를 쌓아놓는 대신에 읽자마자 답장을 보내려는 생각이 나기 마련이다. 내가 사용하는 전자우편 프로그램의 경우, 편지를 읽는 동안 간단히 마우스를 아이콘(icon. 화면상의 작은 그림)에 찍어서 내 이름과 전자우편주소를 ‘발신인’ 자리에 놓고 상대방의 이름과 주소를 ‘수신인’ 자리에 놓을 수 있다. 내가 주소를 몰라도 상관없다(왜냐하면 이 프로그램이 누구에게 답장을 보낼지를 이미 알고 있기 때문에). 게다가 ‘제목’ 자리에는 상대방 편지의 제목이 ‘답장:(Re:)’이라는 말 뒤로 나타난다. 그리고 커서(cursor)는 본문의 첫째 줄에서 깜박이면서 내가 무슨 말을 쓸지 참을성 있게 기다린다. 바로 답장을 보내는 게 우스꽝스러울 정도로 쉽고 구미가 당기기 때문에, 나에게는 밀린 편지더미 따위는 전혀 없다. 온라인을 경험하기 전에는 이런 게 항상 쌓여 있었다. 게다가 이제는 ‘답장이 늦어서 죄송합니다’ 같은 말로 시작할 필요도 전혀 없다.

• 전자우편은 부자와 빈자, 권력자와 피억압자를 차별하지 않는다. 전자우편 메시지는 개발도상국의 실업노동자조직이 보낸 것과 IBM의 최고경영자가 보낸 것과 완전히 똑같다. 과거에는 편지를 살펴봄으로써 —예를 들면 종이의 질이라든가 타자체라든가—발신인이 중요한 사람인가를 알 수 있었다. 부자들과 그들이 후원하는 조직은 빈자들보다 훨씬 인상적인 편지를 간단하게 만들어내었다. 하지만 인터넷은 평준화 효과를 가지며 모든 전자우편을 똑같이 좋거나 나쁘게 만들어 준다.

나는 전자우편의 문제점에 대해 자세히 파고들지는 않았지만 그것의 장점들을 언급했다. 문제점 중 일부는 이 책 전체를 통해 등장할 것이고,

다른 부분들은 범지구적 노동네트워크 형성의 장애들을 논하는 7장에서만 논의될 것이다. 하지만 적어도 전자우편의 몇 가지 문제점들을 여기서 나열하는 것이 공정할 것이다.

- 라틴문자 외의 언어로는 전자우편을 이용하지 못할 수도 있다. 복잡한 소프트웨어(내가 쓰는 윈도우기반 프로그램 같은 것)를 이용하면 이것이 가능하긴 하지만 헤브루어 같은 언어로 된 파일을 첨부하면 수신인도 적합한 소프트웨어를 사용해야만 한다. 또한 라틴문자 이외의 문자를 지원하는 자판과 이런 문자를 나타낼 수 있는 단말기가 있어야 한다. 시간이 지나면 이는 훨씬 쉬운 일이 되겠지만, 당장에 라틴문자가 아닌 언어로 전자우편을 주고받는 것은 문제가 된다. 영어의 네트워크 지배라는 문제는 다시 이야기하겠지만, 여기서는 국제노동운동에 중요한 문제라는 점만을 지적하고 넘어가겠다. 전자우편뿐만이 아니라 인터넷상의 모든 것은 영어로 작동하도록 고안되어 있다. 현존의 국제노동조합 조직들은 번역자를 고용해서 이 문제를 풀려 하고 있다. 최근에 어떤 중요한 노동조직이 여러 나라 국기—이 국기는 그 나라 언어를 선택하기 위한 것이다—를 총천연색으로 담고 있는 웹사이트를 만들었는데, 결국 예산 문제로 다국어를 지원하지 못한다는 여러 나라 말로 된 사과문만 싣고 이 국기들을 없애버렸다. 긴 안목으로 보면 나는 자동번역 소프트웨어(문서를 번역하는 컴퓨터 프로그램)가 해결책이 될 수 있다고 믿는다. 그때까지는 국제노동조합조직들은 사이버공간에 내놓는 것들을 번역하는 데 계속 돈을 투자해야 할 것이다.
- 전자우편은 팩스보다 배우기가 어렵다. 이는 사용자 편의로 된 소프트웨어가 나타나기 한두 해 전에 해당되는 이야기였다. 간단한 전자우편 업무를 하려 해도 이상한 명령어들을 배워야 했던 그때, 팩스는 전화를 걸 줄만 알면 누구나 쉽게 사용할 수 있는 기기였다.
- 전자우편은 불안정한 매체이다. 이는 기업주들이나 정부와 마찬가지로 노동조합 활동가들도 관심을 갖는 부분이다. 전자우편 메시지는

최종 도착지까지 가는 도중에 몇 개의 컴퓨터를 거쳐감으로써 어디서나 가로채서 읽을 수 있다. 이러한 사실은 대중매체가 과장한 측면도 있지만, 여전히 문제점이다. 현재 많은 암호화 프로그램(무료인 PGP 등)이 있지만 사용하기가 쉽지는 않다.

• 흔한 일은 아니지만 전자우편은 여러분 컴퓨터에 바이러스를 옮길 수 있다. 바이러스의 감염은 여러분이 실행가능한 프로그램(소프트웨어)을 전자우편에 첨부해서 전송할 때만 생긴다. 물론 이러한 종류의 공격에서 여러분의 컴퓨터를 보호하는 방법들이 있다. 하지만 이는 전화, 달팽이우편, 팩스 등에는 없는 위험이다.

데이터베이스

노동조합 활동가들이 전산화된 데이터베이스의 장점에 관해 구구절절이 들을 필요는 없다. 이미 많은 이들이 매일 이를 이용하고 있으며 조합원 목록과 재정 상황을 컴퓨터에 보유하고 있다. 또 외부 데이터베이스를 사용하는 경우도 있는데 예를 들어 기업이나 법률에 관한 정보를 컴팩트 디스크(CD-ROM이라고도 한다)에 담아 가지고 있기도 하다. 온라인 데이터베이스는 간단히 말하자면, 네트워크를 통해 이용할 수 있는 디지털화된 정보를 지칭하며, 이것은 강력한 노동운동 도구가 될 수 있다.

노동조합 활동가들이 온라인 전산 데이터베이스를 이용해야하는 다섯 가지 중요한 이유가 있다.

• 온라인 데이터베이스는 최신 정보를 담고 있다. 인쇄물과는 달리 디지털 형식으로 최신 정보를 보관하는 것이 매우 용이하다. 이 점은 시디롬과 비교했을 때 온라인 데이터베이스가 가진 커다란 장점이다. 시디롬은 책과 같은 시기에 나오기 때문에 뒤떨어지기 쉽다. 이에 반해 집중적이고 지속적으로 보관된 데이터베이스는 항상 현재형이다.
• 온라인 데이터베이스는 무료일 때가 있다. 책과 시디롬은 무료로 배포

되는 경우가 드문 반면 온라인 데이터베이스는 그 반대이다. 예를 들어보자. 미국에는 ≪토마스 명부(*Thomas Register*)≫라고 불리는 정기간행물이 있는데 여기에는 생산품목별로 분류된 미국 기업명단과 각 회사에 관한 정보가 포함되어 있다. 이 책은 노동노합 연구부서에 확실히 유용하다. 최근까지도 ≪토마스 명부≫ 최근호의 정보를 얻는 유일한 방법은 매년 몇 권으로 된 책을 사는 것뿐이었다. 하지만 지금은 이 책을 온라인에서 무료로 볼 수 있다.

- 인쇄물과는 달리 전산화된 데이터베이스는 주요단어(keyword)로 빠르게 검색할 수 있다. 사막에서 바늘을 찾는 것 같은 일을 경험해 본 사람이라면 누구나 찾는 단어나 구절을 간단히 입력함으로써 관련된 모든 사항을 컴퓨터가 자동으로 찾아주는 즐거움을 알 것이다.

- 온라인 데이터베이스는 전자우편 같은 다른 온라인 수단들과 통합되면 강력한 결과를 낳을 수 있다. 이 사실은 이미 십 년 전에 국제화학노련의 연구자들에 의해 증명되었다(다음 장에서 이에 관해 더 이야기하겠다). 이들은 유럽에 있는 본부에서 온라인 데이터베이스에 접속해 전 세계의 산하조직이 요청한 정보를 찾아냈고 디지털화된 정보가 발견되면, 노조 지부에 전자우편으로 쉽게—다시 타이핑하거나 복사할 필요없이—답장을 보낼 수 있었다.

- 결국 온라인 데이터베이스는 이전에 어떤 정보도 접할 수 없었던 사람들에게 정보를 널리 전파시켜 이를 이용할 수 있는 기회를 부여한다. 이제 인터넷은 특정 도서관이나 값비싼 회보, 보고서를 통해서만 볼 수 있었던 정보를 널리 활용시킨다.

전자우편에 관해 말한 것과 똑같이 온라인 데이터베이스도 결점을 갖고 있다. 온라인 데이터베이스가 가지는 문제들에 관해 간단히 설명하겠다.

- 우리가 필요로 하는 양질의 자료는 많은 부분이 인쇄물이나 시디롬으로 되어 있다. 이는 아직도 많은 정보원(情報源)들이(특히 상업적 정보원

들) 자기들이 판매하는 정보를 인터넷을 통해 퍼뜨림으로써 많은 이윤을 얻을 수 있다는 사실을 모르고 있기 때문에 벌어지는 상황이다. 현재 몇몇 기업가들이 인터넷 데이터베이스 이용에 아주 저렴한 요금을 부과할 방법을 찾고 있는 중이다. 빌 게이츠 같은 권위자는 이것이 실현될 때 인터넷을 통한 정보 판매가 급격하게 증가할 것이라고 말한다. 사실 자신이 가진 양질의 정보를 네트워크상에 올리는 걸 주저하는 것은 상업적 정보제공자들만이 아니다. 정부와 비정부기구들도 책, 소책자, 회보 등은 발행하면서 인터넷에 동일한 정보를 올릴 생각은 하지 않는다. 한 두드러진 예로 국제노동기구(ILO)를 들 수 있는데, 이 기구는 아마도 노동조합 활동가들에게 양질의 정보를 제공할 수 있는 세계 최고의 조직임에도 불구하고 최근까지 극소수의 국제노동기구 자료만을 인터넷을 통해 제공하고 있다.

- 흔히 인쇄상태로 보는 게 더 빠른데, 이는 특히 느린 전화접속 연결을 통해 인터넷을 이용하는 경우에 그러하다. 몇 년전에 사전(辭典) 이용을 제공하는 인터넷 사이트를 본 기억이 난다. 나는 그때 컴퓨터를 켜고, 인터넷에 접속하고, 이 사이트에 다시 연결해 주요단어 검색 프로그램을 작동하는 것보다는, 내가 갖고 있는 보통 사전을 꺼내서 단어를 찾는 게 훨씬 더 빠르다는 생각을 했다. 사전 같은 정보들은 아마 현재 방식으로 놔두는 게 더 좋을 것이다.

- 현재 온라인상에 존재하는 데이터베이스는 거의 전부가 노동운동진영에서 만든 것도, 관리하는 것도 아니다. 이는 노동조합들이 찾고, 모으고, 때로 발간하는 정보의 대부분을 온라인상에서 찾을 수 없다는 것을 의미한다. 또 이용가능한 정보가 반드시 노동조합에서 찾는 정보도 아니다. 하지만 이러한 상황은 점점 더 많은 노동조합이 자신들의 정보를 온라인상에 올림에 따라 변화할 것이다. 하지만 그때까지 우리가 보는 정보는 노동운동의 외부, 때로는 노동운동에 적대적인 진영에서 수집되고 공표되는 자료일 것이다.

- 1990년대 중반의 인터넷 규모에 관한 대강의 추산을 보더라도 세계인구의 99%가 여전히 온라인과 상관없이 살아간다. 개발도상국들에서 이

수치는 거의 100%에 가깝다. 온라인 데이터는 이들 나라의 노동운동에 그리 유용하지 않을 것이고, 네트워크에 참여할 수 없는 절대다수의 노동인민과 빈자에게도 마찬가지이다. 온라인 데이터베이스는 인터넷이 보편화될 때 비로소 인쇄물의 진정한 대체물이 될 것이다.

• 온라인 데이터베이스는 인쇄물처럼 운반할 수 없다. 공상과학 소설가인 아이작 아시모프(Isaac Asimov)는 완전한 휴대용 컴퓨터를 규정짓는 시론을 쓴 적이 있다. 이것은 사람이 주머니나 가방에 넣고 다닐 수 있을 만큼 가볍고 작아야 하며, 아주 적은 전기를 소비해야 한다. '사용자환경(interface)'—이용자들이 다루는 방식—은 단순해야 하고, 문자나 그림의 선명도가 좋아야 하며, 너무 비싸지 않아야 한다. 결국 아시모프의 결론은 이러한 이상적인 휴대용 컴퓨터는 책자라는 것이었다.

• 주요단어 검색은 빠르긴 하지만 꼭 지능적인 것은 아니다. 컴퓨터와 사람이 데이터베이스를 검색하는 방식은 서로 아주 다르다. 인터넷 검색 프로그램에 '노동(labor)'을 찾아보라고 입력하면, '실험실(laboratory)'이라는 단어까지 들어가는 결과가 나올 것이다. 기계가 만든 색인은 인간이 만든 것보다 훨씬 열등하다. 전산화된 데이터베이스에서 주요단어 검색을 하는 것보다 잡지를 손으로 뒤지는 게 종종 더 많은 것을 알 수 있다.

• 마지막으로, 온라인으로 전산화된 데이터베이스의 이용 증가로 인해, 개인들간에 인터넷 정보의 바다에서 필요한 것을 선별하는 지식과 기술로 나누어진 새로운 계급이 만들어질 수 있다. 10년 전만 해도 '정보중개인'이란 온라인 접속을 할 수 있는 사람들이었다. 인터넷 접속이 광범위해진 오늘날에는 거대한 양의 데이터를 검색하고 분석하는 기술이 필요하다. 누구나 정보를 찾아서 월드와이드웹을 '항해'할 수 있지만, 얼마나 많은 사람들이 빠른 정보처리기능으로 이를 실행할 수 있겠는가?

이제 노조활동가들이 지난 몇 년간 이용해온 온라인 데이터베이스들을 살펴보자. 두 개의 선구적인 국제산별노련은 온라인 데이터베이스를 일찌 감치 이용하였다. 국제화학노련은 세계 기업명부, 기업과 산업에 대한 주식중개인들의 보고서, 금융 및 무역 관련 언론의 발췌문, 수십만 초국적기업의 연간보고서 등 많은 온라인 데이터베이스를 구독했고 운송노련은 세계의 모든 선박, 그 선박들의 이동, 그리고 소유 관련 정보를 기록하고 있는 로이드 시데이터(Lloyd's Seadata) 시스템을 세계에서 두번째로 많이 이용하고 있다.

한편, 노동운동은 자신의 독자적인 데이터베이스를 만들어내기 시작했다. 아주 오래 전에 브리티쉬컬럼비아교사연맹(BCTF)은 협약 조항을 모은 데이터베이스를 만들었다. 이후 그 주 전역에서는 노조의 협상 담당자들이 기업주들과 만나기 전에 이를 참조하곤 했다. 캐나다의 다른 지역에서는 세계 최초의 전국적 노동네트워크인 솔리넷이 분규에 관한 데이터베이스를 만들었으며, 이는 노조가 상당히 유용하게 이용할 수 있었다.

또 노조활동가들이 흥미를 가질 만한 데이터베이스는 지오넷의 호스트 컴퓨터에 많이 있었다. 이 중에는 보건 및 안전에 관한 데이터베이스가 많이 있는데 NIOSH(전국직업안전협회—여기에는 작업장환경과 독성물질에 관한 자료가 포함되어 있다), HSELine(보건부의 참고목록), RTECS(유독성 화학물질 명단) 등이 그것이다. 지오넷을 통해 국제노동기구의 노동관련 문헌과 보고서가 담긴 LaborDoc에 접속하는 것도 가능했다.

토론그룹

1990년대 중반경, 인터넷 이용자들이 참여하는 온라인 토론그룹 방식에는 네 가지가 있었다.

- 리스트서브(LISTSERV) 메일링리스트: 이것은 전자우편에 기반을 둔 토론그룹으로 인터넷을 이용하는 모든 사람에게 공개되는 것이다.
- 유즈넷 뉴스그룹: 수만 개의 주제를 갖고 있는 일종의 범지구적인

게시판으로 인터넷을 이용하는 거의 모든 사람이 이용할 수 있다.
- 사설 통신망상의 토론방: 이 그룹들은 사설통신망에 신청한 사람만 참여할 수 있으며 그외 사람들에게는 공개되지 않는다.
- 월드와이드웹에 기반한 토론그룹: 웹이 인터넷의 중심부가 되어감에 따라 더욱더 많은 웹사이트가 독자적인 내부 토론그룹을 제공하였다. 이 토론에 참여하려면 해당 웹사이트에 접속해야 한다.

인터넷이 진화함에 따라 더욱더 많은 기술이 등장했다. 나는 노동운동이 새로운 온라인 토론수단을 발전시키면서 지속적으로 실험하리라고 확신한다. 여기서는 위에 기술한 네 가지 방법 각각의 특성과 이들이 지금 어떻게 이용되고 있는가에 관해 간략히 말하고자 한다.

리스트서브 토론리스트

아마 리스트서브가 가장 설명하기 쉬운 단순한 기술일 것이다. 리스트서브란 한 명의 이용자가 메일링리스트를 유지하면서 리스트상의 모든 사람에게 메시지를 전달할 수 있는 컴퓨터프로그램의 이름이다. 일부 기본적인 전자우편 프로그램도 이러한 일을 할 수 있는데 실제로 나는 강력한 리스트서브 프로그램 대신 이런 프로그램[인터넷 카멜레온(Internet Chameleon)]을 이용하여 국제적인 토론리스트(여기에는 약 백여 명이 참여했다)를 운영했다. 리스트서브 프로그램은 유닉스 시스템을 이용하는 컴퓨터상에서만 실행된다.

리스트서브는 학계에서 널리 사용되고 있으며, 많은 대학이 광범위한 주제에 관한 리스트서브 토론리스트들을 제공하고 있다. 오늘날 이러한 토론그룹은 수천 개가 존재하며, 참여자 수는 대여섯 명에서 수만 명에 이르기까지 다양하다. 가장 대중적인 토론리스트는 매일 발송되는 미국의 TV 스타 데이빗 레터맨의 '톱텐(Top Ten)' 코미디이다.

활동-L(Activ-L)은 중요한 좌파 토론리스트 중의 하나이다. 더욱 대중적인 리스트들에는 노동-L(Labor-L; 범지구적 경제하의 노동), H-노동(H-Labor; 노동의 역사), 노조-D(Union-D; 유럽의 노동), 노동뉴스(Labnews;

노동뉴스), 세계 노동조합(Mundo Sindical; 페루 중심의 스페인어권 노동조합 리스트), 공공노동(Publabor; 공공부문 노조원 대상), 노동-당(Labor-Party; 미국노동당 토론그룹) 등이 있다(이들 토론그룹에 관한 상세한 정보와 참여방법은 부록 참조).

이용자의 입장에서 보면 리스트서브는 아주 간단하다. 리스트서브 메일링리스트에 참여하려면, 보통 listserv@someuniversity.edu라는 식으로 된 주소에 본문의 첫 줄에 'subscribe labor-l kim mansu'라고 써서 전자우편을 보내면 된다(작은 따옴표는 빼고). 이것은 다른 편에 있는 리스트서브 프로그램에 자동적으로 당신을 가입자로 등록시키라는 명령어이다(어떤 리스트는 관리자의 승인 없이는 참여할 수 없다. 이러한 리스트에 참여하려면 자기 소개와 함께 왜 가입하려는지를 설명하는 전자우편을 보내야 하는데 학술적인 토론그룹이 주로 이런 경우가 많다). 리스트에서 탈퇴하려면, 'unsubscribe'라는 메시지를 보내면 된다. 대부분의 경우 여러분은 특정 리스트서브 리스트에 누가 가입해 있는지를 볼 수 있으며, 이전 메시지나 다른 자료도 볼 수 있다. 이는 여러 가지 리스트서브 명령어를 보냄으로써 가능하다.

리스트에 있는 모든 사람에게 당신의 메시지를 보내려면, 보통 다른 주소(listserv@someuniversity.edu)로 보내게 되는데, 이곳에서 다른 사람들에게 자동적으로 배포될지, 아니면 리스트의 관리자에게 보내져 그가 배포 여부를 판단하게 될지 결정하게 된다. 리스트 참가자들에게 보내진 메시지는 보통 전자우편으로 가게 된다.

이러한 모든 과정은 아주 낮은 수준의 기술처럼 보인다. 하지만 이는 인터넷상의 다른 종류의 토론그룹과 구별되는 리스트서브만의 커다란 장점이다. 만약 당신이 필리핀이나 페루의 노조활동가라면, 인터넷에 접속하기가 쉽지는 않을 것이다. 또 당신은 그래픽을 이용한 월드와이드웹에 접속할 수 없을 가능성이 크다. 그러나 당신이 개인용 컴퓨터와 모뎀, 전화선을 갖고 있다면 지방 통신망을 통해 인터넷에 접속할 수 있을 것이다. 이 통신망은 피도넷의 일부일 수 있고 이것이 의미하는 바는 당신이 인터넷상의 어떤 사람과도 전자우편을 교환할 수 있다는 것이다(느리기는 하지만). 즉, 지방 통신만을 통해서만 인터넷 접속이 가능한 사람도 전 세계 사람들과 리스트서브 토론에 참여할 수 있다는 것이다.

그렇다면 이러한 사실은 리스트서브 메일링리스트들이 실제로 아프리카나 아시아의 참가자들로 가득차 있다는 것을 의미할까? 그렇지는 않다. 이들 리스트서브 메일링리스트는 여전히 북미인들을 중심으로 이루어진다. 리스트서브는 잠재적으로 수많은 나라의 노조활동가들이 견해를 교환할 수 있게 하는 강력한 도구이다. 하지만 현재의 상황은 그렇지 않다.

단순하고 낮은 수준의 기술 성격이 리스트서브의 장점은 아니다. 리스트서브는 다양한 네트워크들간의 교량 역할도 한다. 만약 여러분이 영국의 팝텔이나 그린넷을 통해 인터넷을 이용하거나, 컴퓨서브의 미국노총산별회의(AFL-CIO) 노동네트워크 혹은 국제통신협회(IGC) 노동네트워크를 이용한다 하더라도, 여러분은 리스트서브 메일링리스트에 항상 참여할 수 있다.

또한 노동운동을 다루는 기존의 리스트서브 중 가장 오래된 Labor-L과 H-Labor 같은 그룹에 참여하는 사람은 누구나 이것들이 유즈넷 뉴스그룹보다 훨씬 흥미롭고 유용하다는 것을 알게 될 것이다. 이유는 위에 언급한 것을 포함한 많은 리스트서브 그룹들이 관리자를 갖고 있기 때문이다. H-Labor 같은 경우 회원은 자격을 부여받은 사람들로 제한되는데 이것은 세상의 모든 주제에 관한 온갖 괴짜들의 메시지로 가득찬 전자우편함 대신, 보통 자원자이자 전문가인 사람에 의해 걸러진 리스트서브 메시지들을 의미한다. 여러분이 받게 되는 것은 보통 간결하고 종종 훌륭한 주제와 적절히 관련된 메시지들이다. 그러나 리스트서브의 단점도 있다. 이는 어느 그룹의 존재를 알아내는 게 항상 간단하지만은 않다는 것이다. 하나의 방법은 '신규-리스트(New-List)' 그룹(이것도 자체로 하나의 리스트서브 메일링리스트이다)에 가입하는 것이다. 이 그룹은 수천 명의 가입자에게 매일 새로운 리스트에 관한 메시지를 보내 준다. 물론 이들 중 극소수만이 노동관련 주제에 관한 것이다. 다른 방법은 리스트서브의 존재를 알려주는 월드와이드웹상의 자료—이 자료들은 점차 증가하고 있다—를 체크하는 것이다(이 중 하나는 http://www.tile.net/tile/listserv/index.html에 있다). 그리고 새로운 리스트서브 메일링리스트는 보통 기존의 메일링리스트 가입자들에게 공표된다. 따라서 한 예로 여러분이 Labor-L에 가입되어 있다면 여러분은 새로운 리스트를 읽을 수 있는 것이다.

다른 단점은 진보통신연합(APC)이나 지오넷 네트워크에 있는 수십 개의 노동관련 토론방과 비교해서 리스트서브 메일링리스트가 상대적으로 적다는 것이다. 예를 든다면 현재 노동과 환경이라는 주제에 관한 리스트서브 메일링리스트는 하나도 없다. 반면 IGC노동네트워크에는 이를 포함한 많은 다른 토론방들이 있다.

내 생각에, 전자우편을 사용하는 사람에게는 인터넷상의 선택가능한 토론매체는 리스트서브이다. 상호관심사에 관해 국제적으로 광범위한 사람들과 토론하려는 노조활동가들에게 리스트서브는 필요한 길이다.

유즈넷 뉴스그룹

보통 대중매체에서 인터넷 토론그룹에 관해 읽는 경우―특히 기괴하거나 포르노를 다루는 그룹의 경우―이는 보통 유즈넷에 관한 것이다. 유즈넷은 1970년대 후반 미국의 대학생들이 유닉스 시스템 이용자간에 기술정보를 교환하기 위해 시작했다. 유즈넷은 다른 주제와 참여자들을 포함하여 급속히 퍼져나갔고 마침내 유닉스 시스템을 이용하지 않는 사람들도 모여들기 시작했다.

오늘날 수천 개의 유즈넷 뉴스그룹이 존재한다. 이들은 지구상의 모든 주제를 토론하며 위계적으로 조직되어 있다. 뉴스그룹은 alt.society.labor-unions 이란 이름을 갖고 있다. 이는 우선 이 그룹이 'alt' 분류에 속한다는 것이며 이것은 '기존의 분류에 포함되지 않는 주제(alternative topics)'를 포함한다. 다른 분류는 'comp(컴퓨터 관련 주제)', 'soc(사회 및 문화)', 'rec(음악, 스포츠, 영화 등의 오락)', 'sci(과학토론)' 등이 있다. 또 특정 국가들에서 접속하도록 고안된 뉴스그룹도 존재한다. 예를 들어 'za'로 시작하는 뉴스그룹은 남아공에서 생긴 것이다. alt.society 등은 이러한 분류 하에서 생긴 것이다. labor-unions(노동-조합)는 'alt' 분류의 'society(사회)' 하위그룹 아래에 나와있다.

과거에는 유즈넷 뉴스그룹의 게시물을 읽기 위해서는 뉴스리더(News Reader)라 불리는 프로그램을 사용해야 했다. 오늘날은 인터넷의 최고 인기 프로그램인 넷스케이프 등이 이와 같은 작업을 훌륭하게 할 수 있다. 리스트서브 메일링리스트와 유즈넷 뉴스그룹은 점점 부분적으로 일치하고 있는데, 이는 후자가 '미러링(mirroring)[6]'되어 유즈넷에 접속하지 못하는 사람들에게 전자우편으로 전송됨으로써 이루어지고 있다. 예로 유즈넷 뉴스그룹 misc.activism.progressive[7]는 리스트서브 메일링리스트 activ-1에 그대로 복사되는 것이다.

노동운동 진영에서 토론을 수행하는 수단으로서 리스트서브를 유즈넷에 비교할 경우, 리스트서브는 몇 가지 명백한 장점을 가진다.

- 유즈넷은 모든 사람에게 해당되지는 않는다. 전자우편으로 모든 사람에게 도달하는 리스트서브와는 달리, 유즈넷 뉴스그룹은 여기에 접속할 수 있는 네트워크를 이용하는 인터넷 사용자만 이용할 수 있다. 모든 인터넷 서비스 제공업체(provider)가 모든 뉴스그룹을 공급하지는 않는 것이다. 예를 들어, alt.society.labor-unions라는 뉴스그룹이 얼마 동안 존재했었는데, 나는 여러 달 동안 이곳에 접속할 수 없었다. 이는 내가 이용하는 인터넷 제공회사가 이 뉴스그룹의 검색과 배포가 적합하지 않다고 규정했기 때문이었다.
- 유즈넷 뉴스그룹은 리스트서브 메일링리스트보다 정부검열에 취약하다. 최근 상업적 네트워크인 컴퓨서브가 독일 정부의 압력에 굴복해서

---

6) '미러링'이란 다른 곳에 있는 데이터의 복사본을 그대로 유지시키는 것을 의미한다. 원본 데이터가 바뀌게 되면 미러 지역의 내용도 수동적 혹은 자동적으로 바뀌어 양자(미러 사이트가 여러 개일 경우도 많다)가 동일한 내용을 보유하게 된다. 미러링은 본문에서 저자가 설명하는 경우나 접속이 폭주하는 사이트의 경우 사용자를 분산시키기 위해, 혹은 시스템의 고장에 대비하기 위한 것이다. 한국을 비롯한 제3세계 웹사이트는 폐쇄 위험에 대비하기 위해 미러링하는 경우도 있다.

7) misc.activism.progressive 뉴스그룹도 마찬가지로 'misc'는 구분이 어려운 여러 범주에 속한 주제를, 'activism'은 '행동주의', 'progressive'는 '진보적인'을 의미한다.

200여개의 '성인' 뉴스그룹을 폐쇄한 것이 신문에 크게 보도됐다. 컴퓨서브는 호스트컴퓨터를 통해 독일의 뉴스그룹뿐만 아니라 이들 뉴스그룹이 전 세계에 배포되는 것을 폐쇄했다. 일반시민의 자유를 지지하는 대다수가 이러한 조치를 비난하는 동안 흥미롭게도 중국정부는 이를 환영했다. 이것은 중국에 공개적인 뉴스그룹이 들어갈 경우를 생각하면 나쁜 징조이다. 이란이나 싱가포르 같은 다른 억압적인 정권처럼 중국정권은 자기 나라에 들어오려 하는 것을 금지하는 뉴스그룹의 명단을 갖고 있다(자신의 컴퓨터를 인터넷상의 새로운 서버에 접속함으로써 이러한 종류의 검열을 회피하는 것이 가능하다. 하지만 우리 중 얼마나 많은 사람이 이 방법을 알겠는가?)8) 그러나 어떤 나라든지 인터넷에 문호를 개방하려면 전자우편도 마찬가지로 개방해야 한다. 리스트서브 메일링리스트 메시지 또한 보통 전자우편을 통해서 전송되어 전자 메시지의 바다에 떨어진다. 만일 그 나라 정권이 misc.activism.progressive 같은 유즈넷 뉴스그룹의 참여를 봉쇄하려면, 단지 지역 인터넷접속 공급자에게 그 그룹이 매일 하는 '뉴스 공급'을 중단하라는 명령만 내리면 된다. 그러나 리스트서브 그룹인 active-l을 통해 오는 동일한 메시지를 봉쇄하는 것은 거의 불가능하다. 억압적인 정권을 걱정하는 노조활동가들은 이런 점을 주목해야 한다.

- 유즈넷 게시물의 수준은 보통 그 질이 매우 낮다. 거의 모든 사람들이 뉴스그룹에서 메시지를 읽고 그곳에 메시지를 보낼 수 있다. 몇몇 그룹은 관리자가 있지만 대부분은 그렇지 않다. 따라서 보통 관리되고 회원도 제한되는 경우가 있는 리스트서브와는 달리, 유즈넷에는 쓰레기들이 너무 많이 떠다닌다. 유즈넷 뉴스그룹은 대개 리스트서브 메일링리스트보다 훨씬 많은 독자를 대상으로 하지만—수십만 명이 되는 경우도 있다—리스트서브 그룹에 더 좋은 반응이 돌아오는 경

---

8) 북한 찬양 사이트가 있다는 이유로 김영삼 정부가 지오시티즈(Geocities) 접속을 폐쇄시켰을 때, 역자는 이용자를 익명화해주는 사이트(http://www.anonymizer.com)를 통해 에릭 리의 사이트에 접속했었다.

우가 종종 있다. 이는 나의 경험이다.

- 유즈넷은 여러분이 매일 접속할 것을 요구한다. 리스트서브는 전자우편에 기반해서 작동하지만 유즈넷은 그렇지 않다. 만약 당신이 어느날 Labor-L 같은 리스트서브 메일링리스트에 가입해 있다는 사실을 잊어버리더라도 걱정할 필요는 없다. 당신의 메시지는 당신의 전자우편함에서 여전히 기다리고 있을 것이다. 하지만 alt.society.labor-unions 같은 유즈넷 뉴스그룹은 당신이 하루나 이틀 정도 깜박 잊고 체크하지 않으면 메시지를 놓치게 된다. 이 메시지들이 항상 보관되지는 않는 것이다(alt.society.labor-unions는 분명 어디에도 보관되어 있지 않다). 인터넷 공급자들은 보통 하루나 이틀 정도 메시지를 온라인상에 가지고 있다.

- 현재 유즈넷상에는 노동관련 사항을 다루는 것은 거의 찾아볼 수 없다. 유즈넷의 대중성에도 불구하고, 내가 노동운동을 다루는 뉴스그룹을 하나(alt.society.labor-unions)밖에 들어본 적이 없다는 것은 놀라운 일이다. 이에 대해서는 5장에서 논의하겠다. 한편, 노동관련 주제와 관련된 리스트서브 메일링리스트는 몇 개 존재하며 진보통신연합과 지오넷 네트워크 내에는 십여 개가 있다.

사설 통신망의 토론방

인터넷은 네트워크들의 네트워크이다. 이는 인터넷이 수천 개의 소규모 네트워크로 구성되어 있고, 이 중 다수가 온라인 대화 등을 하는 독자적인 방식을 갖고 있다는 것을 의미한다.

몇 년 전만 해도 인터넷 접속은 학계, 정부, 미국 군대 내의 개인들만 할 수 있었다. 하지만 대규모 온라인 네트워크들은 존재했었고 이 중 최대 규모는 컴퓨서브였다. 여러분이 온라인 네트워크 내에서 우표수집이나 천문학 등에 대해 공통된 관심사를 가진 사람들과 토론하고 싶다면 상업적 온라인 네트워크상의 토론방을 통해 할 수 있었다. 이러한 토론방의 존재 자체가 컴퓨서브나 여타 경쟁사의 판촉의 커다란 협의사항이었다.

우리들에게는 리스트서브와 유즈넷의 사용을 가능케 한 최근 몇 년간의 인터넷 개방에도 불구하고, 온라인 네트워크와 여기서 이루어지는 토론방이 인터넷을 통한 토론에 여전히 중요한 역할을 하고 있다. 최근 한 보도에 의하면 인터넷에 접속하는 미국인 중 30% 정도가 아메리카온라인(American Online) 네트워크를 통해 접속하고 있다. 또 마이크로소프트 네트워크(Microsoft Network)와 유럽온라인(Europe Online)의 개시와 이에 따른 수십만 명의 신규 가입자를 볼 때, 사설 통신망은 끝난 것과는 거리가 먼 것처럼 보인다. 이들은 여전히 가입자를 끌어들이고 있으며, 토론방을 비롯하여 많은 것들을 제공한다. 그리고 이는 노동운동의 경우에도 마찬가지이다.

진보통신연합에 연계되어 있고, 샌프란시스코에 기반을 둔 IGC노동네트워크는 5장에서 상세하게 논의될 것이다. 이 장에서는 이 사설 네트워크가 천여 명의 유료 이용자를 자랑하며, 1990년대 초 이래 어떤 형태로든 존재해왔다는 사실을 언급하는 것만으로도 충분하다. IGC노동네트워크는 노동관련 주제에 관한 10여개의 '토론방'을 주관(host)하는데 이는 아마 온라인상에서 이루어지는 가장 큰 규모의 토론일 것이다. 이에 비하면 리스트서브 메일링리스트와 유즈넷 뉴스그룹은 아주 작은 규모라고 할 수 있다.

이들 토론방에서는 상이한 국가·지역·산업부문의 노동운동들이 직면하는 서로 다른 쟁점들, 노조가 하는 상이한 활동 등에 대해 논의한다. 또 간략한 일간 노동뉴스, 노동조직의 보도자료, 노동운동 관련 신규 온라인 자료의 발표 등도 포함된다. 마지막 범주에는 그에 합당한 새로운 자료는 거의 없다. 여러분 중 만약 누가 노동조합운동의 새로운 웹페이지를 만들고 있는지, 어떤 사람들이 노조의 이러한 활동을 지원할 수 있는지, 혹은 누가 'alt.society.labor-unions'를 시작했는지를 알고 싶다면, IGC노동네트워크 토론방들에서 그 답을 얻을 수 있을 것이다.

IGC노동네트워크에 가입한 사람은 누구나 토론그룹에 게시된 메시지를 읽을 수 있고 자신의 메시지를 게시할 수도 있다. 토론그룹이 생긴 이후 게시된 모든 메시지는 지금까지도 볼 수 있으며, 이 중 어떤 것은 5년 이상 되기도 했다. 이 회의들은 게시판처럼 운영되며, 이용자가 보지 못한 게시판을 체크하도록 수시로 알려주는 알림장치가 되어 있다. 이용자들은 '읽음' 표시를 해서 동일한 항목이 계속 알려지지 않도록 할 수 있다. 이용자들은 또 어떤 리스트를 정기적으로 체크하고 싶은지 지정할 수도 있으며, 인터넷에 접속할 때마다 어떤 회의에 읽지 않은 새로운 메시지가 생겼는지 알게 된다.

컴퓨서브에 있는 미국노총산별회의의 노동네트워크에는 주제는 약간 협소하지만 노조활동가들이 모아놓은 자료들이 이보다 더 많이 있다. 전국노조가 최초로 만든 이 회의는 노동을 다루는 토론방 시스템 중 가장 중요한 사례로 이것에 대해서는 5장에서 다시 논의하도록 하겠다.

캐나다의 솔리넷도 많은 토론방을 주관하고 있는데 여기에는 환경, 여권, 보건안전, 교육, 연금, 민영화, 노동임금, 도서, 심지어 요리까지 들어 있다.

지오넷 토론방은 '게시판(bulletin boards)'이나 'BBS'로 불린다(4장에서 다룰 다양한 전화접속 통신망과 혼동하면 안된다). GEO2 호스트컴퓨터에는 노동자 관점으로 된 것을 포함해서 이러한 게시판들이 많이 있다. 중요한 노동 게시판은 '노동(Labour)'과 '국제산별노련 게시판(ITS-BBS)'이라 불리는 것이다(이는 해당 산별노련이 운영하는 것이다).

사설 통신망의 이러한 토론방들이 굉장히 다양한 장점(IGC노동네트워크에만도 40개 이상의 '노동' 회의가 있다)을 갖고 있기는 하지만 몇 가지 단점도 있다.

- 비용. 이러한 통신망에 가입하는 것은 인터넷 접속료와 전화요금보다 많은 비용이 든다. 나는 IGC노동네트워크나 컴퓨서브의 미국노총산별회의 노동네트워크에 인터넷을 통해 접속할 수 있지만('텔넷'이라 불리는 기능을 이용한다) 부가요금을 지불해야 한다.
- 상이한 사용자환경. 이 토론방들은 전자우편, 유즈넷 뉴스그룹, 월드와이드웹 같은 환경에서는 작동하지 않기 때문에, 새로운 사용자환경이나 명령어들을 익혀야 한다. 예를 들어, IGC노동네트워크의 '노동.국제(labr.global)'이라는 토론방의 메시지 색인을 살펴보려면 'I'

라고 입력해야 하고, 최근의 메시지를 보려면 '>'라고 입력해야 한다. 이러한 명령어들은 전자우편을 읽거나 월드와이드웹을 '항해'하는 데 익숙한 사용자들에게조차도 쉽지 않으며 사용에 장애가 될 수도 있다.

• 시스템의 호환성 문제. 몇 년 전부터 진보통신연합과 지오넷은 서로의 토론방을 '미러링'하려고 시도해왔지만 그렇게 큰 성공을 거두지는 못했다. 이 사실은 팝텔·지오넷 통신망의 영국 노조활동가가 진보통신협회의 '노동.영국(labr.uk)' 토론방에 접속할 수 없다—그 또는 그녀가 가입비를 내지 않는다면—는 것을 의미한다.

• 미국의 지배. 이 토론방들은 IGC노동네트워크가 최선의 목적을 갖고 진보통신연합을 통해 전 세계 노조활동가를 연계시키고 있음에도 불구하고, 미국 가입자와 노동운동을 바라보는 미국적 방식에 의해 지배되고 있다. 한 예로, '노동.당(labr.party)'라는 제목의 토론방은 보편적인 노동정당에 관한 것도, 영국이나 캐나다의 기존 노동당에 관한 것도 아니며, 미국에서 노동정당을 창건하자는 제안에 관한 것이다. 한편, IGC노동네트워크는 북미 이외 지역의 노조활동가들의 흥미를 끄는 토론방을 만들기 위해 특별한 노력을 기울여왔는데, 여기에는 '노동.아시아(labr.asia)', '노동.독립국가연합(labr.cis; 구소련에 관한 것이다)', '노동.영국(labr.uk)' 등 매우 활발한 토론그룹들이 있다. 하지만 우리 생각에는, 미국 노조들을 통신상에 연결시키기 위해 열심히 노력하고 있는 IGC노동네트워크가 세계의 네트워크에서 중요한 역할을 할 것 같지는 않다.

결론적으로, 사설 통신망의 토론방들은 우량질의 강점을 갖고 몇 년간 그 유효성을 입증하기는 했지만, 수천만 명이 인터넷을 이용함에 따라 이들은 점차 주류에서 멀어져가고 있다.

월드와이드웹에 기반한 토론그룹

월드와이드웹이 점차 인기를 얻어감에 따라, 수많은 웹사이트들이 홈페이지 자체에 토론그룹을 포함시키기 시작했다. 이는 약간 설명하기 곤란한데, 한 예를 들어보겠다.

웹상에 개설한 서점 중 하나인 북 스택스 언리미티드(Book Stacks Unlimited)는 자신의 웹사이트를 방문한 사람들에게 특별한 서비스를 제공하려고 한다. 물론 사람들은 이 서점에서 책을 살 수도 있고 책에 관해 읽을 수도 있지만 이 서점은 자기들의 '북 카페(Book Cafe)' 내에 토론그룹을 만듦으로써 이 사이트를 쌍방향으로 만들기로 결정했다. 이 토론그룹들은 특정 작가, 책의 주제, 구체적인 저서 등 광범위한 주제를 다룬다.

때로 토론그룹은 제한된 시간 동안만 존재하기도 하고 특정한 목적에 이용되기도 한다. 저자들은 자신의 책이나 책의 주제에 관한 토론그룹에 초대받기도 하는데, 『인터넷사업(*Internet Business Book*)』의 공저자인 질 엘스워스(Jill Elsworth)는 사업과 인터넷이라는 주제를 놓고 토론그룹을 이끌었다. 구매자들은 자신들의 의견을 게시했고 엘스워스는 알맞은 경우 답변하곤 했다.

서점의 웹사이트를 통해 접속하는 이 토론그룹의 사용자환경은 유즈넷이나 IGC노동네트워크와 비슷하다. 난해한 명령어가 전혀 필요없는 것이다. 월드와이드웹상의 다른 모든 것처럼 사람들은 그저 마우스를 이용해 메시지를 읽거나 답변할 수 있다.

다른 기업들도 유사한 토론그룹을 만들었다. 《뉴욕타임스》의 '컴퓨터 일간뉴스(Computer News Daily)' 웹사이트에는 고정된 토론들이 있다. 그러나 최근까지 어떤 노동조합도 이 새로운 기술을 자신들의 웹사이트에 적용하지는 않은 것 같다. 아마 이 일을 하게 될 최초의 노조는 이런 일에 항상 첨단을 걸어 온 브리티쉬컬럼비아교사연맹이 될 것이다.

이 방법의 단점은 토론그룹에 접속하기 위해서, 자신의 전자우편을 읽는 대신에 특정한 홈페이지를 방문해야 한다는 점이고 다른 단점은—지금으로서는—전자우편을 가진 소수의 사람들만이 이 웹을 이용할 수 있다는 점이다. 오늘날 월드와이드웹의 사용자환경은 다루기가 매우 쉽다. 따라서 노동운동진영이 인터넷상에서 토론그룹을 개발·운영하는 기술은 그리 먼 미래의 일이 아닐 것이다.

온라인 대화

대화는 실시간 토론시스템이며, 여러분이 모니터에 입력하는 글이 그 대화에 '파장을 맞춘' 다른 사람의 모니터에 그대로 나타난다(다른 방법들은 일정한 형식의 메시지를 어딘가로 보내야 하고, 그곳에서 나중에 검색한다).

나는 모뎀을 이용해서 처음 지방 통신망에 접속했을 때 이 기술을 처음 접했다. 그 당시 시스템 작동기는 어쩌다 접속되었고 우리는 2400bps 모뎀으로 짜증나도록 느리게 한 글자씩 겨우 몇 문장을 나눌 수 있었지만 영화에서 본 채팅 장면에 감동받은 초심자에게는 그것도 굉장히 멋져 보였다. 채팅—혹은 그것의 인터넷판인 인터넷 릴레이 챗(Internet Relay Chat. 이것은 핀란드가 온라인 세계에 공헌한 것 중 가장 중요한 것이다)—은 최근들어 매체의 열광적인 주제가 되어왔다. 아메리카온라인 같은 통신망의 온라인 '대화방'은 아주 외설적인 대화가 계속되는 공간이 되었고 대화방은 노동운동에 별 관심이 없는 10대들로 가득 찬 세계인 것처럼 보인다.

하지만 몇몇 노동조합은 대화를 활용하는 시도를 해오고 있다. 북미에 사무국이 있는 국제전기노조(IBEW)는 아메리카온라인 통신망의 대화방을 이용하고 있으며 미국노총산별회의의 일부 산하조직은 '대화방'을 제공하는 컴퓨서브 노동네트워크를 이용한다.

대화의 작동방식은 다음과 같다. 누군가—예를 들어 어느 노동조합이—어떤 시간에 대화 '채널'이 열린다고 공표한다. 이 대화는 IRC 프로그램을 이용해서 완전히 인터넷상에서 이루어질 수도 있고 아메리카 온라인 같은 통신망을 통해서 이루어질 수도 있다. 이용자들은 정해진 시간이나 다소 늦은 시간에 접속해서, 간략한 메시지를 입력하기 시작한다. 이전에는 개인용 컴퓨터에서 대화를 하기 위해서는 특별한 소프트웨어가 필요했지만, 요즘은 인터넷 사용자들의 절대다수가 이용하는 넷스케이프 브라우저 프로그램에 이것이 포함되어 있다.

채팅의 단점은 빠른 타자 속도를 요구한다는 점으로 이에 따라 메시지들이 아주 짧은 경향이 있다. 아메리카온라인의 국제전기노련 대화방을 살펴본 한 조합원은 나에게 대화가 어쩌다 아주 활발할 때도 있지만 전체적으로 별 소용이 없다고 말했다. 그런 점으로 보아 하루 동안 답변을 못 받는다손 치더라도, 리스트서브 같은 이전의 기술이 토론을 하기에는 더 좋은 방법이다. 대부분의 경우 누군가 실시간 대화를 원한다면, 전화통화나 직접적인 만남이 더 낫지 않을까?

온라인 출판

1990년대 초반 광범위한 주제들에 관한 정보에 접근할 수 있는 일련의 강력한 수단이 인터넷 세계에 등장했다. 이 수단들 중 가장 세련된—그리고 아마 가장 사용하기 쉬운—것은 '고퍼(Gopher)'라고 불리는 것이다. 이 프로그램은 미국의 미네소타대학에서 개발된 것으로서, 메뉴로 이루어진 문서 검색시스템이며 단순한 개인용컴퓨터를 통해 인터넷에 접속한 느린 모뎀으로도 사용할 수 있다.

고퍼는 단순하기 때문에, 놀랄 만한 성장이 멈춘 현재에도 계속 사용되고 있다. 미국의 경제민주정보네트워크(Economic Democracy Information Network) 고퍼, 오스트레일리아 애들레이드대학의 노동연구 고퍼, 메인대학의 H-Labor(노동사) 고퍼 등 많은 사례들이 있지만, 노동조합이 고퍼를 이용하는 것은 일부분으로 국한되어 있다.

1989년 스위스 제네바에 있는 유럽분자물리학연구소(CERN)의 연구원인 팀 베르너스 리(Tim Berners-Lee. 나와는 아무 관련이 없다)의 머리 속에서는 고퍼의 후계자가 이미 생겨나고 있었다. 그 해 3월, 그는 우리가 오늘날 월드와이드웹(WWW)이라고 알고 있는 계획을 제안했다. 이 계획은 2년 동안 지속되었고 1991년 5월 마침내 일반에 공개되었다. 그러나 세상 사람들은 하품만 해댔다. 1993년 3월, 인터넷 '권위자들' 중 열 명만이 월드와이드웹 회의에 참석했다. 그러나 당시 인터넷에서 '유행'하던 고퍼에 관한 회의에는 백여 명이 참석해 북적거렸다.

월드와이드웹은 유럽의 발명품이었고 현재까지도 인터넷에 대한 유럽의 중요한 공헌으로 남아 있다. 하지만 월드와이드웹이 지금과 같은 지위—인터넷 전체의 핵심이자 최첨단—에 이른 데는 미국 대학생 마크 앤드리센(Marc Andreessen)의 역할이 결정적이었다.

앤드리센은 '모자이크(Mosaic)'라는 프로그램을 만들었는데 이것은 컴퓨터에 간단히 설치해서 월드와이드웹을 쉽게 이용할 수 있도록 하는 것이었다. 그는 수퍼컴퓨터응용프로그램전국센터(National Centre for Supercomputing Applications, NCSA)의 에릭 비나(Eric Bina)와 함께 이 프로그램을 개발했고 1993년초 세상에 공개했다. 그 해 가을에 매킨토시판과 윈도우판이 나왔고 그 순간부터 월드와이드웹은 도약하기 시작했다.

1993년 6월에는 인터넷에 단지 130개의 웹서버(월드와이드웹상에 웹페이지를 '호스트'하는 컴퓨터)만이 있었다. 이 수치는 1994년 말 거의 1만 2천 개까지 올라갔고, 1995년 말에는 4만 개나 되었다. 현재 웹을 통해 이용할 수 있는 웹페이지의 수는 수천만 개로 추산된다. 인류의 통신역사에서 이만큼 널리 퍼진 경우는 찾아볼 수 없다. 그렇다면 이는 무엇을 말하는가? 또 이러한 사실은 노동운동과 어떤 관계가 있는가? 단순하게 말하자면, 월드와이드웹은 '하이퍼텍스트'라는 발상을 이용해 인터넷상에서 정보를 조직하고 공개하는 수단이다. 하이퍼텍스트를 묘사하는 것보다는 그냥 이용하는 게 훨씬 쉽지만 한번 노력해보자.

컴퓨터상의 하이퍼텍스트 문서에는 몇몇 단어가 다른 색깔이나 밑줄쳐진 상태로 화면상에 나타난다. 이것들은 링크 혹은 하이퍼링크라고 불린다. 대개 문서를 읽을 때 우리는 앞에서 시작해서 끝까지 위에서 아래로 읽어내려간다. 그런데 하이퍼텍스트를 이용하면 이런 링크에서 잠시 멈춰 마우스를 움직여 다른 문서를 화면에 가져올 수 있다. 또한 그 두번째 문서에서 강조된 단어를 또다른 문서로 넘길 수도 있다. '문서'는 단순한 글 파일일 수도 있고, 컴퓨터에 저장된 다른 파일일 수도 있다. 따라서 하이퍼텍스트를 이용하면 화상을 보고 음성을 듣고 비디오를 상영할 수 있게되는 것이다. 이것을 '하이퍼미디어'라고 부른다.

1995년 4월호 ≪인터넷세계≫는 아이다호 컴퓨팅(Idaho Computing)이라는 중소기업이 '후각' 확장보드(expansion board)—이 보드는 이진(binary) 향기 파일을 읽어내서 향기를 발산한다—를 개발했다고 발표했고 이때 하이퍼미디어는 정점에 달했다. 이 기사를 읽은 사람들 대부분은 이것을 만우절 농담이라고 생각했지만, 미 육군 사단의 어느 한 사람은 '아이다호 컴퓨팅'사에 장문의 전자우편을 보내서 '센트매스터(ScentMaster)'를 육군의 모의전투훈련에 활용하고 싶다고 말했다. 미해군도 역시 마찬가지 바램을 갖고 있었다.

월드와이드웹은 주로 하이퍼텍스트구성언어(HTML)라고 불리는 언어 —이는 굉장히 사용하기 쉽다—로 쓰여진 파일로 구성되어 있다. 평범한 컴퓨터 텍스트파일은 쉽게 이 HTML 형식으로 전환될 수 있고, 이를 통해 웹의 하이퍼미디어 세계에 아무 문제없이 합류할 수 있다. 나는 개인적 경험으로 이러한 말을 하고 있다. 그때 나는 문서작성밖에 해본 적이 없었지만 약 한 시간에 걸쳐 기본적인 HTML을 배울 수 있었다.

1993년 말 모자이크 프로그램의 도입과 더불어 웹은 눈부신 성공작이 되었다. 수백 개의 새로운 '홈페이지'가 매일 생겨났다. 웹은 빠른 시간에 인터넷 전자출판의 인기 방식이 되었고 ≪타임(Time)≫ 같은 잡지들이 이를 이용하였다. 또 새로운 프로그램들이 모자이크를 대체하였는데—이중 현재 으뜸은 넷스케이프이다—이 프로그램들을 통해 인터넷에 관해 잘모르는 사람들도 자유롭게 자료를 찾을 수 있게 되었다. 이러한 탐험은 인터넷의 속어로 '항해(surfing)'라고 불린다.

오늘날 가능한 모든 종류의 정보가 웹상에 등장하고 있다. 온라인 신문과 잡지, 정부와 비정부기구의 정보자료, 미술전람회, 음악과 대담방송, 기업광고 등은 어디에서나 볼 수 있다. 그리고 이들 외에도 수많은 노동조합, 사회민주당들이 웹을 활용하기 시작했다.

월드와이드웹은 노동운동을 위한 강력한 도구이다. 수십 가지 이유를 생각해볼 수 있겠지만, 세 가지 이유에만 초점을 맞추어보도록 하겠다. 나는 내 경우를 예로 들어 강한 주장을 펼칠 것인데, 모두 함께 내가 말하는 이 이유들이 타당한지 살펴보도록 하자.

- 월드와이드웹의 핵심에 있는 하이퍼텍스트는 성격상 국제주의와 범지구적 연대라는 이상에 이바지한다.
- 월드와이드웹상의 하이퍼미디어는, 공식적 교육과정에 쉽게 접근할

수 없는 학생들과 함께하는 노동진영 교육자들—이들은 때때로 비공
식적인 환경에서 일한다—에게 놀랄 만큼 강력한 도구이다.
- 월드와이드웹을 통한 전자출판은 전 세계 노동언론의 위기에 대한
하나의 해결책이다.

부록에 실린 노동 웹사이트 중 아무 곳이나 방문해 보라. 한두 개를 제
외하고는 모든 곳에서 다른 웹페이지로의 링크를 발견할 수 있을 것이다.
이들 웹페이지는 보통 원래 사이트와 같은 지역이나 국가에 있지만, 종종
세계 다른 지역의 웹페이지로 링크할 수 있게끔 되어 있다. 예를 들어보
자.

여러분은 지금 미국노총산별회의의 노동웹사이트에 있는 AFL-CIO 소
식을 읽고 있다. 여러분은 영국이나 다른 나라의 노동조합조직으로 링크
할 수 있는 페이지를 보고 다른 조직으로 연결한다. 거기에서 또다른 국
가의 다른 노동조합으로 가는 링크를 발견하고 이를 따라간다. 잠시 후,
여러분은 세계의 노동정보 고속도로를 여행하며, 여러 가지 정보를 얻고,
이후에 참조할 수 있는 주소들을 모으게 될 것이다. 또 여러분의 노조지
부에 전화연결하는 것보다 남아공노조회의(COSATU) 웹페이지에 접속하
는게 더 쉬울 수도 있다. 사이버공간에는 국경 따위는 없다.

지구상에 이런 식으로 작동하는 매체는 없다. 과거에 ≪미국노총산별
회의 뉴스(*AFL-CIO News*)≫를 읽는 미국 노조원은 다른 노조운동에서 무
슨 일이 벌어지고 있는지 알 수도, 모를 수도 있었다. 미국 노동운동의 지
도부는 미국노총산별회의 국제부의 내부간행물을 보고 국제부가 세계를
어떻게 파악하는가를 알 수 있었다. 만약 미국의 평조합원이 영국, 호주
혹은 남아공 조합원들의 자국어를 읽기 원하면, 그 또는 그녀는 이들 조
직의 주소를 얻어서 그들에게 편지를 보내야만 했었다. 몇 년전까지만 해
도 이것이 다른 나라 노동운동의 전개상황을 아는 유일한 길이었다. 우리
는 정보를 걸러서 퍼뜨리는 여러 노조의 국제부에 의존했었다. 그외 다른
정보원은 없었기 때문이다.

노동운동의 역사를 보면 국제 사안에 대한 일반대중 차원의 관심이 증

가한 순간 이 새로운 매체가 등장했다. 우리는 1980년대 남아공 인종차별정책에 맞서는 노동조합의 광범위한 투쟁 참여, 혹은 폴란드 연대노조(Solidarnosc) 투쟁에 대한 노동운동진영의 열광 등을 통해 기층 조합원들이 나타낸 국제적인 관심을 보았다. 한 국가의 노동조합 권리에 대한 침해가 다른 모든 나라의 노동자에게 영향을 미친다는 것은 점차 기정사실이 되어가고 있고 세계 노동자들은 전자매체 덕분에 빠르게 소식을 접하며 과거보다 신속하게 이에 반응했다.

기업의 전자 대중매체에 대한 지배는 기업이 우리가 볼 뉴스—노동소식을 포함해서—에 관한 결정권을 가진다는 것을 뜻한다. 월드와이드웹의 하이퍼텍스트 기능은 모든 지역의 사안에 대해 세계 곳곳의 조합원에게 즉각적이고 직접적인 접속을 제공한다. 자신의 노조지부를 가리키는 하이퍼링크와 남아공노조회의의 홈페이지를 가리키는 하이퍼링크 사이에 아무런 차이가 없다는 사실로 인해 사람들은 어느 것이나 똑같이 선택할 수 있게 된 것이다.

이 사실은 웹페이지를 작성하는 데 있어서 전 세계를 대상으로 하거나(국제운송노련 웹페이지처럼) 앨버타의 간호사 조합원을 대상으로 하거나 간에, 방문객의 일정수를 외국인으로 가정해야 한다는 것을 의미한다. 웹페이지를 준비할 때 우리는 이를 명심해야 한다. 이러한 사실은 웹페이지의 저자가 국제적인 시각을 가질 것을 요구하며, 독자들도 마찬가지이다. 지리적 거리 따위는 신경쓰지 않는 이 기술은 인터넷 주소를 구별하지 않고 자신만의 방식으로 노동운동의 재국제화에 공헌한다.

만약 여러분의 노동조합이나 사회민주당이 월드와이드웹에 독자적인 홈페이지를 만들려 한다면, 단 두가지만 있으면 된다.

- 제공 파일
- 인터넷에 연결되어(가급적 항상 연결상태이면 좋다) 방문객에게 여러분의 웹페이지를 '제공(serve)'할 수 있는 컴퓨터

이들 모두는 여러분 조직 내에서 관리할 수도 있고, 혹은 홈페이지 구

성을 제공하는 많은 기업 중 한 곳에 의존할 수도 있다(이러한 기업 중 일부는 샌프랜시스코의 웹 워커즈[Web Workers]처럼 노동운동의 성향을 띤다). 스스로 하건 다른 사람에게 시키고 돈을 지불하던 간에, 여러분은 필요한 사항을 알아야 한다. 웹의 홈페이지 같은 파일의 작성은 굉장히 단순해서 평범한 문서파일(보통 확장자가 txt이다)이면 충분하다.

그러나 문서 파일만 담는다면, 이는 웹의 이점을 완전히 활용하지 못하는 것이다. 이 경우 헤더(header)나 이탤릭체, 그림이나 색상, 혹은 다른 웹페이지로의 '링크'를 덧붙이지 못한다. 이러한 작업을 하기 위해서는 단순한 문서 파일을 개조해서 HTML로 전환시켜야 한다.

이는 생각보다 훨씬 쉬운데 모든 HTML은 넷스케이프 같은 프로그램('웹브라우저')에 할 일을 지정하는 파일에 삽입된 일련의 약호들이기 때문이다. 예를 들어보자. 만약 내가 '교육'이란 말을 이탤릭체로 만들고 싶으면 내 문서 파일에 <I> 교육 </I>라고 타이핑하기만 하면 된다. 이때 넷스케이프 같은 프로그램은 <I>라는 부호는 숨기고 '교육'이라는 단어는 이탤릭체로 보이게 만든다.

이 책에서 HTML을 가르치지는 않을 것이다. 나는 웹에서 전송받은 몇 개의 짧은 설명서를 보고 혼자 이 언어를 배웠다. 물론 여러분 중 일부는 비싼 책을 사보거나 강의를 들을 수도 있겠지만, 요점은 HTML은 간단한 배열법으로 된 십여 개의 명령어라는 것이며 배우기가 쉽다는 것이다.

HTML 파일의 작성은 아무 문서작성기로나 할 수 있으며 특별한 컴퓨터 프로그램을 요하지 않는다. 물론 HTML을 위한 특별한 편집 프로그램이 많이 있고 이것은 보통 무료로 이용할 수 있긴 하지만 나는 특별히 필요성을 느끼지는 못했다.

웹사이트를 위해 두번째로 필요한 것은 컴퓨터이다. 여러분은 HTML 파일을 개인컴퓨터에 만들어서 자신의 웹브라우저로 볼 수 있는데 사실, 제대로 작동되는지를 확인하기 위해서 여러분은 이렇게 해야 한다. 그러나 다른 사람들이 여러분의 파일을 볼 수 있게 하려면 인터넷에 연결—가급적 항상 연결되어 있어야 한다—된 컴퓨터가 필요하고, 이 컴퓨터에는 방문객에게 웹페이지를 '제공(serve)'하는 데 필요한 프로그램이 있어야 한다. 이렇게 하는 데는 어려운 방법도 있고 쉬운 방법도 있다.

어려운 방법부터 시작해보자. 여러분은 컴퓨터를 선택해서 웹서버 소프트웨어를 설치하고, 인터넷에 연결시켜 여러분의 파일을 제공할 수 있다. 이러한 과정은 상당한 전문적 기술과 비용을 요구하는데 쉬운 방법은 다른 이의 컴퓨터상의 공간을 임대하는 것이다(이런 방법은 사실상 모든 노동 인터넷 사이트가 해온 것이다). 예를 들어, 영국의 노동정보통신센터(Labour Telematics Centre)는 팝텔의 웹서버를 이용하고 있고, 노동자교육협회국제연맹은 경제민주정보네트워크의 캘리포니아대학 서버에서 공간을 빌렸다.

어떤 경우에는 무료로 웹사이트를 갖는 것도 가능하다. 대학이나 비정부기구가 운영하는 사이트들은 여러 흥미로운 자료들을 게시하고 싶어 한다. 몇 킬로바이트의 디스크 공간에 드는 비용은 사실상 제로에 가깝기 때문에 매우 제한된 예산만을 가진 노동조합은 이런 방식을 고려해야 한다. 어떤 경우에도 상업적 서버는 소식지나 광고보다 훨씬 저렴하다.

이제 노동 웹사이트를 위한 약간의 정보로 끝을 맺고자 한다.

- 웹페이지는 자주 갱신해 준다. 사람들이 여러분의 웹페이지를 정기적으로 방문하기 원한다면 최신 소식, 보도자료, 추가자료 등을 계속해서 다루어야 한다.
- 전문가들은 사람들이 어떤 웹페이지에 다시 방문하게 되는 것은 다른 페이지로의 링크 때문이라고 한다. 만약 여러분이 보여주는 게 자기 조직에 관한 문서뿐이라면, 사람들은 한번 보고 다시는 방문하지 않을지도 모른다. 하지만 여러분의 사이트에 다른 많은 노동 사이트, 비정부기구, 기타 유용한 홈페이지로의 링크가 포함되어 있다면, 사람들은 이곳을 인터넷을 '항해'하기 위한 출발지점으로 삼을 것이다.
- 웹페이지를 만드는 것만으로는 충분하지 않다. 홍보가 필요하다. 우선, 여러분의 사이트를 인터넷 전반을 통해 공표하라. 유즈넷 뉴스그룹과 리스트서브 리스트에 게시하고, 다른 웹사이트에 상호 연결시켜라. 'NCSA 새로운 것들(What's New)' 페이지, 대중적인 '야후

(Yahoo)' 목록, 포괄적인 IGC노동네트워크 웹페이지에 여러분의 홈페이지가 올라가도록 하라. 둘째, 여러분의 웹사이트를 자신의 출판물과 인터넷 관련 출판물, 그리고 다른 노동조직에도 알려라. 발행부수가 많은 잡지에 어떤 웹사이트가 소개되면 많은 방문객들이 몰려드는 것은 잘 알려진 사실이다.

요약해보자. 만일 여러분이 월드와이드웹에 등장하겠다고 하면 나는 다음과 같은 일을 권한다. 여러분 스스로 자신의 홈페이지를 구성하고, 여러 개의 링크를 집어넣을 것. 정기적으로 갱신하고, 무료이거나 저렴한 웹서버를 찾아낼 것. 마지막으로 전 세계가 여러분의 웹사이트를 알게 할 것.

결론

새로운 세계질서 안에 노동운동을 위한 자리가 있을까? 분명히 있다, 노동진영이 자신을 위한 공간을 만들려 하기만 한다면 말이다. 미래에 살아남아 어떠한 역할을 하려는 과정의 일부에는 온라인에 접근하는 일도 포함된다.

초국적기업들은 이미 대규모로 이러한 신기술을 채택하고 있다. 그들은 전자우편과 온라인 데이터베이스를 몇 년 간 이용해왔다. 월드와이드웹 또한 그들에게 열광적인 환영을 받았다. 기업은 이 새로운 기술을 계속해서 탐험하고 채택할 것이다—노동진영과 상관없이 말이다.

오랜 기간 동안 기술변화가 노동운동에 미치는 부정적 영향에 관해 많은 논의가 있어왔다. 1950년대 이후, '자동화'라는 용어는 노동운동에 위협적인 울림이었다. 실업이 기술변화의 중요한 영향을 미치는 것처럼 보였던 것이다. 노동운동 작가나 사상가 중 극소수만이 노동운동이 새로운 기술을 채택했을 때 얻어지는 '장점'을 논의했다.

이 장에서 나는 노동운동에 이점을 주는, 인터넷을 통해 발전된 몇몇 새로운 기술들을 논의하였다. 여기에는 고퍼와 월드와이드웹을 통한 전자우편, 온라인 데이터베이스, 토론그룹, 전자출판 등이 있다. 모든 곳에서 공격받고 쇠퇴하고 있는 노동운동은 이들 새로운 도구를 받아들일 여유가 '없을 수' 없다. 오로지 기업주와 동일한 도구를 이용할 때만 노동조합은 향후 살아남고 번영하기를 바랄 수 있다. 이는 십여 년 이상 전자우편 같은 도구들을 이용해온 선진국 노조들을 보면 확실히 맞는 이야기이다. 이는 또한 정보격차가 확대되고 동시에 컴퓨터통신 비용이 하락한 개발도상국의 경우도 마찬가지이다.

다음 장에서 보게 되듯이, 이는 일시적인 유행이 아니다. 노조 활동가들은 거의 사반 세기 동안 컴퓨터통신에 관해 이야기해왔다. 노동조합들은 1980년대 초부터 온라인에 존재해 왔다.

'대공업이 만들어낸 통신수단의 개선은… 노동자들의 더욱더 확대되는 단결'에 공헌한다고 맑스는 말한 바 있다. 이는 19세기에도 옳았고 20세기에도 여전히 옳다. 이러한 노동자들의 단결(인터내셔널)은 다음 세기에 다시 소생하게 될 것이다. 이는 부분적으로는 동일한 통신수단의 개선—현재는 인터넷—덕분일 것이다.

3
노동네트워크의 탄생

인터넷은 1969년에 시작되어 1972년에 일반에게 공개되었다. 바로 그해 어느 유명한 노동조합 지도자는 이 컴퓨터통신의 새로운 기술이 노동운동에 어떻게 활용될 수 있는가에 대한 최초의 글을 썼다. 인터넷은 1990년대 초반까지 대중들에게 알려져 있지 않았지만, 노동조합활동가들은 1980년대 초반에 이미 컴퓨터 네트워크를 사용하고 있었다. 1990년에 그들은 자신들의 이런 경험을 논의하기 위해 국제회의를 개최했다.

바꿔 말하자면, 인터넷은 근래 등장한 그 무엇이 아니라는 소리이다. 인터넷은 사반 세기 이상 동안 존재해왔고, 노동조합은 15년간 이를 활용해왔다. 솔직히 말해서, 나는 노동자가 이 분야에 참여한 시점이 그렇게까지 빠른 것에 놀랐다. 내가 노동조합이 전자우편과 컴퓨터네트워크를 활용하는 것에 관해 처음 들은 것은 1993년이었다. 그러나 그때쯤에는 이미 여러 경쟁적인 범지구적 네트워크, 노조원들에게 정보통신 활용법을 교육하는 상설기관, 그리고 이러한 주제에 관한 논문들과 소책자들이 있었던 것이다. 그리고 이 모든 것은 월드와이드웹이 범지구적인 통신수단으로 등장하여 거대한 인터넷 열풍이 불기 이전에 벌어진 일이었다.

이러한 역사를 검토하면서, 나는 노동진영의 컴퓨터통신 활용이 얼마나 오래되었는지, 노동자들이 어떻게 새로운 기술을 이용하는지에 대해서도 약간 배우게 되었다. 어떤 사람들은 노동자들이 새로운 기술을 받아들이지 않는다고 말하지만 이는 옳지 않다. 노동운동 진영에는 항상 자신의 시대가 왔다고 주장하는 열광적인 사람들이 있고 이들은 때로 핵심적인 위치에 있기도 하다. 이 장을 연구하면서 나는 이러한 사람들을 알게 되었는데 이들은 압도적인 적과 맞서서 지난한 싸움을 했으며 가끔씩 그들이 원하는 것을 얻어내었다. 노동조합은 때때로 기업과 정부보다도 빠르게 아무도 시도하지 못했던 새로운 기술을 채택했다.

이 장은 노동조합의 컴퓨터통신 활용에 관한 포괄적인 역사가 아니다. 중요한 시도들을 모두 다루지는 않을 것이다. 그러나 이 장에서 내 견해로는 중요한 노동대중들에게 새로운 기술을 결합시키려 한 몇 가지 흥미로운 시도들을 집중적으로 다뤄 보겠다. 다음이 그것들이다.

- 최초의 온라인 노동네트워크를 창조하고 그에 참여한 노동조합을 소생시킨, 1981년 브리티쉬컬럼비아에서 시작된 과감한 실험.
- 유럽인들이 '노동자 컴퓨터통신의 시대'라고 명명한 선구적 연도들. 영국 대중정보통신계획(Popular Telematics Project; Poptel)의 탄생과 1980년대 중반 국제산별노련의 전자우편 사용이 포함된다.
- 캐나다, 남아공, 덴마크, 미국 등에서 전국적 노동네트워크가 탄생한, 내가 '자연발화'라고 이름붙인 연도들.
- 마지막으로, 이들 나라의 활동가들과 노동조합이 모인 일련의 만남들. 이들 만남은 이러한 종류의 최초 국제회의였던 1992년 4월 영국 맨체스터 회의에서 정점에 달했다.

그러나 범지구적인 노동네트워크가 있기 전에 거기에는 초기 선구자가 있었다.

노동컴퓨터통신의 '쥘 베른'

영국 노동정보통신센터(LTC)가 발간한 1994년 보고서에는, 몇몇 노조가 '10년 이상 새로운 기술(컴퓨터통신—역자)을 실질적으로 이용해 왔고', 따라서 노동진영의 컴퓨터통신 이용의 시작은 1980년대초까지 거슬러 올라간다고 언급되어 있다.

실제로 새로운 기술에 대한 노동진영의 관심은 훨씬 이전으로 거슬러 올라간다. 우리는 찰스 '칩' 레빈슨(Charles 'Chip' Levinson)의 『국제노동조합운동(*International Trade Unionism*)』(1972)에서 노동진영의 다음 단계에 관한 첫번째 암시—범지구적인 활동의 컴퓨터와 컴퓨터통신의 통합—를 볼 수 있다. 칩 레빈슨은 가장 강력한 국제산별노련 중 하나인 화학산별노련(당시 이름은 ICF였다)의 사무총장이었다(국제산별노련은 2장에서 설명했듯이 특정 산업별 전국노조의 범지구적인 조직체이다). 레빈슨은 또한 국제노동운동 역사상 비견될 사람이 거의 없는 예언적인 사상가로 독창적이면서 도발적인 저서를 종종 저술했다. 예를 들어 1970년대에 쓰여진 『보드카 콜라(*Vodca Cola*)』는 서구 기업자본주의가 소비에트제국에 미치는 영향을 예언적으로 분석한 것이었다.

그는 초국적기업의 점증하는 힘과 국제노동운동이 이에 어떻게 대응할 것인가 하는 문제에 특히 관심을 기울였다. 그는 노동운동진영이 갖고 있는 '대항권력'이라는 생각을 발전시켰으며, 이는 특정 초국적기업에 고용된 전 세계 노동자들의 대표를 포괄하는 '기업평의회'들이 앞장서 이끌게 되었다.

레빈슨은 1972년의 저서에서 미국노총산별회의 산별노조부가 작성한 통일적인 단체협약 강령에 관해 논했다. 그의 말에 의하면, "한 기업의 상황에 관한 적절한 정보를 즉각 전국적으로 퍼뜨리기 위해" 강령이 쓰여진 적이 있었다. 거대기업들의 점증하는 복잡성—때로 수백 개의 공장을 소유하기도 했다—때문에 이러한 정보는 필요했다. "오직 전산화된 정보은행만이 협상가와 노조전략가들에게 기업의 강점과 약점을 꿰뚫을 수 있게 해주며, 재정상황, 생산, 재고목록, 임금, 노동시간, 휴가, 연금, 기타 관련된 모든 사항에 관한 최신 정보를 노동조합들에게 제공해줄 수 있다"고 레빈슨은 힘주어 말했다.

이 말들을 주의하라. 레빈슨은 단순히 노조를 위해 정보를 컴퓨터에 모으는 사실만을 말하지 않았다. 물론 이러한 생각은 1972년만해도 그 자체로 굉장히 혁명적이기는 했지만 그는 '전국적으로 즉시 활용할 수 있는', 기업에 관한 '적절한 정보'를 만들어내는 것에 관해 논했던 것이다. 잠시 후 알게 되겠지만, 레빈슨이 미국 국방부의 기밀에 은밀히 관여하고 있던 것은 아니었다(1972년 당시에는 인터넷의 존재 자체가 국가기밀이었음을 기억하라). 그는 인터넷의 기본인 인터넷 규약 TCP/IP나 패킷 교환 통신망(packet-switching networks)에 대해 전혀 모르고 있었지만, 이미 오늘날 노조활동가들이 '노동정보통신'이라 부르는 것의 기초 개념들을 이미 형성하고 있었던 것이다.

1970년대 초반 제네바에 본부를 둔 국제금속노련(International Metalworkers' Federation)—이는 국제산별노련 중 하나로 레빈슨도 여기에서 활동한 바 있다—은 이미 전산화로 가는 커다란 발걸음을 내딛었다. "남미의 자동차공장들에 전산 정보 시스템이 만들어졌고, 또다른 시스템이 유럽의 모회사에 설립중이다"라고 레빈슨은 서술하였다. 또 "전미자동차노조(UAW)가 북미와 남미의 기업들에 관한 경제정보와 단체협상 정보를 담은 전산정보은행을 완성했고, 유럽 자동차기업과 이들의 해외지사에도 이와 비슷한 계획이 막바지 단계에 있다"고 그는 서술했다.

그 당시 레빈슨이 속해 있던 국제산별노련인 국제화학노련은 이미 컴퓨터통신에 참여할 계획을 수립하고 있었다. "중기적 목적은 중요한 단체협상정보를 전산정보은행으로 정리하는 것이다. 유럽의 모기업과 자회사는 독일화학노조(IG Chemie)의 최신 컴퓨터장비를 이용하고, 북미 기업들은 오하이오 주 애크런(Akron)의 국제화학노련 컴퓨터를 이용하기 위한 계획이 수립되었다"고 그는 말하고 있었다.

이 계획은 레빈슨의 국제노련이 앞서 언급한 미국의 사례에 필적하기 위한 것이었으며 국내 노조들간에 전산화된 정보를 공유하기 위한 것이었다. 레빈슨은 한 비범한 구절을 통해서 다음과 같이 말했다. "호환가능한 프로그램을 통해 이 정보은행들은 국제화학노련 본부와 텔렉스로 연결될 수 있고 요청할 경우 정보는 신속하게 산하노조로 전송될 수 있다."

내가 노동네트워크에 대한 레빈슨의 선견지명을 과장하고 있다고 생각하는 사람은 그의 저서에서 '발전을 위한 훈련'에 관한 구절을 보길 바란다. 여기에서 레빈슨은 20년 후에야 실행에 옮겨진 전산훈련계획을 이미 예견하고 있었다. "컴퓨터를 활용한 교육이라는, 진정으로 혁명적인 실천은 먼 미래의 일이 아니다"라고 그는 쓰고 있었다. "캘리포니아의 스탠포드 대학에서는 수많은 자동타자기에 텔렉스로 연결된 중앙컴퓨터가 5천명의 학생을 대상으로 프로그램 된 강의를 하고 있다. 이는 인공두뇌 교습을 위한 거대한 전망을 여는 것이다." 레빈슨의 관심은 교육이 아니라 노동자 교육에 있었고, 이미 수십 년 전에 많은 발전들을 예견하고 있었다.

여기서 우리는 쥘 베른(Jules Verne)을 떠올릴 수 있다. 몇몇 과학작가들이 지적했듯이, 쥘 베른은 잠수함은 상상했지만, 그 잠수함의 조명은 가스등이었다. 인류를 달에도 보냈지만, 그 방법은 아주 커다란 대포를 이용하는 것이었다. 레빈슨 역시 범지구적 노동통신 체계와 심지어 컴퓨터를 이용한 원격 학습까지 상상했지만, 전문적 사항은 다소 미흡했다. 우리는 이제 텔렉스나 자동타자기가 그러한 네트워크의 기반이 될 수 없다는 것을 알고 있으며 대신 고속 광섬유케이블과 강력하고 비싼 개인용 컴퓨터가 이를 수행한다는 것을 알고 있다.

인터넷이 1972년까지 공개적으로 선전되지 않았음을 기억하라. 그때까지는 단지 50개의 대학과 연구기관만이 인터넷에 연결되어 있었다. 1972년 2월 완성된 칩 레빈슨의 저서에는 '전 세계 산하노조를 위해 범지구적으로 연결된 노동조합 데이터베이스'라는 그의 전망이 실려 있었으며, 이는 인터넷 자체의 출현을 사실상 앞지르는 것이었다.

그후 9년간 범지구적 노동네트워크라는 전망과 관련된 실질적인 성과는 나오지 않았다. 그러나 1981년 지구 반대편에서, 캐나다 브리티쉬컬럼비아 지역의 한 교사가 레빈슨의 전망을 일부 실현하기 시작했다.

최초의 노동네트워크

1981년에 인터넷은 12살에 불과했다. 최초의 실험적인 전자게시판 서비스가 시작된 것은 불과 3년 전의 일이었다. 우리가 '사이버공간'이라고 부르게 된 세계는 수 년 뒤의 일이었다. 그러나 최초의 진정한 노동네트워크는 태평양의 동쪽 해안, 브리티쉬컬럼비아 주 밴쿠버에서 태어나고 있었다.

우연히도, 대략 그때쯤 밴쿠버에 사는 한 작가는 컴퓨터 네트워크를 한 번도 경험하지 못한 채, 바로 '사이버공간'이라는 말을 창안해 낸 책을 쓰고 있었다. 그 책은 『뉴로맨서(*Neuromancer*)』(1984)였고, 저자는 1995년이 되어서야 처음으로 컴퓨터 통신망에 접속하게 되는 윌리엄 깁슨(William Gibson)이었다.

다시 1981년으로 돌아가서, 깁슨이 사이버 미래를 꿈꾸고 있을 때 그 도시의 다른 쪽에서는 래리 쿠엔(Larry Kuehn)이라는 영어교사가 조용히 노동운동(과 인터넷)의 역사를 만들고 있었다. 당시 쿠엔은 브리티쉬컬럼비아교사연맹(British Columbia Teachers' Federation; BCTF)의 위원장이었다. 브리티쉬컬럼비아교사연맹은 광활한 이 주를 가로질러 있는 초·중등학교 교사 약 4만 명을 대표하는 노동조합이었다. 영어교사로서 그는 특히 언론과 글쓰기를 좋아했는데 자신에게 가장 흥미로웠던 일은 늘 통신이었다고 말했다. 당시 그는 컴퓨터에 대해서는 아는 바가 없었고, 별로 배우고 싶은 생각도 없었다고 한다. 쿠엔이 노조활동가로서 활발한 활동을 하게 된 것은 공공교육과 교사의 권리에 대한 그의 열정적인 관심 때문이었다. 1981년 그는 브리티쉬컬럼비아교사연맹 위원장으로서 세번째 임기를 맡고 있었다.

아니 마이어스(Arnie Myers)는 이 연맹의 통신담당 간부였다. 쿠엔과 달리 마이어스는 기술에 관한 경험이 있었는데, 이전에 과학담당 기자로 일한 적이 있었다. 쿠엔과 마찬가지로 그의 주된 관심사는 통신이었다.

쿠엔과 마이어스 두 사람은 어느 날 한 전자게시판(electronic bulletic board) 작동시범을 꽤 인상깊게 보게 된다. 그들은 노동운동 어디에서도, 어느 누구도 써본 적이 없는 이 신종 기술을 어떻게 하면 브리티쉬컬럼비아교사연맹에서 활용할 수 있을까에 대해 이야기를 나누었다.

그들의 열의—그리고 그들이 시작한 프로젝트—를 이해하기 위해서는 도대체 브리티쉬컬럼비아 주가 얼마나 넓은 곳인지를 알아야 할 필요가 있다. 캐나다에서 세번째로 큰(캐나다가 세계에서 두번째로 큰 나라임을 유념하라) 이 주는 영국 땅의 4배나 되는 약 36만 평방마일이다. 가장 큰 학교지부가 (공간적으로) 영국 땅만하지만, 거기에서 일하는 교사는 불과 20명에 지나지 않는다.

이러한 조건에서 주 노동조합은 커다란 문제에 직면할 수밖에 없었다. 주에서 주로 이동하는 비행기 값이 수백 달러를 호가하는 상황에서 어떻게 하면 노동조합 지도부와 평조합원들이 조합의 의사결정이나 조합활동을 함께 할 수 있을까? 어떻게 하면 수십 개에 달하는 노조지부들이 특히 단체교섭 시기에 복잡한 정보를 재빠르게 공유할 수 있을까?

래리 쿠엔은 노조를 강화하는 방법으로 컴퓨터통신망의 이용을 생각했는데 이때는 특히 노조가 10여 년 동안 주정부로부터 지속적인 탄압을 받고 있었던 상황이었다(노동자들이 지지하는 신민주당[New Democratic Party])은 1975년 주정부에서 물러났고, 우익인 사회신뢰당[Social Credit Party]이 1991년까지 집권했다. 사회신뢰당 주정부는 "브리티쉬컬럼비아 교사연맹을 적이라고 느꼈다"고 쿠엔은 말했다). 지역언론들은 이런 공격을 '학교전쟁(school wars)'이라고 불렀고 모든 조합원들은 이를 노조파괴 행위라고 여겼다. 주의회는 조합원의 자격조건에 대한 법을 고치기까지 했고, 브리티쉬컬럼비아교사연맹에게 수천 명에 달하는 조합원 명단을 한 명 한 명 다시 작성하라고 강요하기까지 했다.

그러한 상황에서 조합의 위원장이라는 사람이 증명도 되지 않은 최신 유행의 비싼 기술을 만지작거리고 있었다는 것을 상상하기란 쉽지 않은 일이다. 그러나 래리 쿠엔은 바로 그렇게 했다. 브리티쉬컬럼비아교사연맹 위원장이라는 자신의 지위를 이용해서 그는 조합이 작게라도 시작만이라도 하도록 밀어붙였다.

그들은 우선 전화회사의 '엔보이-100(Envoy-100)'이라고 불리는 패킷 교환식 네트워크를 이용해서 주 전체에 분산되어 있던 11명의 집행위원들을 서로 연결시키기로 결정하고 우선 각 집행위원들에게 돌아갈 '단순한 기능의(dumb)' 휴대용 통신단말기를 샀다(여기서 휴대용이라는 말에

인용부호를 달아야 한다. 이 장비들은 오늘날의 개인용 노트북 컴퓨터의 6배에 달하는 크기이다. 아마 비행기 좌석 밑에 넣으면 한 대가—그것도 간신히—딱 들어맞을 정도의 크기였다고 쿠엔은 말한다).

그 단말기들은 그야말로 '단순한 기능을 가진' 것이었다. 개인용 컴퓨터도 아니었고 화면조차 없었다. 메시지는 감열지(thermal paper)에 출력되어 나왔는데 사실 이러한 기능이 하나의 이점이 되었다. 네트워크를 사용하는 조합원들은—특히 1980년대 초기—모든 것을 문서상으로 보고 싶어 했기 때문이다. 자기 디스크에만 저장되어 있거나 컴퓨터 화면에 뜬 글들은 그들에게 '현실적'으로 보이지 않았다.

단말기들을 일반 전화기에 연결하기 위해서는 '연결기(couplers)'라는 장비를 전화기의 양쪽에 부착해야 했다. 메시지는 300bps 모뎀을 통해 전송되었다(300bps의 속도는 오늘날 28,800bps 모뎀 속도의 약 1%에 불과하다).

그리고 나서 브리티쉬컬럼비아교사연맹 집행위원들 개개인은 기본적인 교육을 받았고 서로 전자메시지를 교환하기 시작했다. 이로써 그들은 매달 한 번씩 열리는 집행위원회 모임 사이에 서로가 늘 연결되어 있음을 알게 되었다.

집행위원들이 직면했던 문제—1981년 300bps의 모뎀과 감열지를 가지고 해결했던—는 오늘날 대부분의 노동조합들, 특히 국제노동조합운동의 경우에도 마찬가지다. 몇몇 국제산별노련들은 집행위원회를 기껏해야 일년에 한 번 정도 개최하고 노동자교육협회국제연맹(IFWEA)도 6개월마다 한 번 열린다. 이렇게 가끔씩 열리는 회의에서 겪는 문제들, 즉 합의도출이나 긴급한 사안에 대응하는 데 겪는 어려움들은 현재의 우리에게는 거의 석기시대와 같아 보이는 기술들을 통해 풀렸다.

새로운 기술을 채택하고 집행위원회 성원들과 함께 착수하기로 한 결정은 흥미로운 점을 제기한다. 몇몇 사람들은 새로운 통신기술들로 인해 전통적인 형태의 노동운동조직들이 사라지게 되고, 시간이 지나면서 풀뿌리 네트워크로 대체될 것이라고 전망했다. 물론 컴퓨터 통신망은—뒤에서 자세히 다루겠지만—브리티쉬컬럼비아교사연맹과 그 구조에 분명히 영향을 끼쳤지만, 쿠엔의 의도는 기존의 노조를 강화하는 것이었다. 그리고 쿠엔의 도박은 주사위를 던진 만큼의 성공을 가져왔다. 노조는 살아났고 더 강해졌는데 이는 부분적으로 컴퓨터통신을 일찍 채택한 덕택이었다.

11명의 집행위원들은 2년 동안 이 통신망을 사용했는데 이 기간 중 가장 중요한 성과는 그들이 이 통신을 좋아하게 되었다는 점이다. 그들은 이를 좋게 본 나머지 다른 사람들과 공유하기로 결정했다. 쿠엔은 이제 다음 단계로 넘어가기 위한 11명의 동지들을 얻게 된 것이다. 다음 단계는 그들이 썼던 것과 같은 엔보이-100 시스템과 단순기능의 휴대용 통신단말기를 이용해서 모든 지부들을 연결하는 것이었다.

당시는 순진한 시대였다. 오늘날이라면 누구도 감히 2년 전에 쓰던 모뎀과 소프트웨어를 이용해서 네트워크를 확장할 생각을 못했을 것이다. 1990년대에 2년이라는 시간은 영원에 가까울 정도로 무한히 긴 시간이다. 그러나 네트워크의 쥬라기시대에서는 잘 작동되는 기술을 가지고 일을 계속한다는 것에 누구도 의문을 갖지 않았을 것이다. 브리티쉬컬럼비아교사연맹은 1990년 10월이 될 때까지 9년 동안 이 낡은 시스템인 엔보이-100을 사용해서 네트워크를 운영했다. 그리고 오늘날 쿠엔이 바로 지적하듯이, 그 낡은 네트워크에는 이후 발전과정—처음에는 캐나다의 전국적 노동네트워크인 솔리넷(Solinet)으로의 발전이고, 지금은 인터넷으로의 발전—에서는 잃어버린 나름의 몇 가지 이점이 있었다.

다시 1983년으로 돌아가자. 브리티쉬컬럼비아교사연맹은 산하 모든 지부에 단말기를 제공하고 교육을 시켰다. 그들이 컴퓨터에 대해서 전혀 알지 못했다 하더라도 어쨌든 그 해는 조합에 있어서 하나의 전환점이 된 한 해였다. 1983년 브리티쉬컬럼비아교사연맹은 노동조합 역사상 처음으로 전 주에 걸친 파업을 단행했다. 이 무렵 각 지부는 이미 통신으로 연결되어 있었고 그들은 자신들의 파업소식을 서로에게 보냈다. 이 소식들은 곧바로 복사되어 파업중인 교사들에게 나누어졌다.

래리 쿠엔은 이 소식들이 수천 킬로미터를 가로질러 파업중인 교사들에게 일종의 연대감을 주었다고 회상했다. 그러나 내가 보기에 거기엔 노동조합이 교사들에게 당시로서는 최첨단의 기술을 자신들의 이해를 위해 사용할 수 있다는 점을 보여주었다는 또 다른 효과도 있었다. 브리티쉬컬럼비아교사연맹같은 조직은 이제 미래와 그것이 가져올 것에 대해 두려워 하지 않는 것처럼 보였다. 이것이 바로 노동조합이 컴퓨터통신과 같은 새로운 기술을 선택했을 때, 조합원들—그리고 다른 사람들—에게 보낸 메시지 중의 하나인 것이다. 달리 표현하자면, '우리는 살아남고자 변화한다'는 말이 될 것이다.

1983년 말경 이 통신망에는 약 천여 명의 사용자가 있었다. 여기에는 76개 지부의 위원장들 전원과, 사업 시작 당시의 집행위원들, 그리고 노조간부들이 포함되어 있었다. 래리 쿠엔은 여러 주를 다닐 때 늘 자신의 단말기를 휴대했다. 20일간의 순회 일정에서 그는 브리티쉬컬럼비아 주 각지에서 열린 20여 개의 서로 다른 모임에서 약 만 이천 명의 교사들과 만나 이야기했다. 그리고 그는 순회일정 동안에도 통신망 덕택에 언론보도문을 검토하고 조합 사무실에서 생기는 일상적인 일들을 처리할 수 있었다.

1980년대 내내 조합은 지속적으로 컴퓨터를 사용했고, 이는 꾸준히 증가했다. 1990년, '엔보이'에 기반한 네트워크가 마침내 문을 닫으면서 브리티쉬컬럼비아교사연맹은 새로운 네트워크인 솔리넷에 약 300개의 계정을 열어놨다. 그리고 그 네트워크에 들어오는 사용자의 수도 점차 늘었다. 래리 쿠엔의 목록에는 (앞서 언급했던 파업기간 동안의 연대감 증진을 포함해서) 다음과 같은 것들이 포함되어 있다.

- 노동조합은 교사조합원들에게 법률 제정이나 다른 정부의 조치들에 대한 정보를 제공했다. 노조는 상세한 분석과 행동지침을 알려주기도 했으며, 이 때문에 지부의 조합원들은 종종 그들이 상대하는 고용주들보다도 더 상황에 대해 잘 알 수 있었다. 고용주들은 당시 컴퓨터 통신망을 쓰지 않고 있었다.

- 많은 문제들이 통신상의 전자토론 등을 통해 풀렸다. 처음에는 단지 메일링리스트였지만 후에 다른 기술들이 사용되었다. 한 예로, BCFT의 한 지부가 에이즈 바이러스에 감염된 교사들의 권리에 관한 정보를 요청했다. 몇 시간 지나지 않아 몇몇 지부들이 사례와 함께 답

장을 보냈고, 그 지부는 이를 바탕으로 정책제안을 작성할 수 있었다.

- 전략에 관한 토론이 중앙간부는 물론이고 지부간부들까지 참여한 가운데 열릴 수 있게 되었다. 따라서 공식적인 회의가 열렸을 때는 이미 상당부분 의견이 접근한 상태였다. 조합에 관해 전보다 잘 알게 된 지부의 노조간부들은 보다 신속하고 통일감 있게 행동을 할 수 있었다.

- 주 차원에서 교사들이 관심을 가질 만한 교육이나 사회관련 뉴스들을 주로 다루는 뉴스서비스가 시작되었다. 그러한 서비스는 지부에게 보다 신속하게 소식을 전달하는 것은 물론, 당시 컴퓨터문서작성과 탁상출판을 이용해서 막 만들어지고 있었던 지부별 소식지에 이미 디지털화된 내용을 공급해주는 역할을 했다.

- 각 지부에서 중앙 사무실로 올라온 단체협약 조항들을 모아 데이터베이스를 만들었다. 이렇게 늘어난 자료들은 사용자측을 만나기에 앞서 조합내 단협전문가가 검토할 수 있었다. 조합이 이러한 이점들을 살려나가자 고용주측도 이에 맞서기 위해 마침내 자신들 나름의 컴퓨터 통신망을 구축하지 않을 수 없게 되었다.

- 마지막으로, 통신망은 브리티쉬컬럼비아교사연맹의 다양한 자문위원회의 기능을 보다 효율적으로 만들었다. 이들 자문위원회는 인종주의에서부터 프랑스어에 이르기까지 광범위한 문제들을 토론했다. 주 내의 각 지역에서 온 사람들로 구성된 이 위원회는 과거에는 1년에 약 세 차례 정도 회의를 가졌지만, 통신망을 이용하면서부터 위원들은 회의가 없는 시기에도 늘 서로 의견을 나눌 수 있게 되었다.

컴퓨터통신은 기존의 조합조직을 파괴하지 않았고 오히려 이를 강화시켰다. 물론 이것이 브리티쉬컬럼비아교사연맹에서 바뀐 것이 없다는 것을 뜻하지는 않는다. 래리 쿠엔은 그의 조합이 권위적인 관료주의가 아니라 항상 참여민주주의를 실천해왔다는 사실에 자부심을 느낀다. 아마도 보다 관료적이고 거대한 조합이었다면 이러한 효과는 보다 극적이었을 것이다. 그러나 고도로 민주화된 브리티쉬컬럼비아교사연맹에서조차 네트워크의 이용은 조합을 변화시켰다.

이전에는 광범위하게 퍼져있는 조합지부들과 중앙조직 사이에서 중개자 역할을 하는 '지역 조정자(regional coordianators)'가 조합에 있었다. 그들은 하루종일 교사로 일하면서 남는 시간에 조합일을 했고, 지역 회의와 전화대화를 통해 정보의 전달자 역할을 수행했다. 그러나 1983년 전 조직에 걸쳐 통신망을 사용하게 되면서 지역활동가와 노조간부들 사이는 직접 연결되었고 이로써 지역 조정자는 필요없게 되었다.

1980년대 초 중반 브리티쉬컬럼비아교사연맹의 경험은 지역노조가 컴퓨터 통신망을 효과적으로 사용할 수 있다는 사실을 잘 보여주었다. 쿠엔은, 조합이 광폭했던 10년이란 세월 속에서 살아남을 수 있었던 것은 부분적으로 그러한 기술을 사용한 것이 큰 역할을 했다고 말했다. 그러나 기술이 전부는 아니었다. 쿠엔은 브리티쉬컬럼비아교사연맹의 또 다른 생존 비결을 "전투적인 기풍, 효과적인 지도력 함양과정과 위원회 회원자격, 그리고 그외의 다양한 많은 것들에 힘입었다. 그 어떤 기술도 그것을 이용하는 인간의 다양한 활동보다 낫지는 않다"고 말했다.

브리티쉬컬럼비아교사연맹은 새로운 정보기술의 시대가 막 열리는 여명기에 네트워크를 시작했고 지금까지 15년여 동안 통신망을 이용해 왔다. 이러한 긴 실험기간을 통해 우리가 알 수 있는 것은 이 기술이 일시적 유행이 아니라, 조합 내의 의사소통과 조직 강화에 기여하는 증명된 한 방법이라는 점이다. 브리티쉬컬럼비아교사연맹 네트워크는 조합이 탄압에 직면했던 바로 그 기간 동안 성장했고 번성했다. 이것은 오늘날, 반(反)노동자적인 정부의 지원 아래 '조합 없는' 경영환경을 추구하는 사용자들의 탄압에 처한 전 세계 노동조합에게 중요한 가르침을 준다. 1981년 당시 래리 쿠엔과 아니 마이어스는 미래를 내다보았고, 이는 제대로 움직인 것이다.

범지구적 노동네트워크?

래리 쿠엔이 최첨단의 기술을 시도해 보기로 결심한 지 몇 달 후에 지구의 반대편에서는 범지구적 노동네트워크를 만들려는 제안을 숙고하고 있었다. 이 계획은 시대를 너무 앞서간 나머지 거의 실패할 것이 뻔해 보였는데, 연합계획(United Project)이라는 이름의 이 계획을 제안한 사람은 크리스텐 니가드(Kristen Nygaard)라는 노르웨이의 한 컴퓨터 전문가였다. 이 제안을 두고 피터 워터만—영국 출신의 국제노동운동가로서 컴퓨터를 이용한 노동조합의 통신에 대해 여러 글을 썼다—은 '노동진영을 위해 체계적인 국제적 정보통신망을 구축하려 했던 최초의 시도'라고 평가했다.

니가드는 서구의 노동조합들의 집단적인 지원 아래, 당시 새로 들어선 프랑스 사회당 정권이 만든 '마이크로컴퓨터과학과 인간 자원을 위한 국제센터(World Centre for Microcomputer Science and Human Resources)'를 이용해서 일종의 컴퓨터 데이터베이스를 구축하자는 제안을 내놓았다. 그러나 결국 프랑스에 있는 이 센터를 이용하는 것이 불가능하다는 것을 알게 되자, 그는 노르웨이의 조합들에게 도움을 청했다. 워터만은 "그의 이러한 노력은 그다지 성공적이지 못했던 것을 보인다"라고 썼다. 어쨌든 이 제안은 국제자유노동조합연맹에서 나오는 ≪자유노동세계(Free Labour World)≫라는 간행물에 두 번이나 실렸다.

노르웨이노동자교육협회(AOF)의 국제부담당자인 아슬락 리슬란트(Aslak Leesland)에 따르면, 니가드는 "시대를 앞서 갔다. 내 생각에 1960년대에 그는 이미 윈도우즈(Windows)의 기본이 된 컴퓨터 언어를 개발했다(불행하게도 빌 게이츠가 그 생각을 터득했지만)." 그러나 노르웨이노동조합연맹(LO)은 "1980년대가 되어서도 그의 생각을 따라잡지 못했다. 우리가 보기에 노르웨이노련은 이러한 기술을 배우는 데 다소 늦은 것이 사실이다. 하나의 이론은… 이것이 그들의 문화와 중앙집권화된 기풍과 관계된다"고 평가한다.

워터만은 니가드의 제안이 이후 왜 전혀 진전되지 못했는가를 고민하면서, 다음의 세 가지 이유를 가능성으로 제시했다.

- 새로운 기술에 대한 무지, 혹은 적대감

- 조직적인 보수주의
- 의식적이든 무의식적이든, 정보의 박탈(혹은 제한)을 구성원에 대한 통제장치로서 바라보는 전략

니가드의 제안이 수그러든 몇 년 후에도 워터만은 "그의 제안은 서구의 전국적 혹은 국제적인 노동운동들을 움직여 국제적인 노동자통신의 민주화 투쟁을 전면에 내세울 것이다. 그렇기에 니가드의 제안이 하나의 개방된 시스템으로서 결국 서구의 모든 노동진영이 이용할 수 있는 자원으로서 지지를 받게 되기"를 희망했다. 그러나 그는 낙관적이지는 않았다. "결국 어느 누구도 이러한 일을 이루기 위해 그들 노동조합에 의존할 수 없을 것이다"라고 그는 쓰고 있다.

이것이 네가 일하는 방식을 변화시킬 것이다

래리 쿠엔이 패킷교환식 네트워크를 실험하면서 매일매일의 노조활동에 미치는 영향을 느끼고 있을 때, 그리고 크리스텐 니가드가 범지구적 노동네트워크라는 그의 구상을 알리려고 애쓰고 있을 때, 데이브 스푸너(Dave Spooner)란 사람이 ≪국제노동보고(*International Labour Reports*)≫라는 이름의 한 영국 잡지사에서 일하고 있었다. 그는 다국적기업을 염두에 두고 어떻게 하면 노동조합의 활동이 국경을 넘어 조직될 수 있을까 하는 고민을 하고 있었다. 이것은 이미 1970년대와 1980년대 초기에 걸쳐 국제산별노련과 '칩' 레빈슨, 댄 갤린 등의 지도자들이 고민했던 문제였다.

"그때 우리는 모뎀이라는 놀라운 것을 알게 되었다"라고 그는 회상한다. 1983년 어느 날 네덜란드에서 온 한 친구가 상자 하나를 들고 그의 사무실에 나타났다. 스푸너에게는 그것이 마치 구두상자 같이 보였는데 그 친구는 "이것이 네가 일하는 방식을 변화시킬 것이다"라고 말했다. 그 상자 안에 든 것은 손으로 만든 300bps 속도의 모뎀이었다. 영국에 있는

스푸너와 네덜란드에 있는 그의 친구가 서로에게 전자메시지를 타이핑해서 보내기 시작했다. '안녕, 너 거기 있나?' 실제로는 아무 의미도 없는 말이었지만, "우리는 이것이 노동조합활동에 있어서 무한한 가능성을 가져다 줄 것이라는 것을 깨달았다"고 스푸너는 말했다.

유럽에 있는 노동조합원들은 당시 막 확장되고 있던 브리티쉬컬럼비아 교사연맹의 네트워크에 대해 알지 못했다(캐나다의 교사들도 스푸너와 그의 동료들이 만들어낸, 신생 '팝텔'에 대해 모르고 있기는 마찬가지였다). 물론 그들이 서로의 존재를 알았다고 하더라도 당시로서는 두 네트워크끼리 의사소통을 할 수는 없었을 것이다.

이때만 하더라도, 유럽은 물론, 그 어디에도 상업적인 인터넷접속 제공업체는 없었다. 빠른 속도로 전 세계를 연결하는 네트워크인 인터넷은 여전히 원래의 목적대로 학술연구자와 국방관련 연구단체에게만 서비스가 제공되고 있었다. 그래서 서로 전자우편을 교환하고자 했던 노조활동가들은 다른 네트워크들을 가지고 실험을 해보고 있었다.

국제산별노련들이 이런 실험을 하고 있는 동안, 데이브 스푸너와 팝텔 사람들도 이에 적당한 소프트웨어와 네트워크를 찾고 있었다. 그들은 이 일을 유럽우주국(European Space Agency)과 같이 시작했다. "그들은 어쨌든 시스템을 가지고 있었고, 무료로 사용할 수 있었다. 우리는 이곳에 전화로 접속해서 그들의 전자우편시스템을 쓸 수 있었는데, 몇 달간 이것을 사용했다." 스푸너는 이렇게 회상했다. "문제는 당시 유럽우주국의 전자우편 시스템이 쓰기에 무척 번거러웠다는 것이었다. 전자우편 하나를 보내려면 우리는 '슬래쉬, 슬래쉬, p, n, x, 슬래쉬, 마침표, 마침표(/, /, p, n, x, /, ., .)'와 같은 명령어를 입력해야 했는데 이것은 거의 불가능한 일이었다."

팝텔은 '원 투 원(One to One)'이라는 이름의 미국의 상업적 시스템을 가지고 실험을 했는데 이것이 유럽우주국의 무식한 명령어들보다 쓰기 쉽다는 것을 알았다(전자우편 하나를 보내기 위해 모든 사람이 로켓을 연구하는 과학자가 될 필요는 없지 않은가). 하지만, 문제는 이 새 시스템이 원래 노동조합운동가를 위해서 고안된 것이 아니라는 점이었다. 그것은 비서를 둔 기업인들을 대상으로 한 것이었다. 그리고 팝텔에 있는 사람들은 그 시스템의 개발 방식에 대해 어떤 의견도 제시할 길이 없었다.

이때 독일 녹색운동과 접촉한 덕분에, 스푸너와 그의 동료들은 독일에 있는 상용통신망인 지오넷(GeoNet)을 찾아낼 수 있었다(이는 다양한 '신사회운동'들이 어떻게 노동조합들보다 앞서서 컴퓨터 통신을 사용하기 시작했는지에 대한 한 예에 불과하다). 스푸너는 팝텔/지오넷(Poptel/GoeNet) 네트워크가 1980년대 중반 '노동운동—특히 국제산별노련들—을 위한 사실상의 통신 시스템이 되었다'고 말했다.

산별노련들 온라인에 접속하다

1984년까지 캐나다의 주 내에서는, 영국해협을 가로지르면서 실험들이 행해졌지만, 그때까지 어떤 국제산별노련도 이 새로운 기술을 사용하지 않았다. 이 시기는 칩 레빈슨의 예언이 있은 지 10년도 넘은 때였다. 역설적이게도, 변화를 선도해간 것은 레빈슨 자신이 몸 담았던, 브뤼셀에 본부를 둔 국제화학노련(International Federation of Chemical, Energy and General Workers' Unions; ICEF)이었다.

국제화학노련 사무총장이 범지구적 노동네트워크를 만드는 데 있어서 한 역할은 마치 미국 전설에 나오는 '자니 애플시드(Johnny Appleseed)'과 같은 것이었다. 자니 애플시드는 자신이 사과를 좋아한다는 이유 하나로 다른 아무 목적도 없이 온 나라를 돌면서 사과나무를 심은 사람이었다. 나는 어렸을 때 이 이야기를 듣고 잘 이해를 하지 못했다. 생각한 거라곤 누군가가 이 모든 사과나무들을 심고 다녔다는 사실에 대해 사과를 좋아하는 우리들은 감사해야 한다는 것뿐이었다. 1980년대 말과 1990년대 초에 걸쳐 국제화학노련과 다른 국제산별노련들이 심은 사과나무는, 서로간에 그리고 자신들의 국제연맹과 연결망을 갖기 위해 통신을 시작한 지역단위나 국가단위의 노동조합들이었다. 그리고 그 나무가 꽃을 피우고 열매를 맺게 된 것은 진정한 의미의 범지구적 노동네트워크의 윤곽이 분명

해지기 시작한 1990년대 중반에 이르러서이다.

국제화학노련 조사국장인 짐 캐터슨(Jim Catterson)은 "새 지도부 선출을 위한 선거가 끝난 직후인… 1984년 7월, 많은 상용 데이터베이스에 가입한 것이 사무국활동 전산화의 시작이었다"라고 썼다. 당시까지 사무실에 있었던 유일한 전자장비는 타자기였다.

그럼 국제화학노련에 기반을 두고 범지구적 노동네트워크를 출범시키려 했던 칩 레빈슨의 계획은 도대체 어떻게 된 것인가? 나는 1982년, 레빈슨이 퇴임하기 2년 전부터 레빈슨을 위해 일하기 시작한 캐터슨에게 물었다. 레빈슨은 '분명 몽상가적이었다'고 캐터슨은 말했다. 레빈슨이 1964년 국제화학노련을 맡았을 때 이 단체에는 유급직원이 없었다. 그는 이 단체를 가장 효율적인 산별노련 중의 하나로 만들어 냈는데 그가 조직을 건설한 방법 중의 하나는 캐터슨의 표현에 따르자면, '엄청난 선전활동'이었다.

"우리는 어떤 종류의 발전이든 항상 '금방' 할 것 같았다"고 그는 회상했다. "그것이 국제적 규모의 파업이든, 단체교섭이든, 아니면 정보통신과 컴퓨터통신이든 상관없었다." 캐터슨은 국제화학노련이 초국적기업들의 '활동을 추적하고 분석하기 위해 컴퓨터를 사용하고 있었다'라는 것을 여러 번 읽었는데도 불구하고 "우리는 그러지 못했다"고 인정했다.

이 산별노련이 벌이는 조사활동의 자원이 된 것은 그들의 도서관이었다. 이곳에는 노동조합과 국제조직들에서 출판된 각종 출판물들과 다수의 노동조합 저널, 인명부, 잡지, 신문 등이 소장되어 있었다. 그는 당시의 국제화학노련의 출판물들과 레빈슨의 저서들을 가리키면서, "우리는 이것을 가지고 많은 일을 할 수 있었다"라고 말했다.

1970년대에는 레빈슨의 전산화에 대한 대담한 생각을 어떻게 실현할 수 있을 것인지를 두고 몇 번의 모임이 있었다. 고용기간 및 조건과 협약 문안 등이 국제화학노련 지부들, 특히 스칸디나비아, 미국, 독일에 있는 지부들의 컴퓨터에 저장되었다. 노조활동가들은 이러한 데이터베이스들을 어떻게 연결할 수 있는지에 대해 의논했다. 그러나 캐터슨은 '당시 기술로서는 너무 많은 비용을 들여야 했다'고 말했다.

국제화학노련의 전산화작업은 1984년 초 새로 선출된 지도부에 의해 추진되었는데, 이들은 조직활동의 초점을 선전에서 서비스로 옮기기를 원했다. 이들의 의도는 이런 자료들을 산하지부들이 더욱 쉽게 이용할 수 있게 해줌으로써 조직을 강화하려는 것이었는데, 이를 통해 자신들의 선전활동을 더욱 효과적으로 수행하고 할 수 있게 될 터였다. 국제화학노련은 동시에 다른 국제산별노련과 다른 조직들과의 협조도 강화시켰다.

컴퓨터통신을 필요로 했고 이용했던 원래의 목적은 초국적기업들에 맞선 광범위한 투쟁에 필요한 정보를 획득하는 것이었다. '어떤 산별노련이건 가장 중요한 기능은 산하 노조들에게 단체협상에서 유용한 정보를 제공하는 것'이라고 캐터슨은 말했다. 그러한 정보는 1980년대 중반쯤에는 상용 데이터베이스들을 통해 얻을 수 있었다. 이와 동시에 1984년 국제화학노련은 개인용 컴퓨터를 이용해서 사무를 전산화하기 시작했다.

몇 년 지나지 않아 국제화학노련 사무국은 유럽공동체 자료는 물론, 데이터스타(Data-Star), 다이얼로그(Dialog), 퍼가몬정보(Pergamon Information), 로이터(Reuters) 등의 많은 상용 데이터베이스에 가입했다. 이곳들에는 약 1,500여 개의 개별 데이터베이스에 접속하는 것이 포함되어 있었다. 국제화학노련 직원들은 이들 전산화된 파일 진열장(file cabinet)에서 어떤 종류의 정보를 찾았을까? "전 세계에 걸친 기업들의 주소록, 기업이나 산업분야에 대한 주식거래중개인들의 보고서, 세계 언론들의 금융이나 무역에 관한 기사는 물론, 보다 세밀한 전문 데이터베이스, 예를 들면 특정 산업이나 주제에 관한 것이나 혹은 산업보건 및 안전에 관련된 정보들"이었다고 캐터슨은 말했다.

이용가능한 정보의 양은 굉장했다. "얻을 수 있는 정보의 범위나 다양함은 산별노련들의 연구시설이 가진 제한된 자료원을 통해서는 어떤 방법을 통해서도 얻을 수 없는 수준이었다. 우리는 국제화학노련에서 정기적으로 수백 개에 달하는 다국적 기업들의 연례보고서를 모았다. 그러나 이들 데이터베이스를 통해서는 수십만 개에 달하는 초국적기업들의 연례보고서에 직접 접근할 수 있었으며, 심지어는 제한된 수준에서나마 보다 작은 규모의 일국적 기업들에 대한 금융정보까지 획득할 수 있었다."

그러나, 국제화학노련은 이런 종류의 데이터베이스에 몇 가지 단점이 있다는 사실을 발견했다.

- 상용 데이터베이스는 이용료가 너무 비쌌다.
- 이들은 거의 대부분 영어로만 되어 있었다.
- 사용하기에 특별히 편하지도 않았으며, 다양한 사용자환경을 배운 뒤에야 숙달해서 쓸 수 있었다.
- 국제화학노련이 여기에서 얻은 것은 종종 원자료(raw data)로서 분석하는 작업을 추가로 해야 했다. 그러나 모든 산하조합에 이를 담당할 간부가 있는 것은 아니었다. 만약 국제화학노련 연구원이 이 작업을 한다면 더 오랜 시간을 거쳐야 했을 것이다.

그럼에도 불구하고, 운영을 시작한 지 몇 해가 지나자 국제화학노련의 상용 데이터베이스 이용은 '다른 어떤 국제적인 노동조합조직보다 훨씬 효율적이고 포괄적인 정보를 제공할 수 있었다'는 것이 캐터슨의 결론이었다.

동시에 국제화학노련은 이미 "다양한 전자우편 시스템을 실험하고 있었다. 많은 산하 노조들의 컴퓨터들이 서로 직접 연결되었고, MCI 메일 시스템은 세밀히 검토하기 시작했다. 그리고 최종적으로 팝텔 지오넷 시스템을 사용하기로 결정하였다."

1985년 중반경 전자우편은 국제화학노련은 소수 산하노조간, 그리고 도쿄에 있는 지역사무소간의 정규적인 의사소통에 이용되고 있었다. 1992년쯤에는 모두 30여 개의 산하노조—당시 국제화학노련 소속 노조가 235개인 것을 고려하면 이는 작은 부분에 불과하다—가 통신을 이용하였다. "우리는 산하 노동조합들이 이 시스템에 참여하도록 지속적으로 촉구했다"고 캐터슨은 지적했다. 노동운동에서 컴퓨터통신 사용을 증진시킨 국제산별노련들의 역할은 지대한 것이다. 처음에는 수십 개, 나중에는 수백 개의 조합들이 유럽에 있는 여러 국제산별조직과, 노조 서로간의 보다 나은 의사소통을 위해 통신에 접속하기 시작했다.

1980년대 후반에서 1990년대 초반까지 국제화학노련은 서울과 모스크바의 지역 사무소를 위한 전자우편함을 만들었으며, 미국을 여행중인 연맹의 사무총장을 위해 지오넷의 GEO4라는 호스트에 특별한 전자우편함을 만들기도 했다. 전자우편의 쓰임 가운데 중요한 것 중의 하나는 텔렉스나 팩스를 보내는 것이다. 물론 이것은 때로 편하기도 했지만, 확실히 비용을 절약할 수 있기 때문이기도 했다.

전자우편이 국제화학노련의 산하 네트워크를 통해 보다 흥미롭게 사용되고, 널리 전파되는 데 공헌한 경우로 데이터베이스의 검색결과를 원하는 조합측에 재전송(forwarding)한 것을 들 수 있다. 캐터슨의 지적대로, "수분 내로 정보를 얻고나서 이 정보를 국제우편으로 보내는 것은 웃기는 일이다. 브뤼셀에서 보낸 우편물이 나라에 따라서는 2~3주 후에 도착하는 경우도 있었으니까."

상용 데이터베이스가 가진 여러 가지 이점에도 불구하고 이러한 데이터베이스들이 조합원들이 요구에 항상 부응한 것은 아니었다. 노동진영은 자신들의 데이터베이스가 필요했다. 캐터슨에 따르면, 국제화학노련은 일찍부터 몇몇 산하조직들과 함께 단체협상에 관한 정보를 데이터베이스로 구축하는 작업을 시작했다. 여기에 더해—화학산업분야 노동조합에게 있어서 주된 관심사인—산업안전과 보건에 관한 데이터베이스도 구축되고 있었다.

1991년, 이미 국제화학노련 조사국(Research Department)은 연간 약 1,300건이 넘는 정보요청을 다루었다. 이 요구의 상당수는 수시간 안에 응답받았는데 이러한 신속성은 현장에서 실질적인 성과를 낳았다. 한번은 남아공 화학산별노조(Chemical Workers' Industrial Union)의 셜리 밀러(Shirley Miller)가 '남아공에 있는 토르화학(Thor Chemicals)에서 3명의 노동자가 수은중독으로 병원으로 옮겨졌고 한 명은 의식불명상태이다'라고 보고했다. "생명을 위협하는 상황에서는 해외로부터의 신속하고 상세한 정보가 대단히 중요했다. 이 노동자들의 생명을 구하기 위해 우리는 전자우편을 통해서 브뤼셀의 국제화학노련, 제네바의 세계보건기구(WHO), 미국의 작업장보건기금(Workplace Health Fund) 및 기타 전문가들과 연락을 취할 수 있었다.”

캐터슨은 전자우편의 가장 중요한 잠재적 용도는 산하조직이 요청한 정보를 배포하는 것도 아니고, 국제화학노련 사무국과 여러 사무소들간의 의사소통을 긴밀히 하는 것도 아닌, 바로 연대행동을 실천하는 것이라고 주장했다. 그러기 위해서는 전자우편 주소를 가진 산하조직들과 다른 국제노동조합조직들을 연결하는 것뿐만 아니라, 전자우편이 없이 팩스만을 사용하는 조직들과도 연결하는 것이 중요했다.

이와 같이 전자우편과 팩스를 결합한 연락명부를 만듦으로써, 국제화학노련은 1990년대 초반경 40% 이상의 산하노조를 많은 국제조직들 및 언론인들과 연결할 수 있었다. “전자우편은, 가장 효율적인 비용으로 다른 어떤 통신방식보다도 훨씬 빠르게 이를 가능케 해 주었다”고 캐터슨은 지적했다.

연맹은 또한 지오넷의 게시판을 이용해서 정보를 배포하기 시작했다. ‘국제산별노련게시판(ITS-BBS)’이라고 불리는 게시판이 지오넷에 만들어졌고, 여기에 올려지는 글들은 진보통신연합(APC) 네트워크에 자체적으로 마련된 노동 ‘토론방’에도 게시되었다. 기존에 지오넷에 있던 ‘노동’게시판도 사용되었다. 국제화학노련은 이러한 기술로 연대를 요청하는 글을 게시하고, 연맹 회의의 논의결과를 공표했으며, 산하조직에서의 성과를 알리는 데 이용하였다.

그러나 캐터슨이 보기에, 노동운동이 국제적인 수준의 네트워크로 연결된 초기 몇 년간, 온라인상의 노동관련 게시판들은 비록 일반인들이 글을 쓰고 읽을 수 있도록 공개되고 많은 다양한 조직들이 이를 이용하긴 하였지만, 실제로 매우 적은 수의 사람들만이 글을 읽었고, 국제화학노련은 물론 다른 사람들도 글을 게시하는 데 어려움을 겪는 것처럼 보였다(그는 오늘날에도 이 문제는 여전하다고 생각한다).

리차드 플린트(Richard Flint)는 런던에 본부를 두고 있는 국제운송노련(International Transport Workers’ Federation; ITF)의 통신부장이다. 1993년 당시 국제운송노련은 100여 개국 400여 노동조합의 5백만여 조합원을 대표하는 조직으로 이들 조합원은 항해사, 항만노동자, 트럭운전사, 철도노동자, 내륙수송노동자, 민간항공노동자와 관광업 종사자들로 구성되어 있다. 국제운송노련은 국제화학노련과 함께 1980년대 중반 전자우편 도입의 선구자적인 존재였다.

플린트에 따르면, 1993년 당시 '국제운송노련 산하노조 중 무시할 수 없는 수의 조직들이' 팝텔의 전자우편 시스템을 채택했다. 그러나 전자우편이 주로 쓰인 것은 국제운송노련 내부로 국한되어 있었다. 특히, 국제운송노련에서 일하는 번역사들은—예를 들면, 고텐부르크(Gothenburg)에 있는 스웨덴 번역사는—전자우편을 통해 문서편집기로 작성한 파일을 런던에 있는 국제운송노련 사무국으로 전송했다. 전자우편은 사무국으로부터 멀리 떨어져 있는 사람들과의 의사소통에 있어서 아주 효과적이었고, 노동조합, 노동연구센터에서도 쓰였으며, 심지어는 필리핀에 있는 한 항만의 목사도 이를 이용했다.

아직 많은 조합들이 통신을 이용하지 않을 당시, 전자우편의 중요한 기능은 팩스를 보내는 것이었다. 국제운송노련 산하노조 5개 가운데 4개는 팩스를 갖고 있었고, 따라서 팩스가 (전자우편에 비해) 정보를 전송하는 매체가 되었다. 팩스를 이용한 게시판들(Fax bulletins)이 노사분쟁 동안에 개발되었다. 1990년대 초 캐세이 패시픽(Cathay Pacific) 항공사에서 파업이 일어났을 때, 국제운송노련은 많은 수의 승무원들이 세계 각지 공항에서 발이 묶였다는 팩스를 받았다. "우리는 즉시 그들이 있는 해당나라의 산하 노동조합과 연락을 취할 수 있었고, 그 노동자들에게 도움을 줄 수 있었다"고 플린트는 말했다.

국제화학노련과 마찬가지로 국제운송노련도 일찍부터 온라인 컴퓨터 데이터베이스를 많이 이용한 조직이다. 국제운송노련은 전 세계의 선박과 이동기록, 그리고 소유정보를 일부 보관하고 있는 로이드 해양정보시스템(Lloyd's Seadata system)에 단체이용자계정을 갖고 있다. 알려진 바에 의하면 국제운송노련은 이 해양정보를 세계에서 두번째로 가장 많이 이용하는 사용자라고 한다. 국제운송노련에 속한 50명의 감사관들 상당수가 여기에 접속하고 있다.

플린트는 온라인을 사용하고 나서 처음 몇 년 동안을 다시 돌아보며,

국제화학노련과 국제운송노련이 함께 팝텔을 사용하기로 한 결정을 되새겨 보았다. 이는 "비록 다른 이용자가 없어서 둘이서만 이야기했던 시기가 있긴 했지만 결국 이후에 옳았던 것으로 드러난 결정이었다"고 그는 말했다.

자연발화

노동조합운동이나 사회주의 정당의 역사를 연구하는 사람에게 어떻게 이들이 전 세계에 걸쳐서 동시에 일어났는가 하는 것은 주목할 만한 일이다. 공산주의인터내셔널이 결성되기 몇 년 전까지만 하더라도 국제적인 조직가들은 없었으며, 조합이나 정당의 조직과 성장을 조정할 만한 어떠한 중앙조직도 없었다. 그러나 그들은 세계 각지에서 자라나고 발전했다.

물론 이민자들이 있었으며, 그들은 유럽에서 발아된 사상을 각기 다른 나라의 노동계급들에게 전파시켰다. 그러나 전체적으로, 노동대중은 외부의 도움이나 세계의 다른 곳에서 무슨 일이 벌어지는지에 대한 아무런 지식도 없이 그들 자신의 조직을 만들어 냈다. 시행착오는 노동계급의 조직건설을 상당부분 지연시켰지만, 한편으로는 각국의 조직들에게 근거있는 지역적 특성을 주었다.

1980년대 중반에 이르면, 범지구적 노동네트워크는 대부분 거의 동시에 지역 민중들에 기반해서 수많은 시행착오를 거치며 많은 부분 지역적 특성을 가지고서 발전하게 된다. 물론 그중에는—아시아에서와 같이—지역 노조들이 그들의 친구들로부터 약간의 도움을 받은 경우도 있다. 그러나 전체적으로는, 이러한 과정은 자연발화(自然發化)에 가까운 것이었다.

최초의 전국적 노동네트워크

1980년 당시 마르크 벨랑제(Marc Belanger)는 캐나다 최대 규모의 노동조합인 캐나다공공노조(Canadian Union of Public Employees; CUPE)가 매달 발행하는 연구조사지 ≪사실들(The Facts)≫의 편집자로 일하고 있었고 컴퓨터에 대해서 아는 것이 없었다. 캐나다공공노조의 사무실들에는 각각 한 대씩의 컴퓨터 단말기가 있었는데 이 컴퓨터는 한 사기업의 메인프레임(mainframe) 컴퓨터에 저장된 잡지 구독명부를 수정하는 데만 쓰이고 있었다. 캐나다공공노조는 이 회사의 대형컴퓨터를 빌리는 대가로 시간당 일정비용을 지불하고 있었으며, 이 회사는 자사의 사무실에서 구독자 명부를 출력해서 캐나다공공노조로 보내곤 했다. 어느 날 벨랑제는 상대방 회사측에 "공공노조가 직접 자기 사무실에서 이를 출력할 수 있는 방법은 없습니까?"하고 물어보았다. 그 회사의 대표는 "내 눈을 똑바로 쳐다보며, '없습니다. 게다가 당신이 동기식(synchronous)과 비동기식(asynchronous) 통신의 차이에 대해 알지 못하기 때문에 그 이유를 설명할 수가 없습니다'라고 말했다"고 벨랑제는 회상했다. 벨랑제는 그 회사대표를 노려봤고, 그도 역시 벨랑제를 노려보았다. "나는 그가 나를 겁주기 위해 일부러 전문적인 기술용어를 쓰고 있다는 것을 알았다. 그도 내가 이 사실을 간파했다는 점을 알고 있었다. 하지만 내가 할 수 있는 일이 전혀 없었다. 내가 둘의 차이를 모르는 것은 사실이었기 때문이다."

그러나 그는 이제 둘 사이의 차이를 알고 있을 뿐 아니라, 그보다 훨씬 더 많은 것을 알고 있다. 그 일이 있은 후 몇 년 만에 벨랑제와 캐나다공공노조에 있는 그의 동료들은 캐나다에서 최초로 개인용컴퓨터를 연결하는 노벨(Novell) 근거리통신망(LAN)을 구축했고, 이 네트워크는 후에 캐나다에서는 최초로 2개국어를 지원하는 전국적 규모의 컴퓨터 토론시스템인 연대네트워크(Solidarity Network)—솔리넷(Solinet)이라고 더 잘 알려져 있다—가 되었다. 이는 또한 최초의 전국적 노동네트워크였다.

다시 1980년으로 돌아가자. 당시 벨랑제는 컴퓨터 통신에 대해 아무것도 아는 것이 없었다. 그는 새벽 5시에 출근해서 컴퓨터통신과 컴퓨터 일반에 대해 공부하기 시작했다. "당시 나는 절대로 다시는 전문 기술용어에 골탕먹지 않겠다는 굳은 결심을 했다"고 그는 말한다. 이렇게 1년을 공부한 끝에 그는 《사실들》의 한 호 전체를 '컴퓨터와 그것이 노동에 끼치는 영향'이라는 주제로 채울 만한 수준이 되었다. 이 기획으로 말미암아 벨랑제는 몇몇 사람들에게 컴퓨터에 관한 한 자신이 무슨 이야기하고 있는지 알 것이라는 확신을 갖게끔 했다("사실 나는 다만 내가 얼마나 모르고 있는지를 알 정도만 배웠을 뿐이었다"라고 그는 털어놓았다).

 1982년 봄, 벨랑제는 캐나다공공노조의 재정담당자들의 초청을 받고 그들을 만나게 된다. 당시 조합은 자체적으로 단 한 대의 컴퓨터도 갖고 있지 않았다. 다만 천공카드를 사용하는 '비즈니스 머쉰(business machine)'이라는 이름의 기계를 쓰고 있었는데, 하드가 꽉 차 있어 더 이상 자료를 저장할 수가 없었다. 벨랑제는 "이곳에 한 직원의 기록을 추가하려면, 다른 사람의 기록을 빼야 할 형편이었다"고 회상한다. 벨랑제가 컴퓨터 전문가라고 확신한 재정담당자들은 그를 IBM의 판매원에게 소개시켰다. 벨랑제는 긴장했다. 그의 꿈은 1년 전에 출시된 신형 IBM 개인용 컴퓨터 하나를 손에 넣는 것이었기 때문이다. 그는 (마이크로 컴퓨터라고도 불리는) 여러 대의 개인용 컴퓨터들을 연결해서 미니컴퓨터(mini-computer)나 메인프레임이라고 불리는 대형컴퓨터가 수행하는 일을 해낼 수 있다고 생각했다. 당시 IBM은 벨랑제가 무슨 소리를 하는지 알지 못했고, 결국 그는 공공노조가 여러 대의 마이크로 컴퓨터를 구입해서 이것으로 네트워크를 구성해야 한다는 제안을 했다는 이유로 오타와 사무소에서 쫓겨나게 되었다.

 벨랑제는 개인용 컴퓨터와 이를 이용한 통신의 가능성에 깊은 흥미를 느꼈지만 구체적인 기술적 지식이 부족했다. 바로 이 상황에서 그는 이에 대해 잘 아는 두 명의 친구에게 조언을 구하게 된다. 이들 가운에 한 명은 캐나다 사회민주주의 정당인 신민주당(New Democrats)에서 '기술 마법사(technical wizard)[1]'로 일한 사람이었다. 그는 벨랑제와 함께 그들은 공공노조의 고위간부에게 수 차례 보고서를 작성해서 제출했다. 여기서 그들은 마이크로 컴퓨터에 관한 여러 사례를 보여주고, 기존의 IBM 미니컴퓨터가 '소멸해가는 기술'이라고 주장했다. 당시 공공노조의 위원장은 "내가 도대체 무슨 소리를 하는지 알지 못했다"고 벨랑제는 회상한다.

---

 1) '마법사(wizard)'는 컴퓨터 개발이나 컴퓨터 프로그래밍에서 탁월한 능력을 가지고 있기 때문에 마치 마법을 부리는 것과 같은 탁월한 능력을 발휘하는 사람을 지칭한다. 『컴퓨터용어대사전』, 정보문화사, 1998.

"그러나 그는 점차로 확대되고 있는 고용주들의 전산화에 맞서서 노동조합이 무언가 대담한 일을 해야만 한다는 것은 알고 있었다." 결국 벨랑제는 공공노조의 기술간부로 임명되었고, 노조의 재정과 행정업무의 전산화를 시작하도록 지시를 받았다.

그는 도움을 줄 만한 오타와에 있는 지방 소프트웨어 회사를 찾아냈다. 그가 마이크로 컴퓨터에 대해 아는 것이 있는지를 묻자, 그들은 엘리베이터를 타고 건물 지하로 내려갔다. 커다랗고 번듯한 디지털 미니컴퓨터들 사이를 지나 좁은 복도를 따라 내려가 다시 관리인 사무실을 지나자 거기에 작은 서류가방만한 크기의 마이크로 컴퓨터가 한 대 있었다. "그것은 AT&T사의 제품인지 뭔지 하는 것이었는데, 선도 제대로 연결되어 있지 않았고, 모니터도 프린터도 없었다. 그것은 혁명의 도구로서 우리에게 자신감을 불어넣기에는 역부족이었다."

그 소프트웨어 회사에는 조금은 몽상가적인 기질의 시스템 설계자가 한 명 있었는데 그는 마이크로 컴퓨터들을 서로 연결해서 하나의 컴퓨터 시스템을 만들어내었다. 당시 노벨사는 유타 주에 있는 이름도 잘 알려지지 않은 작은 회사에 불과했다. 하지만 마침내 벨랑제와 공공노조는 캐나다 최초의 노벨 근거리통신망을 구축해 냈다. "우리가 제대로 생각했던 거죠"라고 그는 이제 말한다.

마침내, 벨랑제는 노조에 컴퓨터부서를 만들었고 여기에서 급여와 일반회계원장, 지급가능 계좌, 조합비 등을 다루었다. 그러나 그가 가졌던 원래의 목표, 즉 마이크로 컴퓨터를 이용해서 통신을 하는 것은 더 이상 진전이 없었다. 자신이 선두에 서서 추진한 공공노조의 전산화계획 초반에 그는 모뎀 이용을 실험했는데, 어느 날 밤 정해진 시간에 한 친구가 그에게 전화를 걸었다. 벨랑제의 가정용 컴퓨터가 전화를 받았고, 그들은 무슨 일이 일어나는지를 보았다. 그들은 짧은, 다소 어리석어 보이는 '대화'를 나누었다. 그 통신대화는 벨랑제를 두려움에 떨게 만들었다. 순간적으로나마 전화선 맞은 편에 있는 것이 그의 친구인지 확신이 서지 않았기 때문이었다. 그 순간 그는 컴퓨터를 사용하는 사람들이 갖는 결코 잊지 못할 두려움에 관한 무언가를 배웠다.

"나는 노동운동이 모임을 만들고, 정보를 교환하며, 어려움을 의논하고 전국적으로 공통의 해결책을 모색하기 위해서 컴퓨터통신을 필요로 한다는 생각을 굳혔다"고 그는 기억한다. 하지만 말하기는 쉬워도 하기는 힘든 것이었다. 캐나다는 세계에서 두번째로 넓은 나라이며, 수천 킬로미터에 걸쳐 여러 시간대로 나누어져 있다. 공공노조만도 약 2,500여 개의 지부에, 45만여 명의 조합원을 갖고 있었다. 약 500여 명의 남녀 간부가 52개의 서로 다른 사무실에서 일하고 있었다. 1985년 "당시 나는 노동운동을 하는 우리 조합원들과 다른 많은 사람들이 서로 빠르고 효과적으로 통신할 수 있는 새로운 방법을 모색하기 시작했다. 나는 사람들을 단결하게 만드는 그런 노조를 구상하고 있었다.'

그는 교육을 받기 시작했다. ≪뉴욕타임스(*New York Times*)≫에서 알게 된 온라인 교육과정에 참여했는데 이 교육은 뉴욕에 있는 신사회과학연구소(New School for Social Research)에서 주관하는 것이었다. 학생들은 자신이 사는 곳을 떠나지 않고 그 학교의 미디어연구센터에서 수업을 받을 수 있었고 벨랑제도 오타와를 떠나지 않고 그 수업을 받을 수 있었다. 그가 수업에 처음 들어 갔을 때, 가르치는 교사는 뉴욕에 있었지만, 배우는 학생들은 영국, 프랑스, 콜롬비아, 일본, 미국 등지에 있었다. "우리가 국제적인 사안에 대해 토론하고 있을 때, 그것은 오타와 대학의 한 강좌에 앉아 있는 것과는 다른 차원의 경험이었다"고 그는 회상한다. 벨랑제는 여기서 컴퓨터를 통해 어떻게 교육을 할 수 있는지와 컴퓨터 토론의 역사에 대해 배웠다.

당시 캐나다의 전화회사들은 엔보이-100이라는 서비스를 제공하고 있었다. 이 서비스에 대해서는 우리는 이미 브리티쉬컬럼비아의 사례를 들어 이야기했다. 그러나 그 서비스에서는 전자우편 기능은 지원이 돼도 토론방 기능은 제공되지 않았다. 토론을 위해서는 다른 참가자들이 접근할 수 있도록 공유된 메시지 보관소가 필요했다. "나는 노동조합의 일이 거의 대부분 집단적인 작업이라는 점을 고려해서 전자우편기능을 부가적으로 갖춘 진정한 토론시스템을 원했다"고 벨랑제는 말했지만, 그러한 시스템이 있는지 없는지 확인할 길이 없었다.

어느 날, 그는 병원에 가서 주치의를 만났다. 그녀는 핵전쟁 방지를 위한 캐나다의사연합(Canadian Physicians for the Prevention of Nuclear War)에서 일하고 있었는데 그 모임의 성원들은 거의 얼굴을 마주할 기회가 없었음에도 불구하고 궬프대학(University of Guelph)에 있는 컴퓨터 프로그램을 이용해서 통신을 하고 있었다. 2주 후, 벨랑제는 그 대학을 찾았고 코지(CoSy)라는 이름의 컴퓨터 토론시스템에 관해 이야기를 나누었다. 몇몇 교수들은 이미 이 시스템을 이용해서 그들 수업의 일부분을 가르치고 있었는데 그것이 바로 벨랑제가 찾고 있었던 것이었다.

하지만 거기엔 한 가지 빠진 것이 있었다. 바로 코지가 영어로만 작동한다는 것이었다. 이에 따라 하나는 영어로, 다른 하나는 불어로 작동하는 두 개의 코지 프로그램이 디지털 마이크로 백스(Digital Micro Vax) 컴퓨터에 있는 메시지 파일들을 서로 공유하면서 작동하도록 만드는 작업에 들어갔다. 이 작업이 끝나면서 "우리는 2개 국어가 지원되는, 캐나다 최초의 전국적 컴퓨터 토론 시스템을 개발하게 된 것이다. 우리는 이 시스템의 이름을 연대네트워크(Solidarity Network)라 지었고, 줄여서 솔리넷이라고 불렀다"고 벨랑제는 말했다.

하지만 물론 거기엔 네트워크가 없었다. 소프트웨어가 들어 있는 단 한 대의 컴퓨터만 있었을 뿐이다. 네트워크는 벨랑제와 그의 동료들이 어렵사리 만들어낸 하드웨어와 소프트웨어를 사용할 사람들로 이루어질 것이기 때문이다. 벨랑제는 우선 모든 공공노조 사무실에 모뎀을 들여 놓았다. 이미 마이크로 컴퓨터의 사용법을 교육받은 사무직원들이 솔리넷의 사용법을 배웠고, 그 다음에는 그들이 동료들을 가르쳤다. 오타와에서 벨랑제는 솔리넷을 운영할 팀을 모았고, 여기엔 조합의 선전업무 담당자, 교섭전문가, 그래픽 디자이너, 그리고 고용보조프로그램의 책임자 등이 포함되었다. 벨랑제는 그들에게 컴퓨터 토론의 기본을 가르쳐 주었고, 이 위원회는 두 달여 동안 솔리넷을 이용해서 회의를 가졌다. 그들은 이제 서로에게 이 신기술을 어떻게 각자의 업무에 적용시킬 수 있을지에 대해 가르치기 시작했다. 이 당시만 하더라도 제일 흥미로운 사건은 그들 중 하나—그래픽 디자이너—가 호텔 방에서 솔리넷에 전화를 걸어 접속한 것과 같은 것이었다. 이런 작은 일들이 1980년대 중반에는 꽤나 재미있는 일이었다.

벨랑제는 이미 솔리넷이 공공노조 내부의 네트워크 이상이 될 수 있다는 생각을 꾸준히 하고 있었다. "나는 솔리넷이 개인이나 조합, 다른 조직 모두 접근할 수 있는 공공 시스템이 되기를 원했다"고 그는 말했다. 그는 이 네트워크를 알리기 위해 유인물과 홍보책자를 제작해서 뿌렸고, 소개를 위한 워크숍을 갖기도 했다.

최대한 빠른 시일 내에 가능한한 많은 사람들이 통신에 접속할 수 있도록 하는 것이 중요한 문제였다. "컴퓨터 토론시스템을 운영해 본 사람들은 누구나 금방 알아차리듯이, 가장 중요한 조직의 원칙은 임계 사용자수(critical mass of users)[2]를 확보하는 일"이라고 그는 말한다. 사람들이 거의 들어오지 않는 시스템에는 들어왔던 사람들도 다시 오지 않는다. 성공하기 위해서 솔리넷은 동시에 시스템을 사용할 많은 수의 사용자들을 확보할 필요가 있었던 것이다.

벨랑제는 기술의 변화에 관한 캐나다 최초의 전국 토론회를 개최하기로 결심했다. 그것도 솔리넷을 이용한 온라인상에서. 그는 이 주제에 관심 있는 사람들은 마이크로 컴퓨터를 갖고 있을 확률이 높다고 판단했고, 한편으로는 그 주제 자체가 흥미롭기도 했다. 그는 캐나다정책대안센터(Canadian Centre for Policy Alternatives)에서 후원자를 찾았다. 토론회는 1988년 12월에 시작해서 두 달 동안 진행되도록 일정을 짰다. 그는 "그 일정이 사람들에게 충격을 주었다"고 회상한다. "두 달이라고? 당신이 두 달짜리 토론회를 계획하고 있단 말이요?" 그러나 벨랑제가 생각했던 것처럼 컴퓨터 토론의 시간은 현실에서의 그것과 달랐다. 그 두 달 동안 150명의 사람들이 논의에 참여했다. 그들은 캐나다 각지에서 참여했으며, 대부분 한번도 얼굴을 본 적이 없었던 사람들이었다. "사람들이 동일한 모

---

2) '임계 사용자수(critical mass of users)'란 네트워크의 발전과정을 설명하는 데 있어서 중요한 개념이다. 즉, 일반적으로 네트워크에는 그것이 가치있는 네트워크로 인식되고 많은 사람들이 참여할 수 있도록 유인하기 위한 최소의 사용자수가 있는데, 이를 임계 사용자수라고 한다. 네트워크가 발전하느냐, 사라지느냐, 유명무실화되느냐는 바로 이 임계 사용자수를 넘을 수 있고 없고에 일단 달려 있으며, 이 수를 넘으면 보다 더 많은 사람들이 네트워크에 참여함으로써 네트워크 스스로 성장하게 되는 것이다. 한국전자통신연구소, 『유니버설 서비스』 참조.

임시간을 정하지 않고도 통신을 할 수 있도록 해 주는 이 능력이 바로 비동시적 통신(asynchronous communications)으로 알려지게 되었다"고 벨랑제는 말한다.

토론회는 솔리넷의 명성을 높이는 데 기여했고, 래리 쿠엔과 브리티쉬컬럼비아교사연맹이 엔보이-100 기술을 버리고 솔리넷과 연결하도록 결정하는 데도 기여했다. "솔리넷을 보다 창의적으로 사용할 수 있는 많은 전략들이 바로 래리와 그가 조직한 사람들에게서 나왔다"고 벨랑제는 회상했다. 브리티쉬컬럼비아교사연맹 덕분에 솔리넷은 더 이상 공공노조 내부 시스템이 아니라, 더 폭넓은 캐나다 노동운동의 개방된 시스템이 될 수 있었다.

이제 브리티쉬컬럼비아교사연맹은 솔리넷을 이용해서 단체협상에 관한 협의를 하고 온라인 소식지를 만들어내며, 심지어 온라인으로만 '만나는' 위원회까지 운영하게 되었다. 초기에 솔리넷에 참여한 또 다른 단체는 각 노조지부의 소식지 편집자들로 구성된 캐나다 노동매체연합(Canadian Association of Labour Media; CALM)이었다. 노동매체연합은 솔리넷을 이용해서 각 편집자들에게 매달 모아진 뉴스들을 전송했고, 이것들은 다시 타이핑을 하지 않고도 바로 소식지 제작에 이용할 수 있었다. 노동매체연합에서 일하는 직원은 초기의 '재택근무자'였다. 그는 토론토 북쪽에서 200km 떨어진 마을에 살면서도, 그의 집과 두 아이들을 떠나지 않고 노동매체연합 집행위원회에 참석했으며, 뉴스모음을 전송하는 등의 일을 할 수 있었다.

그로부터 몇 년 동안, 솔리넷은 수십 개의 온라인 토론방을 개설했다. 그중에는 제한된 기간 동안 이루어지는 특별 토론방도 있었고, 기간제한 없이 항시적으로 열리는 것도 있었다. 특별 토론방에서는 자유무역, 평등임금, 고용의 평등 등의 주제와 러시아나 미국의 노동운동과 같은 국제적인 사안들이 토론되었다(6장 참조). 항시적인 토론방에서는 앞의 장에서 언급했듯이 광범위한 사안들이 토론되었다. 초기에 시도했던 농담 게시판(jokes conference)은 완벽한 실패작이었다. "한 사람의 농담이 다른 이에게는 성차별적인 표현이 될 수 있었다"고 벨랑제는 말했다. 토론 가운데는 사회자(moderator)가 있는 것도 있었고, 없는 것도 있었다. 또한 어떤 내용이나 토론할 수 있는 라운지(Lounge)라는 이름의 일반 토론장도 있었다. 벨랑제가 한번은 라운지에서 토론될 수 있는 주제들을 나누려고 하자, 사용자들은 이에 반발했다. 그는 이를 보면서 솔리넷이 이제 하나의 공동체가 되었다는 것을 깨닫게 되었다.

그 공동체—최초의 전국적인 노동네트워크—가 이제 약 십여 년이 넘게 되었다. 5장에서 이에 관한 이야기를 더 해보도록 하자.

노동네트워크에서 상고넷까지

십 년 전 남아공의 진보세력들과 노조활동가들은 최초이면서 가장 중요한 노동네트워크(labournet) 중의 하나를 출범시켰고, 이는 오늘날까지 노동네트워크(WorkNet)라는 이름으로 존재한다. 성공과 실패가 뒤섞인 노동네트워크의 초창기를 들여다보는 것은 많은 이유에서 흥미있는 일이다. 우선, 남아공의 노동네트워크 경험은 남아공이 전형적인 개발도상국이 분명 아니었음에도 불구하고 여러 가지 면에서 개발도상국 사례의 전형적인 모습을 보여준다. 둘째로, 노동네트워크는 고도로 억압적이고 늘 경찰의 감시가 행해지는 사회에서 생겨났는데 그 사실은 중국 같은 나라에서 독립적으로 활동하고 있는 노조활동가나 인권활동가들에게 의미를 준다. 셋째로, 노동네트워크는 새롭고 민주적인 남아공으로의 이행이라는 문제와 노동조합과 정당 등의 조직건설이라는 문제를 놓고 씨름을 해야만 했다. 따라서 남아공 노동네트워크의 경험과 현재 동유럽과 구소련에서 민주적인 노동운동을 건설하기 위해 노력하는 사람들의 경험 사이에는 분명 유사점들이 존재한다.

남아공에서 인종차별적인 체제가 종말에 이르는 몇 년 동안, 이곳에 노동운동을 위한 온라인 네트워크가 만들어지게 된 두 가지의 사건이 있었다. 그 중 하나는 전적으로 우연이었다. 1986년 노동네트워크의 창립자 중 한 사람이 영국유학에서 돌아온 것이다. 이미 당시 영국에서는 '노동정보통신'이 팝텔 주위로 힘을 모으기 시작했으며, 노동네트워크의 태피 애들러(Taffy Adler)의 표현대로 '지오넷의 놀랄 만한 세계'에 관한 이야기가 꽃을 피우고 있었다. 그 해 5월, 우연히도 활용가능한 기기에서 작동될 만한 소프트웨어가 구해졌고, 남아공의 요하네스버그와 영국에 있는 GEO2라는 이름의 지오넷 호스트컴퓨터간에 '시험적이면서 좌절감만을 안겨준' 최초의 연결이 이루어졌다.

그 해 말, 남아공의 한 프로그래머(당시 새로 창간한 좌파 신문인 ≪위클리 메일[*Weekly Mail*]≫의 자문역으로 일하던)가 전자우편과 전자게시판 기능을 지원하는 소프트웨어를 만들었고, 이것이 남아공 노동네트워크의 기반이 되었다. 최초의 사용자는 ≪위클리 메일≫의 기자들이었다. 그들은 새로운 컴퓨터 통신기술의 풍부한 잠재력과 씨름했고 마침내 그것을 이용하는 데 성공한 최초의 남아공인들이 되었다(≪위클리 메일≫은 십 년이 지난 지금도 여전히 노동네트워크에 연결되어 있다. 이 신문의 과거 기사들은 노동네트워크를 계승한 상고넷의 웹사이트를 통해 볼 수 있다).

시간이 지나면서 노동조합 연구프로젝트(Trade Union Research Project), 국제노동연구정보단(International Labour Research and Information Group), 여러 노동조합의 연구조사담당자들, 응용법학연구센터(Centre for Applied Legal Studies)의 문서센터, 남아공교회협의회(South African Council of Churches)의 도서·연구조사센터, 남아공 노동게시판(South African Labour Bulletin), ≪브리에(*Vrye*)≫와 ≪신국가(*New Nation*)≫ 등의 독립적인 신문들이 이 네트워크에 참여했다. 10여 개 이상의 노동조합이 온라인에 들어왔는데, 이 가운데는 남아공노조회의(COSATU)도 포함되어 있었다. 1992년이 되자, 노동네트워크는 노동조합, 발전, 미디어, 인권, 문서, 환경, 학술, 평화 네트워크 등에 모두 180여 사용자를 모으게 되었다.

피터 워터만의 표현대로, 남아공 노동네트워크는 "우리에게 컴퓨터를 통한 국제노동통신(International Labour Communication by Computer; ILCC)의 발전에 있어서 대안적인 행위자들간의 높은 수준의 협조를 보여주는 좋은 사례가 되었다. 또 이들은 새롭고, 대중적이며, 전투적이고 좌파 민족주의적인 노동운동과 긴밀하게 연결되어 있었다."

노동네트워크는 팝텔·지오넷과 진보통신연합(APC)으로 나누어진 전 세계적인 분할상황에서 통일을 이루려는 노력을 했다. 이를 위해 남아공 노동네트워크는 진보통신협회의 영국지부 네트워크인 그린넷(GreenNet)과도 연결하였으며, 또 런던에 있는 지오넷과도 연결을 하였다. 그 결과 노동네트워크의 사용자들은 두 시스템에 있는 200여 개의 토론을 모두 이용할 수 있었다. 그러나 남아공 노동네트워크가 최우선으로 삼은 일은 남남간(south-to-south)의 통신, 특히 남부 아프리카 아대륙 안에서의 커뮤니케이션이었다. 1990년대 초반에 이미 노동네트워크는 인터넷에 연동되었다. 당시까지만 해도 대부분의 네트워크는 학술적인 컴퓨터네트워크로 간주된 인터넷에 접속한다는 생각에 대해서 폐쇄적인 반응을 보였다.

남아공 노동네트워크의 선구자들은 억압적이고 인종차별적인 체제하에서 일함으로써 '경찰의 감시와 간섭으로부터 살아남도록' 강요받았다. 그들은 이 때문에 눈에 띄지 않도록 항상 조심했고, 수시로 가해지는 전화선의 절단과 내용에 대한 검열위협에 맞서 싸워야만 했다. 이들의 이런 경험은 오늘날 조금씩 인터넷을 개방하고 있는 억압 정권 밑에서 일하는 독립적인 노조활동가들에게 분명 관심을 끄는 대목일 것이다.

노동네트워크는 몇 가지 작은 성공을 거두었다. 노동네트워크는 각 지역의 반대집단들과 매체—특히 ≪위클리 메일≫—간의 정보 교류가 지속되도록 했고 노동조합들도 이러한 정보흐름에 동참했다. 초국적기업의 각기 다른 공장들에서 임금에 관한 정보가 올라왔다. 남아공이 설계를 모방한 프랑스 발전소에서 제기된 보건과 안전문제에 대한 정보 또한 교류되었다. 또 유엔으로부터 나온 인권 관련 정보가 널리 알려지기도 했다.

노동네트워크가 거둔 성공의 한 예는 모빌 석유(Mobil Oil)사의 투자철회를 위한 운동중에 일어났다. "이미 우리가 앞서고 있는 분위기였다. 우리는 전자우편을 활용, 세 대륙에서의 시위, 회합, 정보를 조정함으로써 우리가 최첨단 기술에 능숙해 있음을 널리 알렸다. 전자통신이 사람들과 노동운동, 노동조합들을 연결하는 우월하고 저렴한 방식임이 드러났다"라고 애들러는 썼다.

남아공 화학산별노조(CWIU)의 한 대의원은 1992년 노동네트워크가 유럽에 있는 국제산별노련과 연결됨으로써 만들어진 결과들에 대해 언급한 바 있다. 이 노조지부는 남아공에서 초국적기업들과 관련한 많은 고통스런 파업이 일어났던 사실을 주목함으로써, "초국적기업과 그들의 해외 운영, 그리고 제안되고 있는 기업인수 등에 관한 최신 정보를 수집할 수 있었고 국제화학노련을 통해 그 기업의 모국에 있는 자매노조들과 접촉할 수 있었다. 이들 조합으로부터의 압력은 남아공에서의 투쟁에서 많은 도움이 되었다."

1980년대 남아공 대부분의 운동조직들이 그러했듯이, 노동네트워크도 해외에 본부를 둔, 인종차별을 반대하는 조직들로부터 재정 지원을 받았다. 때때로 이 지원금은 컴퓨터 장비를 구입하고 사용하는 조건으로 주어졌는데 이런 장비가 늘 제대로 작동한 것은 아니어서 몇몇 최첨단 컴퓨터 하드웨어는 노조사무실에서 먼지만 뒤집어 쓰고 있기도 했다. 워터만의 언급대로, 남아공 노동네트워크의 대표자들은 "북반부[3]에 있는 지원자들과의 애매한 관계에 대해 상당히 알고 있거나(매우 공개적이거나)—혹은 양자 모두—였다."

노동네트워크는 또 민주적인 컴퓨터통신 네트워크를 어떻게 운영할 것인가에 대한 문제도 풀어야만 했다. 우선, 노동네트워크의 창립자들은 네트워크를 이용하는 다양한 조직의 대표들이 이 네트워크를 직접 운영하는 것이 최선의 방안이라고 생각했다. 그러나 이것은 잘되지 않았으며 결국 노동네트워크를 독립적인 단체로 운영하자고 의견을 모았다. 운영진은 노조, 교회, 미디어, 주택, 정보처리 분야 등에서 상근자로 일하고 있는 활동가들로 구성되었다. 이 방식이 진정으로 사용자들의 이해를 대변하는지에 관한 문제는 자유시장이 해결되게끔 되어 있다. 애들러가 말했듯이, "보다 많은 비정부기구(NGO)들이 참여한다면, 우리가 목표로 삼고 있는 공동체의 필요에 진정으로 부합하는 것이 되며, 우리는 자연스럽게 그 공동체의 대표성을 획득할 것이다."

분명 남아공 노동네트워크가 그 공동체를 '대표하는 데' 있어서 완전한 성공을 거둔 것은 아니다. 남아공에서 노동운동이 전자우편을 사용한 최

---

3) 서유럽.

초의 비정부기구였음에도 불구하고, 남아프리카 노동게시판(South Africa Labour Bulletin)의 모리스 스미서스(Morice Smithers)에 따르면, 1990년대 초반경 '남아공 노동운동은 다른 어떤 비정부기구 부문에 비해서 전자우편 사용정도가 낮았다'. 스미서스는 당시 노동조합이 컴퓨터통신을 사용하는데 있어서 5가지 정도의 장애물이 있다고 생각했는데, 아마도 이것들은 다른 많은 나라들도 마찬가지일 것이다.

- 기술에 대한 두려움. '남아공의 많은 사람들은 여전히 컴퓨터 기술에 대해 두려움을 갖고 있다. 그것은 교육을 많이 받았든 못 받았든 관계없다'는 것이 스미서스의 지적이다.
- 익숙하지 않은 기술. '사용하기 쉽지 않은 하드웨어나 소프트웨어는 쓰이지 않을 것이다.' 노동네트워크가 상고넷이 된 1993년에 이르러 드디어 보다 사용자 편의로 된 소프트웨어가 나왔고, 비로소 남아공 노조회의가 사용하던 운영체계와도 호환이 되었다. '사람들은 전자우편이 팩스를 쓰는 것만큼 편해야만 팩스를 대신해서 전자우편을 사용할 것'이라고 스미서스는 결론 내렸다.
- 기술을 다룰 능력의 부족. 오직 남아공 '노동조합 내의 소수의 사람들'만이 컴퓨터통신을 쓸 수 있는 기술을 가지고 있었는데, 그들이 다른 사람들에게 그 기술을 전해주기 위해 필요한 시간이나 책임감을 반드시 갖고 있던 것은 아니었다.
- 출력된 정보를 다룰 능력의 부족. 새로운 기술은 빠른 속도로 다량의 정보를 산출하고 있었다. 스미서스가 인용한 어느 남아공노조활동가의 말에 따르면, '사람들은 자기 책상 위에 올려지는 몇 장의 서류를 다룰 시간조차 없다. 그런데 어떻게 모뎀을 통해 홍수처럼 밀려드는 정보에 대처할 수 있겠는가?'
- 다른 일들이 우선순위를 갖는다. 많은 노동운동 지도자들이 컴퓨터통신의 필요성에 대한 인식을 갖고 이용에 대한 지원을 하고 있지만, 그럼에도 불구하고 '그들의 희망 섞인 기대와는 반대로 그들이 가진 실질적인 일의 우선순위에서 늘 뒤로 밀리곤 한다.' 그러므로 새로운 기

술은 '그들이 시간이나 돈을 투자할 만한 여유가 없는 사치인 셈이다.'

스미서스는 전국노동조합 중앙조직인 남아공노조회의의 예를 든다. 남아공노조회의는 노동네트워크가 만들어지기 1년 전인 1985년 만들어졌다. 남아공노조회의는 컴퓨터를 갖고 있긴 했지만 시스템을 설치한 직원도 조직을 떠났고 이런저런 이유로 시스템을 거의 사용하지 않았다. 노조회의의 지부들도 ≪남아공노조회의 뉴스(*COSATU News*)≫를 공동으로 만들기 위해 전자우편을 사용한 적이 있었지만 그나마 그 정간물의 출판이 멈추자 중단되었다. '남아공노조회의 산하노조들 가운데 극소수만이 전자우편을 사용한다'고 스미서스는 썼다. '전자우편을 이용하는 노조들에서도 그 쓰임은 대체로 본부들 사이로만 한정된다.' 다른 비정부기구들이 이미 전자우편을 쓰고 있었기 때문에, 노조도 그들과 통신하려면 그것을 써야만 했다. 이 경우를 제외하면 중요한 쓰임새는 남아공의 노동조합과 유럽에 있는 국제산별노련들과의 통신에 있었다. 한 예로 특히 금속노동자들의 조합인 남아공전국금속노조(NUMSA)와 화학노동자들의 조합인 화학산별노련을 들 수 있다.

"노동네트워크는 작게 시작했지만, 빠르게 성장했다. 그러나 늘 정보원의 부족에 시달려야 했다… 노동네트워크의 사용자 기반은 여전히 작았고, 제대로 이용되지 못했다"고 스미서스는 결론지었다.

수 년이 지난 지금까지도 몇몇 남아공 노조활동가들의 입에는 여전히 씁쓸한 맛이 남아 있다. 전국광산노조(National Union of Mineworkers; NUM)의 마틴 니콜(Martin Nicol)의 말로는 노동네트워크가 전자우편을 '미래라고 과대선전하였다.' 하지만, '그것은 사용하기도 어려웠고, 신뢰하기도 힘들었다.' 모든 노동조합들이 모뎀을 사고 네트워크에 들어오느라 돈을 지불했지만, 그의 회상에 따르면, 그들은 '그 기술을 실제로 사용할 수 없었다.'

한편 남아공은 하나의 혁명을 경험했다. 인종차별정책이 무너지고, 새롭고 민주적인 국가가 탄생한 것이다. 전 세계적인 흐름과 마찬가지로 남아공의 노동운동도 단지 또하나의 비정부기구가 되었다. 그리고 워크넷은 개발자원센터(Development Resources Centre)와의 협력하에 상고넷 (SANGONeT)이 되었고, 태피 애들러가 썼듯이, '근본적으로 불평등한 우리 사회의 사회경제 발전을 위해 일하는 시민사회의 여러 단체들 사이 에서' 노동네트워크의 자리를 대신하게 되었다. 이후에 전개된 상황에서 대해서는 우리는 이 책의 5장에서 살펴볼 것이다.

팝텔과 아시아의 국제산별노련들

홍콩에 있는 아시아감시자원센터(Asia Monitor Resource Centre; AMRC)는 미국에서 온 급진적인 기독교인들에 의해 창설되었다. 이 단체 는 많은 대안적인 문서조사 서비스 가운데 하나로서, 특히 아시아에 진출 한 초국적기업의 활동에 초점을 맞추고 있으며, 『아시아노동감시(*Asia Labour Monitor*)』를 출간하였다. 컴퓨터에 친근한 미국인들과 동아시아의 저렴한 컴퓨터들 덕분에, 이 센터는 워터만의 표현대로 범지구적 노동네 트워크에서 '중요한 행위자'가 되었다. 그에 따르면, '아시아감시자원센터 의 신규채용정책의 결과'—인도, 남아공, 서인도제도 등지에서 온 개인들 을 포함하여—'많은 제3세계 전문가들이 훈련받을 수 있는 기회를 얻게 되었으며, 이들과 더불어 제1세계에서 온 사람들 사이의 상호작용과 교류 의 확대를 가져왔다.'

아시아감시자원센터의 데렉 홀(Derek Hall)은 전자우편이 전화가 발명 된 이래 가장 의미있는 통신수단이긴 하지만, 아직도 많은 문제점을 갖고 있다고 강조했다. 전자우편은 이용하기 비싸며, 특별한 기술을 필요로 하 고, 주소록이나 안내책도 없으며, 사용자의 편의도 고려되어 있지 않다는 것이다. 홀은 또 대안적 네트워크들간의 파괴적인 경쟁도 지적했다. 그는 워터만이 '전자우편은 제3세계 안에서뿐만 아니라 보다 널리 조합들과 노 동자들 사이에서도 사용되고 발전할 가능성에 대한 냉정한 전망'이라고 부른 바를 생생하게 표현하였다.

잭디쉬 패릭(Jagdish Parikh)은 1987년에 1988년까지 아시아감시자원 센터에서 일한 진행자 중의 한 사람이었다. 당시 그들은 GEO2라는 지오 넷의 호스트컴퓨터를 통해 아시아 각지의 국제화학노련 산하 조직들이 영국에 있는 팝텔의 전자우편을 이용할 수 있도록 작업하고 있었다. 이 작업에는 국제운송노련과 국제식량노련 같은 다른 국제산별노련들도 관여했다. 당시만 하더라도 진보통신연합은 막 새로 생겨난 처지였고, 그로부터 6년이 지나도록 아시아에는 산하네트워크가 없었다.

패릭에 의하면, 그로부터 최근까지 팝텔을 선택했던 많은 아시아 노동조합들이 팝텔을 떠났으며, 결국 팝텔이 아시아에서 기울인 노력은 위축되었다고 한다. 패릭은 아시아의 노동운동이 컴퓨터통신의 사용에 대해 보다 많은 것을 배웠다고 말한다. 그러나 여전히 '무엇이 아시아에 알맞는 것인지' 혹은 그 동안 무엇을 이뤘는지에 대해 진정으로 아는 사람은 많지 않다고 그는 강조한다.

팝텔의 창립자인 데이브 스푸너도 한때 동남아시아에서 일했다. 그에 따르면, 필리핀에서는 이미 컴퓨터통신에 대한 관심들이 있었다. 그의 일은 '각국 산하 노조들로 하여금 모뎀을 사용해서 전자우편에 접속하고 유럽이나 다른 곳과 통신할 수 있도록 도와주는 것'이었다.

플록스, 포르칸트 그리고 투딕

1988년 강력한 덴마크의 노동운동은 이미 컴퓨터통신을 실험하기 시작했다. 그들의 처음 계획(플록스)은 미델파르트(Middelfart)군(郡)에서 처음 시작했다.

사회민주당원이었던 30명의 노조활동가들에게 통신 가능한 포타콤(Portacom) 시스템을 이용한 단말기들이 주어졌다. 그러자 과거 상대적으로 말수도 없고 소극적이었던 사람들이 자신들의 활동력과 영향력을 신장시키기 시작했다. 덴마크노총(LO)의 고든 매컬파인(Gordon McAlpine)은 '참가자들간의 사회적 관계가 강화되었고, 이는 예상치 못한 결과였다'고 지적했다.

1년 후, 덴마크 노총은 포르칸트(FORKANT)라는 보다 야심찬 계획을 시작했다. 동일한 컴퓨터 시스템을 이용해서, 퓐(Fyn)섬에 있는 70명의 지역 조합원들을 연결시킨 것이다. 이들 대부분은 컴퓨터를 사용해 본 경험도 없었고 교육수준도 높지 않았다. 이런 점을 고려하여, 조합은 당시로서는 가장 사용하기 쉬워 보이는 애플사의 매킨토시 컴퓨터를 구입했고 컴퓨터를 사용해 본 경험이 있는 사람들에게는 개인용 컴퓨터를 주었다. 그들이 컴퓨터를 사용할 수 있도록 모든 사용자들에게 문서작성 소프트웨어와 스프레드쉬트 소프트웨어를 주었다. 이 계획은 이후 커다란 성공을 거두게 된다. 이 계획의 실제 강조점은 컴퓨터통신을 시험하는 것이었지만 덕분에 사무 업무도 보다 효율적으로 처리할 수 있게 되었다.

전자우편은 즉시 이용되었지만, 솔리넷이나 다른 네트워크에서 성공적이었던 토론방 기능은 잘 이용되지 않았다. 매컬파인은 사용자들이 이 시스템을 어떻게 이용해야 하는가 하는 문제에 대한 토론에 충분히 참여하지 못했기 때문이라고 생각했다.

덴마크의 조합원들이 발견한 또 다른 문제점은 노동운동 전반에 보편적인 관련성을 가졌다. 즉, 컴퓨터를 통해 토론방이나 토론그룹에 참가하려면 누구나 글을 써야 하는데 이렇게 "글을 써서 의사소통한다는 것이 많은 사용자들에게는 어려운 점이었던 것이다. 그리고 이는 개방적이고 폭넓은 논쟁을 가로막는 요소가 되었다"고 맥컬파인은 지적했다. 이러한 문제점은 다른 네트워크들에서는 지적되지 않은 문제이다. 특히 캐나다의 네트워크에서는 더구나 그러했는데, 이는 아마도 그 네트워크가 교사들(브리티쉬컬럼비아교사연맹)이나 사무직 종사자들(캐나다공공노조)과 같은 사용자들에 기반을 두고 있었고, 이들은 덴마크의 사용자들보다 높은 교육수준을 가졌기 때문이라고 볼 수 있다.

6장에서는 컴퓨터 네트워크의 국제적 이용을 논의하면서, 덴마크에서 벌어진 실험의 세번째 단계인 투딕(TUDIC) 계획에 대해 많은 이야기를 할 것이다. 여기서는 다음 사실만 언급하고 끝맺도록 하겠다. 1990년 가을, 덴마크노총은 영국 노동조합회의와 스웨덴노총의 협력하에 온라인을 통한 노동자교육에서 매우 독특한 실험인 바로 이 계획을 시작하게 된다.

전환점

한 연구에 의하면, 1989년에서 1990년까지 전 세계적으로 적어도 180개의 노동조직이 통신을 이용하고 있었다고 한다. 1990년에 실시된 또 다른 조사는 70개 주요 노동조합 조직들이 다양한 형태의 전자우편을 이용하고 있다는 것을 보여 준다. 국제자유노련은 전자통신의 가치가 '분명하게 확립되었다'고 선언하였다.

같은 해인 1990년, 전 세계에서 온 약 50명의 사람들이 네덜란드의 에페(Epe)에서 열린 한 회의에 참가했다. 에페 회의 참가자들 가운데는 진보통신연합에서 온 대표단도 있었는데, 이들은 곧 노동네트워크를 출범시킬 채비를 하고 있었다. 많은 노동운동 지원단체의 대표들이 회의에 참석했고, 남아공이나 한국의 새로운 노동운동 대표들도 참여했다. 국제화학노련 역시 대표를 파견했는데, 기존의 전통적인 국제노동조합조직이 이 같은 회의에 대표를 파견한 것은 처음 있는 일이었다.

노동부문 회의가 개최되었고, 여기서 노동운동 진영 속에서 전자우편을 사용하는 사람들끼리의 국제회의를 열자고 결의했다. 피터 워터만에 의하면, '이 결정이' 1992년 맨체스터에서 열린 노동운동과 컴퓨터통신에 대한 회의로 이어졌으며, '여기에는 전통적 노동조합들이 수적으로나 양적으로 상당히 많이 참여했다'. 이는 완전히 새로운 것이었다.

한편, 에페 회의와 맨체스터 회의 사이에, 일군의 사람들이 오늘날 IGC노동네트워크(LaborNet@IGC)로 알려진 노동네트워크를 출범시키기로 결정했다. 진보통신연합의 미국측 산하네트워크로 샌프란시스코에 본부를 둔 국제통신협회(Institute for Global Communications; IGC)의 사용자들은 전자통신의 잠재력을 노동운동 분야에서 탐색해 보고자 했다. 이전에 아시아에서 팝텔을 확산시키기 위해 일한 적이 있던 잭디쉬 패릭에 따르면, 범지구적 노동자연대의 가능성을 증진시키는 것이 이 집단의 가장 중요한 관심사 중 하나였다.' 우선 이들은 IGC네트워크에 있는 기존의 사용자들과 접촉했다. 당시 IGC네트워크는 주로 환경, 평화, 여성문제에 초점을 맞추고 있었다. 이들은 노동문제에 관심을 가진 사람들을 찾아냈고, 그들에게 필요한 것이 무엇인지 조사를 벌였다. 이들의 노력으로 IGC네트워크 안에 노동관련 토론들이 점차 늘어났다. 그들은 기존의 노동조합체계와 연계되어 있는 팝텔/지오넷과 보다 많은 정보를 공유하기 위해 노력했다. 패릭에 따르면, 정보의 흐름은 기술적인 어려움들로 인해 (IGC에서 지오넷으로) 한 쪽 방향으로만 이루어졌다. 노동네트워크를 만든 사람들은 노동문제에 대해 관심을 표시하는 사용자들에게 특별한 지원을 제공하기도 했다. 그러나 IGC노동네트워크가 공식적이고 독립적인 하나의 네트워크로 자리잡은 것은 1994년이 되어서이다.

1992년 4월 14일, 전 세계 모든 대륙의 20여개국을 대표하는 90여 명의 노동운동가들이 맨체스터에 있는 한 노동조합대학에 모였다. 아프리카(남아공, 가나, 카메룬), 아시아(필리핀, 한국, 인도, 싱가폴), 남아메리카(멕시코, 브라질, 우루과이) 등지에서도 왔고 미국, 캐나다, 오스트레일리아, 뉴질랜드에서도 대표단이 왔다. 물론 참가자 대부분은 유럽 즉, 영국, 아일랜드, 벨기에, 네덜란드, 이탈리아, 핀란드, 덴마크, 스위스에서 온 사람들이었다. 또 새롭게 자유화된 노동조합운동이 일어나고 있는 러시아와 헝가리에서 온 참가자도 있었다.

그 자리에 온 사람들은 노동정보통신이라는 분야에서는 다들 개척자들인 셈이었고, 남성이든 여성이든 모두 십여 년이 넘게 이 분야에 매달린 사람들이었다. 이들 가운데는 팝텔의 데이브 스푸너, 브리티쉬컬럼비아교사연맹의 래리 쿠엔, 캐나다 솔리넷의 마르크 벨랑제, 국제화학노련의 짐 캐터슨, 국제운송노련의 리차드 플린트, 남아공 노동네트워크의 태피 애들러 등이 있었고, 새로운 국제주의 통신의 이론가인 피터 워터만도 참석했다. 회의의 조직은 이미 이 당시에 노동운동과 컴퓨터통신에 대해 축적된 경험을 쌓고 있었던 이들이 맡았는데, 팝텔, 남아공 노동네트워크, ≪국제노동보고≫, 국제화학노련 등이 그들이었다.

회의는 전자우편을 통해 조직되었다. 영국, 홍콩, 벨기에, 미국, 남아공에 각각 거주하고 있었던 조직책임자들은 전자우편을 통해서 의사소통을 계속할 수도 있었지만, 얼굴을 맞대고 만날 수 있는 곳에서 회의를 한번 개최하자고 결정했다. 사이버공간 밖에서 무엇인가를 만들고자 한다면,

이런 종류의 대면은 반드시 필요하다.

태피 애들러와 짐 캐터슨은 이 회의에서 국제연대를 위해 전자우편을 사용하는 문제에 대해 이야기했고, 마르크 벨랑제와 래리 쿠엔은 캐나다 노동조합의 컴퓨터통신 활용에 대해 보고했다. 영국, 덴마크, 한국에서 온 참석자들은 작업현장에서나 공동체/노동자 토론게시판(community/labour teleconferencing)에 컴퓨터통신을 이용하는 조합교육 문제에 대해 토론을 벌였다. 몇 개의 총회와 워크숍에서는 통신공간상의 정보원(information sources)에 대한 토론이 있었다. 여기서는 상용 데이터베이스, 특히 노동 데이터베이스, 국제노동기구 데이터베이스, 그리고 보건과 안전에 관한 온라인 자료 등에 대해 논의가 진행되었다.

접근에 관한 문제를 다룬 총회와 워크숍에서는 '기술을 갖지 못한 사람들', 여성들의 네트워크, 동유럽, 남아공, 멕시코의 '민주적인 전자통신네트워크'에 대해 논의가 모아졌다. '미래(The Future)'라는 이름의 워크숍에서는 노동운동 데이터베이스, 소프트웨어, 유럽적 전략, 보건 및 안전관련 정보, 노동조합 간부를 위한 전자우편, 중요한 교육 문제 등이 다루어졌으며 피터 워터만이 '대안적인 노동통신'에 관한 워크숍을 이끌기도 했다.

셀리아 매서(Celia Mather)는 회의를 정리하면서 "그동안 정보기술은 대체로 초국적기업들의 도구였다. 노동조합 조직들은 신국제정보질서에서 중요한 역할을 수행해야 한다. 그들은 기술을 받아들여서 그것을 민주주의, 정의, 사회진보, 그리고 그들 조직 스스로는 물론, 전 세계 노동자들을 위해 변화해야 한다. 이번 회의가 열린 3일간은 이미 이런 일이 어떤 형태로 전 세계에 걸쳐 일어나고 있는가에 대한 많은 사례들과, 미래를 위한 수많은 아이디어들로 충만했다"고 말했다.

물론 참가자들 가운데는 회의가 그다지 만족스럽지 못했던 사람들도 있었다. 그들 가운데 한 사람은 4년이 지난 후 회의를 되돌아 보면서, "마르크 벨랑제, 래리 쿠엔, 짐 캐터슨 등 몇몇 예외적인 사람을 제외하고 나머지는 그다지 쓸모있는 사람이 아니었다"고 나에게 말했다. 많은 사람들이 전자우편에 대해 열광을 하긴 했지만, '노동운동에 대해서나, 전자우편을 가지고 무엇을 할 것인가에 대해서는 거의 알지 못했다.' 그리고 조직

책임자 중 일부는 일종의 '기술무정부주의(techno-anarchism)'를 지지하는 것처럼 보였다. 이들은 전자우편이 '지식층 엘리트들이 외부에서 기층 조합원에 접근할 수 있는 도구'라고 생각했다. 또 다른 참가자는 많은 사람들이 "행사기간중에도, 이후에도 '국제주의(internationalism)'라는 말에 대해서조차 대단히 민감한 반응을 보였다"고 지적했다. 그가 보기에 맨체스터 회의는 태동중인 범지구적 노동네트워크를 전통적인 노동조합의 목적을 위한 도구(tool)의 하나로만 보고, 하나의 공동체(community)로 인식하는 수준까지 나아가지 못했다.

이 회의가 남긴 구체적인 결과물은 그리 작아 보이지 않는다. 회의 보고서가 출판되었고, 이 글은 지오넷 노동게시판을 통해서도 볼 수 있었다. 노동정보통신센터(LTC)는 회의가 개최되었던 바로 그 노동조합대학에 만들어졌다(보다 자세한 내용은 5장 참조). 개인적 관계가 형성되었고, 생각들이 교환되었으며 후속 회의가 1년 후에 개최되었다.

여러 해가 지난 후에 되돌아보건대, 내게는 이 회의의 두드러진 몇 가지 점이 보인다(많지는 않지만). 참석자의 절대다수가 영국인이었음에도 불구하고, 회의의 스타일과 관심사는 전적으로 국제주의적이었다. 참가자들은 마치 국경이 없는 것처럼, 사는 곳과 상관없이 노동계급 공통의 이해관계를 공유하는, 진정하고 실체적인 어떤 것처럼, 세계 전체에 대해 토론했다. 또한 이 회의는 수십 개의 사안들에 대해 공허하고 장황한 몇 가지 해결책을 채택하는 대신에, 데이터베이스, 접속, 전자우편, 노동조합의 연대 구축 등과 같은 실질적인 문제들에 거의 모든 초점을 맞추었다. 참석자들은 노동관료조직의 고위간부나 다양한 사회민주주의 정부의 각료가 아니라, 미주, 아프리카, 아시아, 유럽대륙에서 각각 전국적·지역적 수준에서 일하는 활동가들이었고 이 방면의 개척자들이었다. 그들은 이 분야에서 실제로 일하는 사람들로서 범지구적 노동네트워크의 기술적·인적 기반을 구축하는 사람들이었다.

그리고 몇 년 후 인터내셔널의 부활에 선행조건이 될 그 범지구적 노동네트워크는 1992년부터 가시화되기 시작했다·

4
지방과 지역의 노동조합 네트워크

지금까지는 국가적·국제적 노동조합과 그들의 컴퓨터네트워크 활용을 다루었다. 나는 캐나다의 솔리넷과 유럽의 팝텔·지오넷, 남아공의 노동네트워크, 미국의 IGC노동네트워크 등을 언급하였다. 이하의 장에서는 좀 더 상세히 이들을 다뤄보도록 하겠다.

하지만 그전에 잠시 시간을 갖고 토대를 살펴보도록 하자. 이 장에서는 지방적·지역적 노동조합의 컴퓨터통신 활용의 다섯 가지 방식을 논의할 것이다.

- 온라인 일간 파업신문
- 노동조합에 의한 기존 기업 네트워크의 활용
- 독립적인 지방·지역 노동조합 네트워크
- 전화접속 지방 노동조합 게시판
- 지방 노동조합의 월드와이드웹 사이트

이상의 다섯 가지 방법은 각각 장점과 단점이 있으며 특정한 시기에 특정한 목적을 위한 수단이었다.

온라인 일간 파업신문은 지금까지 노동조합이 만들어낸 가장 강력한 통신기술로 보였다. 그러나 많은 독자들의 기대와는 달리 파업 이후까지 지속성을 갖지는 못했다. 온라인 일간 파업신문은 놀라운 선전도구이긴 했지만 파업 이외의 시기에는 노동운동의 지속적인 활동의 유용성을 입증하지 못했다.

노동조합에 의한 기존 기업 네트워크의 활용은 그리 잘 설명되지 못했는데 이는 당연하다. 어떤 때에는 노동자들이 기업주의 눈을 피해 회사의 전자우편 시스템을 노동조합 사무용으로 이용하기도 하였는데 몇 가지 장점(네트워크를 따로 만들 필요도 없고 별도의 요금 없이도 가능하다)에도 불구하고 이것은 불안정하였다.

독립적인 지방적·지역적 노동조합 네트워크는 1980년대와 1990년대 초반에 나타난 중요한 발전이었다. 앞장에서 브리티쉬컬럼비아교사연맹을 언급한 바 있다. 그러나 이러한 네트워크들은 더 광범위한 인터넷의 등장과 함께 현재 사라지고 있는데(혹은 적어도 극적으로 변하고 있다) 아직도 인터넷 접속 비용이 비싼 나라들—전 세계 대부분의 지역이 불행히도 이러하다—에게 이들 독립적 네트워크는 여전히 적절한 예가 될 수 있다.

여기에 제시된 사례를 보건대, 전화접속 지방 노동조합 게시판은 자신의 시대가 변천해 온 또다른 도구이다. 그러나 독립적 네트워크처럼 이는 하나의 환상이다. 인터넷 이용이 시외전화만큼 값싼 나라들만이—현재로는 북미만이 해당된다—이 환상에 해당된다. 세계 다른 지역에서는 전화접속 게시판을 선택할 수 있으며 미국 노동운동의 선구적 경험은 생각해 볼 가치가 있다.

마지막으로 우리는 지방 노동조합의 월드와이드웹 사이트 몇 가지를 살펴볼 것이다. 웹의 인기와 더불어 지방 노동조합은—적어도 선진산업국가에서는—전국적·국제적 노동조합 중앙조직에 참여하고 새로운 매체를 사용하는 것이 불가피하다. 노동조합 웹사이트는 매일 증가하고 있다.

온라인 파업신문

노동운동이 일반적으로 소식을 주고받는 데 어려움을 겪고 있다면, 이 문제는 파업 기간중에는 훨씬 더 악화된다. 만약 파업이 전면화되고 장기화되면서 보통 시민들의 일상생활에 영향을 미치고 또 물리력에 의해 파업이 중단된다면 대중매체는 노동자에게 반대, 아마 노동운동 전체에 반하는 자신들의 영향력을 행사할 것이다.

때때로 노조활동가들은 일간 파업신문을 발행해왔다. 이같은 신문의 한 편집자에 의하면, 노동조합은 '기업 언론의 거짓말에 반박하고, 자신의 목적과 정책의 진실을 알리며, 기업주와 정부의 반노동자적 기도를 폭로하기 위해' 일간 파업신문을 시작했다.

가장 초기의 예를 살펴보자면, 1883년부터 1892년까지 발간된 ≪불매운동가(*The Boycotter*)≫가 있다. 이 신문은 ≪뉴욕 트리뷴(*New York Tribune*)≫ 불매운동을 벌이고 있었던 뉴욕시 인쇄업종 제6노동조합의 기관지였다. ≪불매운동가≫가 발행을 중단하던 해에 토론토에서는 파업중이던 인쇄공 노조가 ≪이브닝 스타(*Evening Star*)≫를 발간하기 시작했는데, 이 신문은 한 세기가 지난 지금까지 ≪토론토 스타(*Toronto Star*)≫라는 이름으로 계속 나오고 있다. 파업이 끝난 후에도 오랫동안 발행을 해온 파업신문들이 그 외에도 몇 종류 있는데, 이 중 하나가 펜실베니아 주 윌키스-바어(Wilkes-Barre)에서 발행된 ≪시민의 소리(*Citizen's Voice*)≫이다.

1919년 캐나다 위니펙(Winnipeg) 총파업 시기에 발행된 일간 ≪파업게시판(*Strike Bulletin*)≫도 초기의 중요한 파업신문의 한 예이다. 역사가들은 이 신문이 성공적이었다는 데 만장일치로 의견을 모았다. ≪파업 게시판≫는 파업참가자들 사이에서 질서와 규율을 담보해내었다.

조합원들에게 이 ≪파업 게시판≫는 강력한 무기였기 때문에 캐나다 당국은 이 신문을 폐간시키기로 결정하였다. 이 신문의 편집인 윌리엄 아이븐스(William Ivens)는 체포되었고, 우즈워스(J. S. Woodsworth)가 재빨리 뒤를 이어 편집자를 맡았다. 우즈워스는 후에 현재의 신민주당(New Democratic Party)의 전신인 연방협동연맹(Cooperative Commonwealth

Federation; CCF)에서 중요한 역할을 수행한다. 그러나 그 또한 편집 임무를 수행한 지 일주일도 채 되기 전에 체포되었다.

우즈워스의 체포 이후 세번째 편집인은 새 지명(誌名)으로 지하신문을 간행하려 하였으나 바로 그때 파업이 분쇄되고 말았다.

파업노동자들은 상대 신문사들을 휴업시킬 수 있을 정도로 강력하긴 했지만, 그들은 여전히 개인이 소유한 언론에 종속되어 있었다. 당국이 위니펙 인쇄조판회사(Winnipeg Printing and Engraving Company)로 하여금 신문의 인쇄를 중단하게 하자 ≪파업 게시판≫의 운명도 정해졌다.

그로부터 15년 후 미국 노동조합에 의해 발행된 최초의 일간 파업신문이 나타났다. 신문의 이름은 ≪조직자(The Organizer)≫였으며, 미네소타 주 미니아폴리스의 트럭운전사 노동조합 574지부가 발간하는 것이었다. ≪조직자≫는 1934년 6월 25일에 창간되었으며 처음에는 주간지로 시작했다. 공식 편집자는 파업의 경위에 관한 목격담을 담은 소설 ≪트럭노조원의 반란(Teamster Rebellion)≫을 쓴 패럴 돕스(Farrell Dobbs)였지만 실제 편집자는 미국 트로츠키주의의 지도자였던 막스 샤흐트만(Max Shacht-man)이었다.

574지부가 그 해 행한 세 번의 파업 중 하나가 시작되기 전날인 7월 16일에 ≪조직자≫는 일간신문으로 개편되었다. 노조 지도부는 주간신문으로는 자신들의 목적을 달성하지 못한다는 사실을 이미 알고 있었던 것이다. 이 신문은 두 면으로 구성된 타블로이드판이었으며 일만 부 정도 배포되었다. 신문 상단에 가격이 '1센트(one penny)'라고 인쇄되어 있었지만 사람들은 형편이 되는 만큼 신문값을 지불했고 이 신문은 곧 재정적으로 독립할 수 있었다.

판매원들은 미니아폴리스 거리 곳곳에서 신문을 판매했고 1달러 짜리 지폐로 가득찬 통을 가져오기도 하였다. 정규적으로 ≪조직자≫를 판매하던 사람들은 고정배급망뿐만 아니라 신문가판대, 술집, 미장원, 노동자를 단골로 삼는 공공시설 등을 통해 배급망을 늘려갔으며 공장 입구와 철도 건설 현장에서도 판매되었다.

고용주의 지지를 등에 업은 시민동맹(Citizen Alliance)은 파업노동자들에 대한 지지가 확산되어 나가는 것을 염려하였고 이 신문을 '범죄적 조합주의(criminal syndicalism)'란 죄목으로 탄압할 것을 요구하였다. 그들은 도시의 인쇄소들에 압력을 넣기 시작했으며, 파업노동자들은 인쇄소를 전전해야만 했다. 하지만 파업노동자들은 결국 인쇄소를 찾아냈고 파업의 마지막까지 신문을 인쇄할 수 있었다.

미니아폴리스 트럭운전사 노조는 ≪조직자≫에 대한 끊임없는 탄압과 맞서 싸워야 했다. 자동 주조 식자기 기능사인 에이스 존스톤(Ace Johnston)이 말한 바와 같이, '인쇄기를 박살내고 건물을 무너뜨릴 기회는 언제나 있었다.' 어느 날 밤 회사측 용역깡패들이 신문을 실은 트럭을 습격한 일이 발생하였지만 그 공격은 실패로 돌아갔고 재발되지 않았다. 이후 ≪조직자≫는 주간지로 바뀌었고 재정부족으로 종간하게 되었지만 파업 이후에도 상당 기간 일간지로 발행되었었다.

다른 노조들도 파업 기간 동안 다른 종류의 신문을 발행하였다. 위스콘신 주 콜러(Kohler)의 파업노동자들은 ≪일간 파업 게시판(*Daily Strike Bulletin*)≫을 몇 해 동안 발행하였다. 위니펙 노동자들은 1919년 총파업이 지난지 한 세대 이후, ≪위니펙 시민(*Winnipeg Citizen*)≫을 발행하였다. 뉴욕에서는 ≪데일리 뉴스(*Daily News*)≫의 노동자들이 파업 기간 동안 자신들의 독자적인 신문을 만들었다.

최근 몇 년 간 파업노동자들은 메시지를 서로 전달하기 위하여 새로운 매체를 사용하고 있다. 1960년대 샌프란시스코 신문노동자 파업 기간 동안 노동자들은 '편집실(Newsroom)'이라는 이름의 인기있는 심야 TV프로그램을 제작하였고 이 프로그램은 파업이 끝난 후에도 몇 해 정도 더 지속되었다. 1980년대 초, 뉴욕의 신문사 파업노동자들은 인쇄물을 이용하는 대신 지역 라디오 방송국을 통해 공중파로 그들의 소식을 방송하였다.

샌프란시스코 자유언론

1994년 11월 1일 ≪샌프란시스코 크로니클(*San Francisco Chronicle*)≫과 ≪샌프란시스코 이그재미너(*San Francisco Examiner*)≫의 아홉 개 노조 2,600명의 노동자들은 파업을 단행하며 일손을 놓았다. 두 신문사는 판매부수와 광고 수입료가 엄청나게 격감했음에도 불구하고 발행은 중단되지 않았다.

파업이 시작된 지 며칠 후, 두 신문사는 오래 전부터 준비해 오던 월드와이드웹판 신문을 시작하기로 결정하였다. 하지만 그들은 파업이 시작된 지 24시간 만에 벌써 인터넷상에 오른 파업노동자들의 ≪샌프란시스코 자유언론≫에 의해 깨끗하게 한방 얻어맞게 되었다. 이 신문은 인터넷에 등장한 최초의 일간 노동자신문이었다.

이러한 성과는 인터넷상에서 급속히 퍼져 나갔다. 샌프란시스코 노동자평의회의 한 대표는 인터넷 토론그룹에 메시지를 게시하면서 '노동운동을 위한 인터넷의 가능성을 알고자 하는 사람들'은 이 파업신문을 보라고 주장했고 또 이러한 성과에 감격한 시카고의 한 노동조합원은 다음과 같이 썼다. '전자공동체(electronic community)와 노동운동이 선취점을 올렸다!'

파업신문에 게재된 기사들은 웹사이트에 직접 접속할 수 없는 사람들을 위해서 인터넷 메일링리스트를 통해 발송되었다. 학술적 성격의 메일링리스트 중 한 곳에서 참여자들이 불만에 찬 목소리를 내긴 했었지만, 메일링리스트 주관자는 장래를 위해 이 자료(불만족스러운 언급들—역자)를 보관하는 것이 중요하다고 강조했다. 연대 메시지도 발송되었고 행동호소문도 있었다.

파업노동자들의 지지를 위해 일하던 사람들 중 샌프란시스코 노동비디오 제작단(Labour Video Poject)의 스티브 젤처(Steve Zeltzer)는 1년 정도 지난 후 이를 회상하면서, 10호가 발간된 이 신문을 '노동 통신의 역사적인 첫시도'라고 평가했다. 하지만 그는 이 신문이 1934년의 ≪조직자≫와 같은 성격의 파업신문이라고 생각하지는 않았다. 명확한 것은 ≪자유언론≫ 관계자들도 이러한 관점에 동의했다는 것이고 동시에 그들은 젤처가 '친노동자적 성향'이라 지칭한 것보다 좀더 노동조합적인 관점을 이 신문이 가졌으면 하고 바랬다는 것이다.

그러면 ≪자유언론≫은 파업신문이 아닌 또 다른 하나의 신문에 불과했을까? 파업노동자들의 메시지는 이 신문의 지면에 명백히 드러나 있었다. 파업중인 신문노동자들은 「우리는 왜 파업했는가(Why We Walked)」라는 제하의 사설에서 만약 노동자들이 자신의 매체를 갖고 있지 않았더라면 불가능했을 방식으로 그들의 입장을 이야기했다. 이 기사에 따르면 '경영상 협정 전략의 하한선이 노조파괴로 전화되었으며', 따라서 파업을 자극하였다. 이 기사에는 편집실 주위를 거만하게 걸어다니는 '청원경찰 복장의 용역 깡패'들에 관한 이야기가 담겨 있었고 또 임금임상, 고용안정, 동일임금(예를 들면 주로 여성인 사서들과 편집부 직원 사이의 임금격차) 등 파업 이면에 숨은 이야기들을 지적해 내고 있다. 온라인 신문이 아니었다면 노조가 어떻게 이런 이야기들은 알 수 있었겠는가? 인쇄판 파업신문이라는 전통적인 전술을 이용했다면 수천 달러의 비용이 들었을 것이다. 파업노동자들은 이 대신 '독립적인 언론인의 목소리'라고 자칭한 것을 인터넷상에 올리기로 결정했다.

파업노동자들은 때에 따라 전통적인 방법의 인쇄매체를 만드는 데 힘을 쏟기도 하였다. 네 차례의 ≪자유언론≫ 인쇄본은 10호까지 발간된 전자본(eletronic edition)과 함께 파업기간중에 만들어졌다. 이 인쇄본들은 파업중인 트럭운전사 조합원들에 의해 배포되었으며 파업을 지지하는 업체의 광고로 비용을 충당하였다. 대선과 주 선거 다음날 아침, ≪크로니클≫은 선거결과 기사를 실을 수가 없었다. 하지만 파업중이던 노동자들은 주요 투표의 결과를 담은 한 면 분량의 '선거 소식지'를 인쇄했다. 그들은 동트기 전까지 샌프란시스코 시내에 이 소식지를 3만 부 가량 배포했다(투표 최종 결과와 분석은 온라인신문에 실렸다).

≪샌프란시스코 자유언론≫은 여느 신문과 마찬가지로 예술, 스포츠, 경제, 기타 기사 등을 가지고 있었음에도 불구하고, 존 캐롤(Jon Caroll)의 '파업일지(My Strike Diary)'라는 칼럼 같은 기사도 싣고 있었다. 캐롤은 이 칼럼을 통해 파업중인 신문사의 신문 정기구독을 취소하는 등 파업 지지자들이 할 수 있는 많은 활동을 제안하였다. 그는 '아마 정기구독을 취소했겠지만, 한번 더 취소하시오'라고 충고했다. '매일 구독취소를 하십시오. 하루에 두 번이라도 말입니다. 공손하면서도 거친 방법으로!'

내 생각에 가장 재미있는 칼럼은 독자투고란이었는데, 이것은 ≪자유언론≫이 노조에 대한 지지를 얼마나 광범위하게 만들어내었는지 알려주었기 때문이다. 거의 모든 독자투고가 용기를 불어넣어 주는 것이었다. 독자들은 온라인신문의 역할과 존재 그 자체에 대해 찬사를 보내고 파업과 그들의 요구에 대한 지지를 표명하기 위해 편지를 보내왔다.

몇몇 독자들은 자신들이 노동조합원이라고 신분을 밝혔다. 조지 대츠(George Datz)는 "처음 호는 옛 속담과 모순되는군요. '잉크를 드럼통으로 사는' 사람들과 싸울 수 있는 길이 생겼습니다"라고 썼다. 조프 밀러(Geoff Miller)라는 사람은 자신이 파업대열에 함께 있는 것이 어떤 것인지를 잘 아는 '한때 노동운동 조직가'이며 '파업 주동자'였다고 밝혔는데, 다음과 같이 파업노동자들을 격려했다. "나도 월급을 받지 못한다는 것이 얼마나 두려운 일인지 잘 압니다. 하지만 굴복하지 마세요.." 워싱턴 주의 노동조합원이자 언론인인 커트 밀턴(Curt Milton)은 다음과 같은 편지를 보냈다. "만족할 만한 협상을 이끌어 내기 위한 당신들의 노고에 이곳의 지지를 전달하고자 편지를 보냅니다. 우리 또한 당신들의 협상(혹은 협상의 부재)의 전례를 따르고 있습니다. 불행하게도 경영진은 이 협상을 싸움판으로 끌고 가고 있습니다. 지난 해에 우리는 계속 지연되는 협약회담이라는 비슷한 상황을 견뎌냈으며, 나는 이 협상을 우리의 적에게 내맡기고 싶지 않습니다. 굴복하지 말고 그들을 혼내 주세요. 우리는 당신들을 지지합니다."

또 노동조합원이 아닌 일반 독자들로부터도 격려편지가 쇄도했다. 핼 플랏킨(Hal Plotkin)은 "독자들은 당신들과 함께 합니다. 여러분의 권리를 위한 싸움을 계속하세요"라고 적어 보냈다. 엘리엇 패브릭(Elliott Fabric)은 "분투하십시요. 저임금을 받는 사서들이 더 많은 급료를 받도록 해 주십시요"라고 덧붙이기도 하였다.

매일 온라인으로 보내진 우편물과는 다른 종류로 파업노동자들의 놀랄 만한 기술적 성과에 관한 편지들도 있었다. 다양한 종류의 기술전문가들이 편지를 보냈다. ≪맥테크 매거진(*MacTech Magazine*)≫ 편집자인 스코트 보이드(Scott T. Boyd)는 "아침식사 시간이나 버스에서 읽을 수는 없지만 당신들의 전자신문은 정말 대단한 것입니다. 이전 기사에 관한 색인

목록이나 검색목록을 첨가하고 사진을 실으면 더욱더 좋은 신문이 될 것입니다"라는 편지를 보내왔다. 그는 파업노동자들에게 "고정적인 기반을 가지고 이러한 활동을 계속해 나갈 길을 모색하십시오… 여러분 모두가 길을 이끌어나갈 기회를 놓치지 마십시오"라고 제안하였다.

하지만 이 새로운 기술에 관한 경이를 담은 대부분의 편지는 전문가들이 아니라 일반대중이 보낸 것이었다. 아델 프레이머(Adele Framer)는 편지에 "당신들이 이처럼 새로운 기술을 사용했다니 정말 굉장합니다. 끝까지 버티십시오. 이 결과가 우리 모두에게 더욱더 발전된 정보전달과 보다 나은 노동조건으로 나타나기를 바랍니다"라고 썼다. 돈 코코(Don Coco)는 "저는 전혀 모르고 있던 참이었는데, 아무튼 당신들의 웹사이트 서비스에 감사드립니다. 만약 이 서비스가 없었더라면 저는 이 신문기사들을 읽어볼 수 없었을 것입니다. 정말 감사드린다는 말을 하고 싶습니다"라는 감동적인 편지를 보내왔다.

파업이 끝난 지 일 년이 넘도록 ≪샌프란시스코 자유언론≫ 10호 모두 여전히 월드와이드웹을 통해 볼 수 있었다. 이 신문은 어떤 것이 이루어졌고, 앞으로 다른 곳에서 무엇이 가능한지를 보여준 사례이다. 먼지 쌓인 문서보관서에서 누렇게 변색되는 대신에 세계 최초 온라인 일간 파업신문의 각 면은 아직까지 건재하며 누구든지 볼 수 있다.

≪자유언론≫ 기자들은 노동조합이 승리한 파업과정을 총괄하면서, 우리들이 속한 공동체의 지지와 격려가 없었다면 고용주들과의 협상에서 공정한 결과를 이끌어 내는 것은 불가능했을 것이라고 적고 있다. 바로 이것이 파업신문의 핵심이다. 이러한 지지를 건설해 내는 것, 그리고 그것은 이루어졌다.

디트로이트 저널

샌프란시스코 노동자들이 최초의 온라인 파업신문을 발간하여 노동(과 인터넷)의 역사를 만든 지 여덟 달 후, 디트로이트의 일간신문─≪디트로이트 뉴스(Detroit News)≫와 ≪디트로이트 자유언론(Detroit Free Press)≫─노동자들이 그 뒤를 이었다.

그들은 샌프란시스코 노동자들의 신문과 비슷한 형식을 사용하면서 '파업파괴적' 신문을 대체하기 위한 신문을 통신망에 올렸는데 이것이 ≪디트로이트 저널(Detroit Journal)≫이다. 이 신문은 잘 꾸며진 1면에 뉴스, 스포츠, 경제, 특집란과 함께 '노동조합 게시판(Union Posting)', '파업노동자들의 일지(Strikers' Journal)', '편집자란' 등을 실었다.

1996년 초에 이 신문은 월드와이드웹상에서 매주 1만 2,000회 이상의 접속횟수를 기록하였다. 이 신문의 공동주관자 개리 그래프(Gary Graff)에 따르면 이 신문은 "파업이 시작된 지 5일 정도 후에 만들어졌다. ≪자유언론≫의 경제부 기자인 하이어워사 브레이(Hiawatha Bray)가 사이버공간을 구입하였고, 소수의 언론인―대부분은 ≪자유언론≫ 출신이었지만 ≪디트로이트 뉴스≫ 출신 기자도 몇 명 있었다―들이 7월 16일에 모임을 시작했다. 그리고 일주일 후에 첫 호를 내게 되었다."

하지만 몇 달에 걸쳐 파업이 지속되는 동안 원래의 기자들이 그대로 남아 일하지는 않았다. "아이러니하게도 오직 나와 원고부장인 진저 펄렌(Ginger Pullen)만이 그대로 남았다"고 그래프는 말했다. "나머지 사람들은 다른 직장을 구했거나 파업에서 이탈해 일터로 되돌아 갔다." 특집담당 기자였던 토니 마틴(Tony Martin)도 함께 남았는데, 그로 인해 온라인 일간이었던 ≪디트로이트 저널≫의 인쇄본이 파업노동자들과 다른 노조 사무실에 배포될 수 있었다. "이 신문을 만드는 데 고정적으로 열 명이 일했으며 비정기적으로 투고하는 기자들도 있었다"라고 그래프는 말한다.

캘리포니아의 경우(샌프란시스코를 지칭함―역자)와 마찬가지로, ≪디트로이트 저널≫ 또한 노동―공동체의 연대라는 색다른 광경을 반영했고 동시에 그것의―건설에 일조했다. 기사, 특히 독자투고란을 읽으면 미국 노동운동의 황금기를 떠올리게 된다. 디트로이트 시민들과 교외 주민들로부터 하나둘 도착한 편지들은 희망과 연대의 메시지를 담고 있었고 영국과 멕시코 등지의 노동조합원들로부터 온 메시지도 마찬가지였다.

"파업신문은 특히 파업 초기부터 파업노동자들에 대한 지지를 모으는 데 도움이 되었다"고 그래프는 말한다. "하지만 광범위한 지지는 아니었다. 그것은 주로 웹으로 조율된―지역적·국제적―공동체의 특정 부문에서 전해 왔는데, 이로써 우리가 할 수 있었던 것 중의 하나는 소식을 더 빨리 전파하는 것과 다른 사람들이 보다 적극적으로 파업을 수행하게끔 하는 것이었다.”

또 그는 다음과 같이 말한다. “우리는 가능한 한 많은 답장을 보냈다. 대부분의 편지는 자신들이 무엇을 할 수 있는지 물어 오는 것이었다. 대개의 경우 우리는 자금 후원자와 행사 개최 상황을 인지할 것 등을 제안했고, 자기 지역의 파업파괴 성향 신문에 광고를 계속하는 기업들에 대해서 파업을 벌이겠다고 쓰는 사람들을 격려하기도 한다.”

파업노동자들의 일지에는 다양한 기사들이 실려 있었다. 그 중 하나는 ‘엄마’가 파업에 참여한 9살짜리 소녀의 시였다. 파업노동자들을 위한 요리법—저렴한 요리를 강조했다—을 제시하라는 요구도 있었다. 격렬한 분쟁에서 양측을 화해—실패했지만—시키려 한 목사들과 한 랍비의 기도회를 묘사한 기사도 있었다. 한 기사는 1994년 샌프란시스코 신문사 파업의 베테랑이 쓴 것이었다.

≪디트로이트 저널≫과 ≪샌프란시스코 자유언론≫ 간의 중요한 차이는, 디트로이트의 파업노동자들은 일간신문 외에 정규적으로 주간일요신문 ≪일요저널(*Sunday Journal*)≫을 인쇄판으로 발간해오고 있었다는 점이다. 일요신문의 모든 내용은 일간 온라인 신문에서 볼 수 있었다. 이 두 신문 간의 관계는 “공고하다”고 그래프는 말한다. “우리는 ≪일요저널≫의 사무실을 일간 ≪저널≫의 본부로 사용하고 있다.”

하지만 디트로이트 파업노동자들이 발견했듯이, 인쇄신문과 온라인 신문을 동시에 발행하는 데에는 약점도 있다. “일요신문을 발행하는 데에 너무 많은 역량이 투입되어 일간신문에 정기적으로 기고했던 사람들의 시간과 역량을 소진시켜 버린 것이다.”

나는 그래프에게 ≪일요저널≫이 이윤을 얻고 있는지 물어보았다. 그는 아직 아니라며 걱정을 하였다. 파업노동자들로 구성된 광고단이 있었지만 그리 성공적이지는 않았다. 한 대규모 기계체인점과 몇몇 노조가 광고를 실었다. 신문이 흑자를 내기 전까지 제작비는 주로 광고를 통해 벌어들인 것으로 충당될 것이며 혹시 이윤이 생기면 파업기금으로 이용될 것이다. 월드와이드웹 사이트에 광고를 유치하려는 시도는 이보다도 훨씬 실패작이었다.

　디트로이트 파업은 샌프란시스코 파업과 사뭇 다른 것이었다. 캘리포니아의 노동자들은 파업을 시작하고 2주일만에 작업에 복귀했다. 그러나 디트로이트의 파업은 시작된 지 일 년이 지났지만 여전히 맹위를 떨치고 있었다. 1995년 11월, 《뉴욕 타임스》는 이미 노동자들의 패배를 선언했으나 파업노동자들은 이에 귀기울이지 않았다. 1996년 7월 중순, 디트로이트 신문사 파업은 두 해를 맞게 되었다. 그리고 온라인 《저널》이 곁에 있었다. 파업노동자들이 웹상에 쓴 것처럼, "우리는 원하지 않았던 파업 1주기를 맞았다. 하지만 우리는 이 자리에 있다. 약 2,000명의 신문노동자들이 여전히 파업중이다. 재정적인 어려움과 우리를 압박하는 불확실한 미래에도 불구하고, 우리는 정당한 협약을 이루기 위하여 계속 꿋꿋이 버텨 나갈 것이다."

　두 파업 모두 월드와이드웹에 기반한 온라인 일간 파업신문을 특징으로 하였다. 독자들은 이 두 경우를 모두 고정적인 신문으로 만들자고 제안하였다. 《샌프란시스코 자유언론》의 경우, 파업이 빨리 종결되었던 터라 더이상의 진전은 없었다. 나는 그래프가 파업노동자들의 《저널》을 상설 기구로 만들 생각을 하고 있었는지 몰랐다.

　그의 기억으로는 처음에 "내가 보기엔 아무도 그런 생각을 하지 않는 것처럼 보였다. 그러나 지금처럼 끝이 보이지 않는 상황에서는 고려할 만한 일이었다. 문제는 돈―을 버는 것―이다. 《저널》이 효과적으로 운영되려면 상근자가 있어야 한다. 그러려면―파업 이전의 좋은 급료와 수당에 익숙해 있는―사람들에게 지급할 돈을 벌어야 한다. 지금은 《저널》의 중심인물들조차도 프리랜서와 다른 직업을 겸하고 있기 때문에, 최근 그것에 관한 진지한 논의가 있었는지 말할 수 없는 형편이다."

　한편, 파업이 장기화되면서 이탈하거나 다른 일자리를 구하는 노동자들이 점점 늘어났고 파업은 이에 따라 인력난을 겪게 되었다. 디트로이트 언론노조평의회(Detroit Council of Newspaper Unions)는 《저널》을 통해 "불평과 아우성을 들으면서 노동에 대한 파업수당 대부금을 지급하라고 재촉당했다"고 그래프는 말한다. 전통적인 조합원의 눈으로는 파업노동자들은 파업을 감시하거나 선전물을 배포해야 한다. 조합은 ≪동맹(*The Alliance*)≫이라는 파업소식을 담은 한 면짜리 인쇄물을 계속 발행하고 있었다. 가끔 노조 간부들은 어떤 사안이 발생하였을 때 이를 ≪저널≫ 측에 알리는 것을 잊어버리기도 했다. 이것을 두고 그래프는 다음과 같이 말했다. "이러한 활동이 아직 시기상조라고 말한다면, 이것은 노조 지도부에게도 역시 시기상조이다. 그들은 우리가 무슨 일을 하고 있는지도 몰랐다."

두 번의 경험으로 온라인 일간 파업신문이 얼마나 효과적이었는가를 정확히 알기는 쉽지 않다. 그러나 인쇄된 파업신문은 지금까지도 유용하며 때로 결정적이었다는 것을 우리는 잘 알고 있다(≪조직자≫에서 일한 제임스 캐넌에 의하면, 1934년 미니아폴리스 파업이 그러한 경우였다). ≪조직자≫가 왜 그리 강력한 무기였는지—그리고 ≪디트로이트 저널≫이 왜 이보다 못했는지—에 대한 한 가지 이유는 이들 매체의 보편성과 관련이 있다. 개리 그래프가 시인했듯이, 독자들이 월드와이드웹에 접속해야 했기 때문에—하루에 2,000명 정도밖에 접속하지 못한다—≪저널≫은 '광범위한 지지기반'을 만들어내지 못했다.

파업 언론인의 통신망을 이용하려는 다른 시도로 아이리쉬 프레스(Irish Press)사의 직장폐쇄로 쫓겨난 전국언론노조(National Union of Journalists) 소속 조합원들이 만든 ≪아이리쉬 익스프레스(*Irish-X-Press*)≫가 있었다. 그러나 불행하게도 이 사이트는 이제 월드와이드웹에서 자취를 감추었다.

이 모두로부터 나온 나의 결론은 ≪저널≫ 같은 시도들이 무의미하다는 게 아니라—아마도—아직은 시기상조라는 것이다. 앞으로 몇 년 후엔 수천만 명이 컴퓨터 통신망을 이용할 것이고, 온라인 일간 파업신문은 노동운동의 무기고의 한 자리를 차지할 것이다.

노동조합에 의한 기존 기업 네트워크의 활용

노동조합원들이 컴퓨터통신을 이용해온 방식 중 흥미로운 한 가지는 널리 알려지지도 않았고, 노동운동 진영에서 광범위하게 논의된 적도 없다. 나는 지금 기존 기업 네트워크의 활용에 관해 이야기하는 것이다. 인터넷이 보편화되기 오래 전, 수십 만(아마 수백 만)의 노동대중이 전자우편과 온라인 데이터베이스 등을 이용하고 있었다. 물론 그들이 개인적으로 마이크로컴퓨터에 투자해 집에서 이를 사용한 것은 아니었다. 대학이나 거대기업에서 일하고 있던 사람들은 서로 통신하거나 조합 사무를 보기 위해 근거리통신망을 이용하고 있었다.

컴퓨터통신 기술의 이용으로 인한 즉각적인 이점 이외에도 그들은 범지구적 인터넷의 확대에 따라서 점점 더 중요하게 될 도구들의 사용법을 배우고 있었다. 지금도 온라인 노동운동 통신그룹에서 활발한 목소리를 내는 많은 사람들은 자기 대학 등에서 수 년간 전자우편을 사용해와서 이러한 기술에 친숙한 사람들이다. 이들은 통신상의 불문율을 전혀 모르고 잘못을 저지르는 성가신 신출내기 '초보자들'하고는 전혀 다르다.

아마 초기의 일부 노동조합은 이러한 방식으로 기업 네트워크를 이용했을 것이다. 하지만 은밀하게 진행되었기 때문에 그것이 어떠했는지 우리는 알 길이 없다. 대학과 기업들은 그들의 피고용인들에게 권력을 주려고 복잡한 내부 컴퓨터 통신망에 수백만 달러를 투자한 것이 아니었다. 그러나 다음 사례들에서 보게 되듯이 바로 이러한 일들이 일어났다.

미시간 주립대학에서 사무기술노조(CTU)는 기존의 대학 네트워크를 이용하여 지역 노동조합 게시판(BBS)을 만들었다. 사무기술노조는 이 대학 2,000여 명의 노동자들을 대표하여 20년간 일해왔다. "미시간 대학의 노동운동에 있어서 커다란 한 부분임에도 불구하고 우리는 가입되어 있지 않다!"라고 사무기술노조의 프로그램부장 로라 세이거(Laura Sager)는 말했다.

이 노조는 6, 7쪽 정도 되는 인쇄판 소식지를 한 달에 두 번씩 발행했고 정보선(information line)을 운용하며 미시간 주의 대중매체와 연결되는 팩스 네트워크를 가지고 있었다. 또 '뜨거운 쟁점'에 관한 소책자를 내기도 했는데 이는 조합 대의원들에 의해 배포되었다. 이들은 매달 교육훈련 회의를 개최했으며 격주로 위원회를 열었다.

사무노조의 연대위원회(Solidarity Committee)는 대학당국과 단체협상을 수행했다. "다양한 층의 조합원들과 신속한 의사소통을 촉진시키기 위하여 연대위원회는 전자게시판(BBS)을 설치했다"고 세이거는 설명했다. 전부는 아니지만 많은 수의 조합원들이 전자우편 계정을 가지고 있었으며(노조 지도부는 전원이), 이로써 연대위원회는 행사를 알리고 도움과 의견을 받아내는 데 전화통화 같은 전통적인 방법과 더불어 컴퓨터통신이라는 새로운 기술을 이용할 수 있었다. 게시판의 관리자는 발표문, 지역회의 정보, 일반적인 노동조합 정보 등을 올렸다. 노동조합의 다른 위원회도 게시판을 이용하는데, 이 게시판은 지속적으로 단체협상에 질문을 제기하며 소식지로 간행된 정보들을 보완하고 있다.

세이거에 의하면, 통신상에 올리는 정보는 '뉴스, 위원회 회의, 편지, 선거결과 속보, 노조 대의원 명단, 질의와 답변, 지역공동체 서비스 정보, 노조 야구팀의 경기결과, 회의록' 등이었다.

사무노조는 기밀을 요하는 정보를 게재하지 말라는 경고와 함께―이러한 것이 고용주의 네트워크를 사용하는 방법의 명백한 단점 중의 하나이다―조합원들이 대학의 전자우편 시스템을 사용하도록 장려하였다.

미국의 미시간 주에서 지구 반대편에 있는 싱가폴은 인터넷 사용에 열을 올리고 있었는데 싱가폴은 스스로를 '종합정보처리화된 섬(intelligent island)'[1]으로 만들고 싶어했다. 몇 년 전에 싱가폴의 국가컴퓨터위원회(National Computer Board)는 IT2000이라는 계획을 수립했는데 이 계획의 골자는 싱가폴을 아시아의 정보통신 기술상의 수도로 만든다는 것이었다. 이는 싱가폴 안에 있는 초국적기업의 활동을 돕기 위해 전국적 컴퓨터통신망을 기업들의 수출입 업무와 관련된 정부기관에 직접 연결시킴으로써 서류업무를 없애고 상품, 용역, 금융거래 서비스의 이동을 빠르게

---

1) '종합정보처리화(intelligent)'란 사무실, 빌딩 등의 난방, 조명, 전자 사무기기 등이 일괄적인 정보처리로 조정되는 것을 의미한다.

한다는 것이 주내용이었다. 싱가폴 정부는 국민 개인이 인터넷에 접속하는 것을 허용하는 데 대해 불안해 했지만, 1995년 초경 이미 5만 2,000여 명의 인터넷 사용자가 있었다. 그 해 말에는 8만 5,000명이 인터넷을 이용했고 싱가폴의 모든 주요신문은 이미 인터넷을 통해 온라인판을 발간하고 있었다.

싱가폴 셸(Shell)사 노동조합(싱가폴 셸사 노동자의 97%를 대표하는 노조이다)의 사무총장인 토마스 토마스(Thomas Thomas)는, 1992년 맨체스터에서 있었던 노동자 네트워크에 관한 회의에서 문서작성에서 모뎀 사용으로의 변천에 관한 노조의 전형적인 사례에 대해 발표하였다. 결국 이 노동조합은—학술적인 네트워크가 아니라—기업의 네트워크를 이용하였다.

토마스의 노동조합은 1985년부터 컴퓨터를 이용하기 시작했는데, 주로 조합원의 명단을 갱신—이는 '이전에는 몇 시간 동안 수작업으로 악전고투하면서 작성되었었다'—하기 위한 것이었다. 이러한 작업은 제한된 인적·물적 자원을 절약하기 위해서였는데, 노조는 전국노총 보험협동조합의 메인프레임 컴퓨터를 이용하기로 결정하였다.

이러한 초기 단계에서 노조는—노조사무실의 개인용 컴퓨터를 이용해서—메인프레임 컴퓨터에 접속하기 위해 모뎀을 사용하였다. 당시 사무실에는 이용할 수 있는 개인용 컴퓨터가 한 대 있었기 때문에, 노동조합은 다른 목적, 예를 들어 문서작성이나 재정기록 보유—이런 작업은 사무실에서 이용된 컴퓨터의 고전적 용도이다—를 위해 그것을 사용하였다. "우리는 금새 컴퓨터의 편리함과 유용함에 '매료'되었다"라고 토마스는 말했다. 노조원들은 스프레드쉬트를 사용하는 법을 배웠으며, 자신들이 받는 수당에 관한 정보를 저장하기 시작했고, 어느 때보다도 훨씬 최신의 기록들을 보유하게 되었다. 거대 초국적기업을 대하는 데 있어서도 '단체협상을 위한 정보들이 저장되었고 효율적인 이용을 위해 표로 그려졌다.'

노조원의 명단을 전송할 특정 목적으로 이루어졌던 전국노총에의 지방노조의 모뎀 접속은 셸 노동조합이 국제화학노련에 가입한 이후 근본적으로 상이하고 폭넓은 무언가로 전환되었다. 앞서 언급했듯이, 국제화학노련은 1980년대 중반 노동조합 정보통신에 있어서 첨단을 달리고 있었고, 토마스의 설명처럼 '그들은 우리에게 인터넷 연결을 설득하기 위해 많은 수고를 들일 필요가 없었다.' 국제화학노련의 범지구적 네트워크의 한 부분이 된 지오넷을 통한 인터넷 연결은 국제화학노련과의 의사소통을 보다 신속하게 해주었으며, 국제화학노련을 "우리에게 훨씬 가치있는 것으로 만들어 주었다"고 싱가폴의 조합원(토마스―역자)은 말했다. 결국 노조는 IBM호환 컴퓨터를 구입하였고, 이를 통해 전국노총(NTUC)과 국제산별노련(국제화학노련)을 모뎀으로 연결하였다.

1989년경 셀사도 컴퓨터통신을 광범위하게 이용하기 시작했다. 토마스에 의하면 '전자우편이 서류를 대체하였다.' '거의 모든 조합간부와 조합원들이' 셀사의 시스템을 사용했으며, "우리는 그들뿐만 아니라 경영진과도 연결되었다"고 토마스는 말했다. 이런 식으로 지역 노동조합 네트워크가 탄생했다. 수 년간 모뎀을 통해 1대1 접속을 경험한 후 기업 네트워크를 이용함으로써.

이 두 가지 사례는 노동정보통신에서 무엇이 중요한 부분인가 하는 문제의 피상적인 면만을 알려줄 뿐이다. 이의 범위는 영국에서 다섯 번째로 큰 노동조합인 제조노련(MSF)의 한 새로운 자율 부문 노조인 정보기술전문직노련(Information Technology Professionals' Association; ITPA)이 암시를 준다. 정보기술노련은 '신규가입 조합원과 기업 전자우편 시스템을 이용하는 잠재적 조합원과의 의사소통'을 담은 온라인 네트워크를 갖고 있다. 즉, 기업 네트워크를 조직화 도구로서 이용하는 것이다. 정보노련의 경험에 대해서는 다음 장에서 살펴볼 것이다.

독립적인 노동조합 네트워크들

'독립적인' 노동조합 네트워크라는 생각은 거의 진부하게 들린다. 컴퓨터통신의 선구자들이 저선으로 서로를 잇고, 모뎀을 연결하며, 무(無)에서 네트워크 도구를 창출하던 시절도 오래 전에 지나간 것처럼 보인다. 모든 사람이 개인용 컴퓨터를 가지고 있고 누구나 인터넷에 접속할 수 있는 오늘날, 독립적인 노동 네트워크들의 중요성은 무엇일까?

그러나 다음의 두 사례—모두 캐나다의 것이다—에서 알 수 있듯이 아직까지 이는 중요하다. 15년의 네트워크 경험이 있는 한 주(州)규모의 노조가, 고등교육을 받고 컴퓨터를 사용할 수 있는 조합원을 가지고 리스트 서브, 고퍼, 월드와이드웹 등의 인터넷 도구를 이용하여 '가상 네트워크'를 만들었다. 또 다른 노조는 앞장에서 언급한, 1980년대 후반 덴마크에서의 실험들을 연상시키는 경로를 따라갔다. 두 노조 모두 매일 수천 명의 노조원들이 이용하는, 지리적으로 광범위한 지역에서의 성공적인 네트워크의 사례를 보여주고 있다.

브리티쉬컬럼비아교사연맹

앞장에서 설명했듯이 브리티쉬컬럼비아교사연맹은 1981년에 단순기능의 컴퓨터 단말기를 이용해서 세계 최초의 노동네트워크를 건설하였다. 1980년대 말엽, 거의 모든 노조지부가 개인용 컴퓨터를 구입하였고, 종이가 걸리고, 덩치가 크며, 그리 성능이 좋지 않은 단말기들의 시대는 끝났다. 1990년 10월, 교사연맹은 벨랑제와 캐나다공공노조가 만든 전국적 노동조합 네트워크인 솔리넷으로 옮겨갔다. 연맹은 이전 네트워크의 150대 단말기를 대체하기 위해 300개의 솔리넷 계정을 확보하였다. 동시에 연맹은 각 지부에 팩시밀리를 구입하여 주규모 팩스 네트워크를 건설하였다.

1990년대 중엽, 브리티쉬컬럼비아교사연맹은 이미 솔리넷을 능가할 정도로 성장하였고 직접 인터넷상에서 활동할 준비가 되어 있었다. 이 연맹의 주규모 네트워크는 여전히 존재할 뿐 아니라, 사실 이전보다 훨씬 발달한 상태로 계속 유지되고 있었다. 이제 모든 조합원들은 집이나 학교, 사무실 어디에서나 컴퓨터를 이용하여 이 네트워크에 접속할 수 있다. 그들은 교육제도의 네트워크나, 사설 인터넷접속 제공업체, 심지어는 그 주에서 생긴 프리넷(freenet)들도 이용할 수 있다. 교사연맹의 조합원이 아닌 우리들도 이 네트워크에 접속할 수 있으며 혹은 적어도 교사연맹이 공개하고 있는 부분에는 접속할 수 있다.

교사연맹의 새로운 네트워크는 가상적인 것인데, 더 넓은 인터넷에 포함되고 우리가 2장에서 서술한 인터넷 도구들에 기반을 두고 있다. 브리티쉬컬럼비아교사연맹은 인터넷에 전자우편 계정을 갖고 있는—더 필요한 것은 없다—사람들에게 강력한 리스트서브 프로그램을 이용해서 많은 온라인 메일링리스트를 제공하고 있다. 다음 다섯 개의 메일링리스트가 현재 운용되고 있다.

- 브리티쉬컬럼비아교사연맹 뉴스(BCTF News): 교사연맹의 활동과 쟁점에 관한 짧은 요약과 보도자료.
- 브리티쉬컬럼비아교사연맹 PD 이슈(BCTF PD Issues): 교과과정과 성적평가 등 전문적인 쟁점과 관련된, 연맹의 활동과 입장에 주안점을 둔 보고와 요약.
- 브리티쉬컬럼비아교사연맹 연구(BCTF Research): 연맹의 연구계획과 보고서들에 대한 정보.
- 브리티쉬컬럼비아교사연맹 단체협상 최신정보(BCTF Bargaining Update): 단체협상에 관한 최신 정보 개요. 이 메일링리스트는 노조 업무상 이용 허가를 받은 사람들에게만 공개된다.
- 브리티쉬컬럼비아교사연맹 위원장(BCTF President): 이 또한 지부 위원장과 연맹 간부들을 대상으로 하는 비공개 메일링리스트이다.

이상에서 말한 다섯 가지 온라인 메일링리스트는(내가 아는 한) 어느 수위의 노동조합이건간에 이러한 도구를 가장 광범위하고 집중적으로 활용한 것이다.

하지만 리스트서브 모델에도 단점은 있는데, 문서보관소에 접속하지 못할 때도 있고, 주요단어 검색으로 항상 문서를 찾을 수 있는 것도 아니라는 점이다. 교사연맹은 주요단어 검색이 가능하고 보관가능한 유니언넷(UnionNet) 토론실에 메일링리스트 글들을 미러링해 놓는 방안을 검토하고 있다(유니언넷은 솔리넷과 진보통신협회 캐나다 지부인 웹의 공동 성과물이다). 한편 메일링리스트 글들은 교사연맹의 고퍼에서도 볼 수 있다.

쿠엔이 말했듯이, 그들은 긴 안목으로 웹페이지에서 직접 가능한 토론시스템을 운영하고자 했다.

고퍼에는 연맹 대부분의 인쇄자료, 연구보고서, 고충처리에 관한 정보, 직업 개발 안내서, 연금과 임금에 관한 정보, 연맹 안내서, '교과 보조 목록' 등 연맹에 관한 더 많은 정보가 담겨 있다. 고퍼를 통해 이용가능한 문서들은 이 인터넷 도구에 접속할 수 없는 사용자들을 위해 전자우편으로 발송되기도 한다. 이는 시스템을 뒷받침하고, 인터넷을 제한적으로만 이용할 수 있는 사람들에게도 정보이용을 가능케 하는 모범 사례이다.

교사연맹은 작년에 독자적인 웹사이트를 개설했는데, 이는 이 장의 후반부에서 논의할 웹사이트 중 몇몇과는 질적으로 다르다. 교사연맹의 웹사이트는, 실제로 아무도 읽지 않을, 겉만 번지르르한 노조 관련 소책자만 담는 것이 아니라 연맹에 깊게 뿌리를 내리고 있는 통합적인 온라인 정보 네트워크의 일부분인 것이다. 교사연맹의 웹사이트에는 지금까지 언급한 모든 것뿐만 아니라 다른 자료들도 담겨 있다. 이용자들은 연맹의 간행물인 ≪교사(*The Teacher*)≫의 글만이 아니라 다른 자료들도 천연화보와 함께 볼 수 있다.

1981년 교사연맹 네트워크를 건설한 쿠엔은 여전히 노조에서 활동하고 있으며, 이러한 검증된 도구를 계속 변화하는 인터넷에 맞추기 위해 일하고 있다. 오늘날 연맹은 주규모의 단체협상제도가 도입됨으로써 새로운 도전들에 직면하고 있는데 이러한 변화는 연맹으로 하여금 정보를 어느 때보다도 더 광범위하게 그리고 신속하게 배포하도록 압박하고 있다. 브리티쉬컬럼비아교사연맹 네트워크로 인해서 연맹은 이러한 도전에 맞설 수 있다.

앨버타간호사연합

앨버타간호사연합(United Nurses of Alberta)은 캐나다 서부의 이 광활한 주에서 일하는 1만 3,000명의 간호사를 대표하는 노동조합이다. 병원, 보건소, 요양원, 혈액은행 등에서 일하는 간호원들은 앨버타 대초원의 광범위한 영역에 걸쳐 있는 140개 지부에 퍼져 있다. 1991년에 전산화계획이 시작되었고 현재 90여개의 지부가 애플 매킨토시 컴퓨터에 기반한 네트워크를 이용해서 상대방과 주사무소에 연결되어 있다(매킨토시 컴퓨터를 선택한 이유는 사용하기 편하기 때문이었다. 1980년대 후반 덴마크의 조합원들이 자신들의 실험에서 매킨토시를 이용한 것과 똑같다). 현재는 매킨토시가 아닌 일반 개인용 컴퓨터를 가진 조합원들도 이 네트워크에 접속할 수 있다.

앨버타간호사연합 네트워크의 관리자인 플로렌스 로스(Florence Ross)는 컴퓨터통신에 '성 격차(gender gap)'가 있다는 점을 부정하며, 연합 네트워크 중간처리단말기의 90% 이상을 여성이 운용한다고 자랑스럽게 이야기한다. "우리 지부 집행위원의 대부분이 여성이다. 그것도 많은 사람들이 기술시대에 편입하지 않을 것이라고 생각하는 중년 여성들이다. 나는 컴퓨터 사용을 꺼리는 사람들이 자신의 두려움을 극복하고 훌륭하고 유능한 이용자가 되는 것을 많이 보아왔다"라고 그녀는 말한다.

로스는 최근에 앨버타간호사연합의 웹사이트를 개설하였고, 다음과 같이 이야기하고 있다. "이는 지금으로서는 아주 새롭고 제한적이지만, 우리는 곧 많은 자료를 전송받을 수 있게 올릴 것이고 홈페이지를 로비의 도구로 사용할 계획이다." 현재 연합의 웹사이트에는 연합과 그 활동에 관한 설명, 강령 문안, 앨버타 주지사의 평, 연합의 월간 소식지 등이 담겨 있다.

로스는 앨버타에서의 성공에 만족하지 않으며, 다른 지역의 간호사 노동조합들에게 통신을 이용하도록 장려하고 있다. "이는 완만한 과정일 뿐이다. 기술은 엄청나게 진보되어 있다"라고 그녀는 말한다.

전화접속 지방 노동조합 게시판들

인터넷을 둘러싼 모든 과대선전에 대한 신랄한 비평인『실리콘 만병통치약』에서 저자 클리포드 스톨은 묘한 문구로 이야기를 끝맺는다. 스톨은 그의 개인용 컴퓨터를 끄거나—혹은 언론인 커크패트릭 세일(Kirkpatrick

Sale)처럼 언론이 보는 앞에서 시위삼아 그것을 부숴버리는—대신에 범지구적 인터넷에서 철수하기로 결정한다. 그렇다고 그가 컴퓨터통신을 완전히 포기한 것은 아니다. 그는 자신이 사는 지역공동체 온라인 네트워크인 샌프란시스코 웰(WELL)에서 여전히 활동하고 있으며, 어떤 면에서는 이전보다 더 활발해 보인다. 스톨은 광대하고 포괄적인 인터넷에서는 찾을 수 없었던 것—따뜻함, 우정, 그리고 공동체—을 웰에서 발견한 것이다.

우리는 전화접속 지방 노동조합 게시판을 범지구적 네트워크가 노조들을 연결하기 전의 과도기적 국면인 것으로 생각해서는 안된다. 저자인 나 자신을 포함하여 일부 사람들에게 지방 게시판은 컴퓨터통신에 있어서 일종의 수련기간이었고, 거기서부터 '진정한 것'인 인터넷으로 옮겨갔다는 것은 사실이다. 하지만 지방 노동조합 게시판은 무언가 시사하는 바가 있는데, 특히 인터넷 접속이 비싼 곳에서는 더욱 그러하다.

적어도 북미에는 많은 게시판들이(미국에만 6만 5,000개의 게시판이 있다) 저렴한 (그리고 다소 느린) 피도넷을 통해 이미 서로 연결되어 있다. 피도넷은 미대륙 전역에서 저렴한 심야시간 전화를 이용하여 각 컴퓨터의 게시판끼리 메시지를 전송하는 수단이다. 피도넷은 또 인터넷을 위한 고속 광섬유 데이터전송 케이블이 아직 없고 일반 전화선으로 모뎀을 이용하는 많은 개발도상국가에서도 매우 잘 작동한다.

국제전기노조 1220지부 게시판

지역 노조의 성공적인 게시판(BBS) 사용의 예로는 시카고의 국제전기노조(International Brotherhood Electrical Workers) 1220지부를 들 수 있다. 이 시스템의 운영자인 밥 캐스티거(Bob Kastigar)는 "우리 조합원과 시카고 지역 다른 노조의 조합원들이 이용할 수 있고, 다른 사람들이 노동운동에 좀더 많이 참여하고 배울 수 있도록 하기 위해" 1988년에 이 게시판을 만들었다고 내게 말했다.

캐스티거는 32년간 노동운동에 투신한 노동운동가이다. 그는 시카고에 있는 WGN 방송국의 기술자로 일하며 동시에 1220지부에서 32년 동안 활동하였다. 열성적인 노조원이었음에도 불구하고 그는 작년에야 노조 집행위원회의 일원이 될 수 있었다. 캐스티거는 또 "컴퓨터와 모뎀, 프린터를 이용하여 게시판을 운영하기 시작했는데, 나는 이것이 중요한 일이라고 생각했기 때문이다"라고 말했다.

1987년, 그가 이와 같은 의견을 제시하였을 때, 사람들은 그가 무엇에 관해 이야기하는지를 거의 이해하지 못했다. 그의 말을 이해하는 사람들조차도 별 감흥 없이 이러한 제안을 받아들이는 데 그쳤다. 당시 노조 사무실에는 두 개의 단말기를 갖춘 네트워크가 있었고, 1,200bps 모뎀도 한 대 있었다. 캐스티거는 노조에게 주말과 저녁시간에 컴퓨터와 기존의 전화선, 무료 소프트웨어를 사용하자고 제안했다. 다시 말하면, 그는 돈을 한푼도 투자하지 말자고 말한 것인데 노동조합은 이에 동의하였다.

캐스티거에 의하면, 노조지도부는 이 신기술을 사용하는 데 있어서 약간 미심쩍어했다고 한다. "게시판의 공개성은 현실적인 위협이다… 노조회의의 통제와 규율 없이 노조원들이 서로 직접 연결하는 것은 좋게 받아들여지지 않았다."

지역 게시판의 이 창립자는 그들의 일곱 가지 목적을 표명하는 '임무조항'을 기초하였다. 이는 북미 이외의 다른 노조지부도 고려할 만한 일반적인 모델이 될 수 있다.

- 조합원과 비조합원 등 모든 사람에게 노동자의 관점을 강조하는 공개적인 통신 채널을 제공한다.
- 노동공동체의 성원들—노동지도자, 조합원뿐만 아니라, 연구자, 교사, 중재자, 변호사, 노동·경영 관계에 관련된 사람들—간에 공개적인 통신 채널을 제공한다.
- 노조원들간에 직접적인 통신 채널을 제공한다.
- 국제전기노조(IBEW)의 목적을 지지하고 촉진하기 위한 포럼을 제공한다.
- 국제전기노조 1220지부 조합원의 참여를 고취한다.
- 게시판상에서 이용가능한 컴퓨터와 컴퓨터통신에의 기술적 측면에 지나치게 경도되지 않고 견해의 소통을 고취한다.

- 다른 사람들이 참여할 수 있는 정보 및 의견 교환의 매개를 통해서 흥미롭고, 재미있으며, 우호적이고 유쾌한 환경을 제공한다.

시간이 지나자 게시판은 많은 조합원들의 관심을 끌게 되었고, 장비도 좋아졌으며, 결국 노동조합에서도 이 계획에 일정 예산을 할애하게 되었다(그들은 마침내 게시판 소프트웨어를 구입하였다).

다른 두 노조가 1220지부에 접촉하였다. 하나는 국제전기노조의 한 지부였고, 다른 하나는 방송기술직조합(Society of Broadcast Engineers)의 한 지부였다. 이들은 게시판상에 그들을 위한 토론방을 만들어달라고 요청하였는데 캐스티거는 아무 대가도 요구하지 않은 채 이들의 요구를 받아들였다. "우리의 게시판은 인기가 점점 더 좋아졌습니다"라고 그는 뒷날 말했다.

그에 의하면, '우리 게시판에서 특별하게 만들려고 한 점'은 전송(downloading)받을 수 있는 파일들의 긴 목록이었다. 파일 선택의 중점은 노조원들이 이용하고자 하는 것들을 모아 놓는 것이었다. 게시판을 처음 이용하는 사람이 보고자 하는 파일은 아마도 1220지부가 제공하는 긴 파일 목록일텐데, 이는 매일 갱신된다.

파일 목록을 검토해 본 결과, 이곳에는 여느 게시판에서 볼 수 있는 많은 것들이 있었는데, 이에 못지 않게 독특한 것들 역시 많이 있었다. 여기에는 1941년 창립 이래의 1220지부의 역사, 지부 소식지의 온라인판, 게시판에 관해 노동조합에 제출된 보고서, 노동조합과 컴퓨터통신에 관한 광범위한 쟁점을 다루는 수많은 파일, 솔리넷이라 불리는 느슨한 네트워크에 관한 정보, 미국의 지역 노동조합 게시판과의 링크, 미국노총산별회의(AFL-CIO) 노동네트워크와의 링크, 1994년 미네소타에서 열린 '노동기술(Labor Tech)' 회의에 관한 파일, '남아공에 만들어진 노동네트워크'라는 이름의 논문 등이 실려있다. 샌디에이고에 있는 캘리포니아노동평의회(California Labour Council)의 게시판을 위한 파일 목록도 나와 있다. 또 이러한 초현대적 기술을 사용하는 노동자에게 과거의 노동운동에 관해 알려주는 글도 찾을 수 있는데, 미국 '노동절'의 역사에 관한 기사와 최근의 노동운동사를 담은 책자들에 관한 서평, 그리고 콜로라도 주 러들로우에서 있었던 파업과 학살에 관한 역사적인 연구서 등이 그것들이다.

국제적인 노동문제에 관한 관심은 흔히 생각하듯이 다소 제한적이다. 앞에서 이미 남아공 노동네트워크의 건설에 관한 한 논문을 언급한 바 있다. 그리고 1993년 미국노총산별회의의 총회에서 행해진 연설문 모음에는 국제자유노련 위원장의 연설도 들어 있고 일본 노조활동가가 쓴 글도 수록되어 있다. '중국, 덴마크, 멕시코, 대만 등 외국 노동운동의 현황에 관한 논문들'도 찾아볼 수 있다. 『공산당선언』(거의) 전문도 목록에 올라 있지만, 이것은 실용적이고 미국적인 글들 사이에서 좀 동떨어진 것처럼 보인다. 북미자유무역협정에 관한 기사도 하나 목록에 올라 있다.

노동조합이 독자적으로 만든 상품들과 이를 표시하기 위한 노조마크들의 목록도 많이 있으며 자주 갱신된다. 이러한 목록에서 우리는 노조가 만든 컴퓨터, 가정용구, 자동차와 소형트럭, 커피메이커, 식기세척기, 선풍기, 음식찌꺼기처리기, 전자레인지, 일리노이에 있는 노동조합호텔 등을 볼 수 있다. 심지어 노동조합이 만든 상품들에 관한 두 편의 시도 찾을 수가 있다.

노동조합 게시판에서만 볼 수 있는 파일들이 많이 있는데 이는 다음과 같다.

- ≪노동노트(*Labour Notes*)≫에 수록된 기사들
- 컴퓨터산업 부문의 노동자들을 위한 전자출판물인 ≪중앙처리장치 (*CPU*)≫의 기사들
- 미국노총산별회의(AFL-CIO) 법률조정위원회의 회보
- 노동조합인 지역 관현악단을 대표하는 관현악단 연주자연합(Regional Players Orchestra Association)의 소식지
- 미국 노동법개정에 관한 던롭위원회(Dunlop commission)의 권고와 미국 노동법개정에 관한 다른 기사들, 국가노동관계법(National Labour Relations Act) 전문과 주석, 노동자와 노조에 영향을 미치는 연방법원과 국가노동관계위원회(National Labour Relations Board)

의 결정들, 미국 노동부 관계자의 이름과 연락처, 미국 노동부장관의 경력, 미국 국가노동관계위원회 신임 위원장의 간략한 글
- 여성과 소수집단의 노동력에 관한 글들과 실행되고 있거나 계획중인 보건 계획에 관한 글들
- 지부들이 이용할 수 있는 노동관련 비디오들
- 새롭고 혁신적인 노사관계에 대한 접근을 담고 있는 전미자동차노조 산하 제너럴 모터스 노조의 테네시 주 새턴공장에서의 노동계약

1220지부의 게시판은 이 모든 노동관련 글들과 더불어 조합원과 이용자들이 전송받아 사용할 수 있는 교육·오락의 광범위한 파일을 제공하고 있다. 전화료 이외에는 다른 어떤 사용료도 받고 있지 않으며 이 게시판을 정기적으로 이용하는 사람들은 대부분 시카고 지역에 살고 있다.

한편, 캐스티거는 지방 노동조합 게시판들과 그들의 네트워크인 솔리넷이 지속적으로 존재할 수 있는가에 대해 낙관적이지 않다. "제가 생각하기에 일부 지방 노동게시판은 완전히 결단을 내려야 할 시기에 처해 있습니다"라고 그는 말한다. "인터넷의 유용성으로 인해 폐쇄적이고 우상파괴적인 게시판들에서 많은 사람들이 이탈하고 있습니다—게시판이 인터넷 접속 문제를 해결하지 않는다면 말입니다. 1220지부의 게시판은 일주일에 일곱 명에서 열 명 가량이 접속합니다. 게시판을 유지하는 데 비용이 들지 않는 점을 고려하면 이러한 방식은 아마 오랜 기간 지속될 수 있겠지요. 하지만 솔리넷의 노동대화 네트워크(LabourChat Network)의 경우 다릅니다. 회원수가 늘기는커녕 점차 감소하고 있습니다. 그리고 전에 비해 메시지도 훨씬 줄어들고 있습니다."

노동조합구역 게시판

제리 프레이(Jerry Fray)는 노동운동 집안에서 태어났다. 그의 부모 모두 노동조합원이었다. 어머니는 전화교환수로서 미국통신노조(Communication Workers of America) 조합원이었고, 아버지는 트럭운전사로서 강력한 트럭운전사 노동조합(Teamsters Union)의 조합원이었다. 프레

이 자신은 인디애너 주 코너스빌(Connersville)에 있는 국제전기노련(International Union of Electrical Workers) 919지부의 조합원이었다. 그가 속해 있는 조합은 포드 자동차사에 에어콘부품, 공기압축기, 방열기, 축전기 등을 공급하는 포드전자냉각사(Ford Electronics and Refrigeration Corporation)의 3,500 조합원을 망라하고 있다.

프레이는 조합의 모든 분야에서 적극적으로 활동하였다. 그는 조합간부였으며, 919지부의 정치교육위원회 사무장과 위원장으로 활동하였다. 그는 화이트워터 밸리(Whitewater Valley)의 미국노총산별회의 중앙노동평의회 파견자였으며, 나중에는 이 평의회의 부의장과 의장을 5년간 역임하였다.

그는 1988년에 스스로의 시간과 자금으로 유니언 라벨 게시판(Union Label BBS)을 설립하였다. 프레이는 워싱턴D.C.에 있는 미국노총산별회의 유니언 라벨부에 이 명의를 이용할 수 있는 승인을 요청하였고 이는 받아들여졌다(이름은 후에 노동조합구역 게시판[TradeZone BBS]으로 바뀐다). "나는 단지 취미로서 이 게시판을 시작했고, 노조적인 측면은 나의 노조 활동에 의해 자연스럽게 나타나게 된 것이었다"라고 그는 말한다. 이 게시판은 야심적인 명칭과는 달리 주로 지역 사람들에게 서비스를 제공하기 위한 것이었다.

그는 8메가바이트의 메모리와 1기가바이트의 하드드라이브를 장착한 평범한 486DX4-100메가헤르츠 개인용 컴퓨터만 가지고 게시판을 운영하였다. 미국에서 이러한 기종의 컴퓨터는 주로 가정용으로 보급되며 이는 노조의 예산과 별 상관없는 저렴한 것이었다. 그는 전화선과 비교적 느린(14,400bps) 모뎀만을 사용하고 있었는데 이 평범한 가정용 컴퓨터 시스템이 지역 게시판을 운용할 수 있도록 도와준 것은 전용전화선과 CD-ROM 3개(곧 7개로 늘어날 것이다), 그리고 게시판을 관장하는 와일드캣(WildCat) 소프트웨어였다.

시카고의 1220지부 게시판의 경우와 마찬가지로, 프레이의 시스템은 노동조합에 관한 정보를 담은 수많은 문서파일을 갖고 있다(노조 호텔과 노조 상품들, 그리고 유니언 라벨 게시판이라고 알려진 네트워크 서버에 고유한 것들). 캐스티거와는 달리, 프레이는 이용자들이 온라인상에서 할 수 있는 컴퓨터게임도 올려놓고 있다. 그는 자신의 게시판을 '일반대중'적인 것이라고 부른다. 이 게시판은 그의 노조에 공식적으로 연결되어 있지 않으며, 그 쪽로부터 재정적이든 다른 방식으로든 어떤 지원도 받지 않았다.

프레이에 따르면, 이 게시판은 관리인에서부터 노조지부의 집행위원들까지 다양한 사람들이 이용하고 있다. 지금은 이 게시판을 그리 많은 사람들이 이용하지는 않지만—노조지부의 50여 명 정도—프레이가 인터넷 접속기능을 추가한다면 아마 많은 변화가 있을 것이다. 한 구체적인 결과로 미국노총산별회의의 보이코트 목록이 이 노조지부의 소식지에까지 실리기도 한다.

직접 쏟아부은 자금과 시간을 생각하며 그는 다음과 같이 말한다. "지금까지는 그리 좋은 상황이 아니다. 나는 조합의 활동가이지만, 노동조합과 관련된 나의 게시판은… 내 지부에서도 아무런 지원을 받지 못하고 있다."

노동위원회 게시판

1986년에 마이크 로스터터(Mike Lostutter)는 인디애나 주 남부에서 국제전기노련(International Union of Electrical Workers; IUE)의 국제부장으로 활동하고 있었다. 캐스티거와 프레이의 경우처럼, 그도 게시판을 이용하여 그가 돕고 있던 여러 개의 지역노조를 서로 연결시키기로 결심했다—'정보와 대화의 교류를 위해서'라고 그는 설명했다.

초기에 '노동위원회 게시판(Labour Board BBS)'은 그리 성공적이지 않았다. 로스터터는 20메가바이트의 하드디스크와 1메가바이트의 주기억장치(RAM)밖에 없는 IBM호환 개인용 컴퓨터(XT급)를 이용하여 조심스럽게 시작했는데 이 게시판은 전화회선이 한 개밖에 없었고 첫 해에는 30여 명만이 이용했다. 이들 중 어떤 식으로든 노동조합운동과 연계를 가진 사람들은 10명뿐이었다.

로스터터는 국제전기노련 조합원들에게 유용하게 쓰일 두 개의 데이터베이스를 만들기 시작했다. 하나는 단체협상 기간중 만들어진 제안과 수

정제안들로 구성되어 있었고, 다른 하나는 고충처리 기록의 데이터베이스
였다. 단체협약과 고충처리는 미국의 지역 노동조합들의 일상적인 사무였
으므로 이러한 선택은 그리 놀라운 것은 아니었다. 기업과 노조의 제안들
은 컴퓨터 데이터베이스와 스프레드쉬트 프로그램에 입력되었다. 로스터
터는 국제전기노련 지부들의 컴퓨터 구입을 독려했고 프로그램의 구입과
운영을 도왔다. 축적된 정보들은 해가 지날수록 점점 유용하게 되었는데
로스터터의 말에 의하면, '본보기들이 만들어졌다.' 기업이 무엇을 제안할
지 예측할 수 있게 된 것이다.

　　노동조합은 고충사항 문제에 관해서 새로운 데이터베이스 덕택에 전문
중재자들의 결정들—간행된 것이건, 미간행된 것이건—을 찾을 수 있었으
며, 이로써 노조와 기업주간의 분쟁을 해결할 수 있었다. 로스터터는 미국
중서부 지역의 중재자들에 관한 정보의 기반을 만들어냈다. 노동조합들은
분쟁에서 중재자를 이용하는 데 동의하기 전에 그들에 관한 '간략한 개
요'를 얻기 위해 이 데이터베이스에 접속할 수 있었고 실제로 접속했다.

　　1992년 로스터터는 뉴저지 주로 옮겨 국제전기노련 연금기금(Pension
Fund)과 활동을 시작했다. 노동위원회 게시판도 그와 함께 옮겨졌으며—
줄곧 성장을 거듭했다. 현재 로스터터의 게시판은 여전히 무료로, 여전히
하나의 전화선을 통해 자발적인 기반에서 움직이고 있다. 하지만 훨씬 강
력한 컴퓨터를 이용해서 운영되고 있으며, 이용자는 30명에서 거의 500
명으로 크게 늘어났다.

연대네트워크

　　미국의 솔리넷 노동네트워크(Solinet Labour Network—이보다 규모가
큰 캐나다의 솔리넷과는 다른 것이다)는 북미의 여러 지방 노동조합 게시
판들을 연결하는 '중계 네트워크(echo network)'이다. 모든 메시지는 참
여하는 게시판들간에 재전송되고 공유된다. 그러나 이 네트워크는 피도넷
과는 달리, 개인적이고 수신자가 지정된 메시지는 허용하지 않는다. 이 네
트워크는 1988년경 두 개의 기존 노동조합 게시판—마이크 로스터터가
운영하는 국제전기노련 게시판과 밥 캐스티거의 1220지부 게시판—을 연

결시키는 것으로 운영을 시작했다. 다른 노동조합 게시판들도 나중에 여기에 참여하였다. 네트워크의 중심축은 아직 시카고의 1220지부 게시판이다. 마이크 로스터터는 솔리넷의 관리자이며 제리 프레이의 노동조합구역 게시판은 인디애나 주의 중심축이다.

"이는 아주 느린 성장과정이었다. 왜냐하면 이는 모두 자발적 활동이었고 지역 노동조직들의 승인이나 지원을 받지 못했기 때문이다"고 캐스티거는 말했다. 1990년대 중반 미국의 캘리포니아, 일리노이, 인디애나, 미네소타, 뉴저지, 뉴욕 주와 캐나다의 브리티쉬컬럼비아, 온타리오 주 등에서 십여 개의 지방 노동조합 게시판이 솔리넷에 가입하였다. 캐나다의 게시판들은 빅토리아(브리티쉬컬럼비아 주의 주도—역자)의 병원노동자와 토론토의 공공부문 노동자를 망라하는 것이었다.

미국에는 주로 샌디에이고 노동자평의회, 노동조합구역 게시판, 국제소방수연합(International Association of Fire Fighters)의 두 지부, 국제전기노조의 110지부와 1220지부, 그리고 뉴저지 주 세코커스에 본부를 둔 국제전기노련 게시판 등이 있었다. 또한 엠파이어스테이트 노동게시판(Empire State Labour BBS), 갈매기 게시판(Gull BBS), 공작 게시판(Peacock BBS) 등도 여기에 참가하고 있었다.

지방 노동조합 월드와이드웹 사이트들

인터넷이 곧 월드와이드웹은 아니다. 웹은 노조활동가들이 범지구적 노동네트워크를 건설하는 데 이용할 수 있는 여러 도구 중 하나에 지나지 않는다. 지금까지 우리는 온라인 토론그룹, 전자우편, 데이터베이스 등 지방, 지역의 노동조합들이 이용하는 다른 도구들에 관심을 쏟아왔다. 지방노조의 진정한 지방 노동네트워크 건설은 이들 도구의 결합을 통해서만 가능하다.

그럼에도 불구하고, 웹은 노조가 메시지를 서로 주고 받는 데 있어서, 특히 파업과 같은 위기 상황에 있어서 매우 유용한 도구이다. 최근 몇 달간 개설된 웹사이트는 주로 노동조합의 투쟁에 대해 일반대중의 지지를 얻기 위한 '파업 사이트(strike site)'들이다.

이의 한 예는 국제서비스노조(Service Employees International Union)의 샌프란시스코 3개 지부가 만든 웹사이트이다. '힐헤이븐 요양원 노동조합(Hillhaven Nursing Home Workers)' 웹사이트는 거의 4면에 걸쳐 보건노동자들과 힐헤이븐 경영진간의 투쟁에 관한 정보를 담고 있다. 이 사이트는 노동자의 편에서 파업과 직장폐쇄에 관한 진실을 알리는 것과 더불어 더 많은 정보를 알고 싶거나 자원봉사를 하려는 사람들을 위해 노조의 전화번호를 수록하고 있다. 또 힐헤이븐 시설에 관한 개인적 경험을 전자우편으로 보낼 수 있고, 투쟁 경과에 관한 최신소식도 있으며, 요양원 앞에서의 시위에 초대하는 글도 있다.

미국의 일리노이 주 디케이터(Decatur)에 있는 스테일리(A. E. Staley)사에서 진행된 장기적이고 격렬한 유명한 노동자투쟁은 독자적인 웹사이트를 갖고 있다. 스테일리사는 밀러맥주, 펩시콜라, 코카콜라 등의 음료회사가 이용하는 옥수수 감미료를 생산하는 기업이다. 2년여에 걸친 직장폐쇄로 내몰린 763명의 스테일리 노동자들은 지지자들과 함께 한 평화시위에서도 경찰에 의해 저지당했다. 노동조합과 지역공동체는 밀러사에 압력을 넣어 스테일리사 제품 사용을 중단하도록 하였다. 코카콜라사의 전자우편 주소도 웹사이트에 나와 있는데 이는 웹사이트 이용자들이 코카콜라 경영진에게 간략한 편지를 보내 옥수수 감미료를 다른 기업에서 구매하라고 압박하기 위한 것이다. 많은 기업들이 인터넷상에 진출하면서 화려한 웹사이트와 전자우편 주소를 제공했고 그에 따라, 이 간단한 장치는 투쟁을 벌이는 노동조합들의 강력한 도구가 될 수 있다.

이 훌륭한 스테일리 웹사이트는 또 '교전지역(war zone)' 티셔츠도 선전했고, 이용자들은 오른쪽의 하이퍼링크를 마우스로 찍어서 '스테일리 가족을 양자로 들일(스테일리사 노동자들을 후원하는 것의 의미하는 듯하다—역자)' 수도 있었다.

지방 노동 웹사이트의 주제가 되었던 또다른 주요한 투쟁으로 1995년 워싱턴 주, 오레곤 주, 캔사스 주 등에서 3만 2,500명의 기계공들이 보잉사 파업을 들 수 있다. 웹사이트에 의하면, 이는 1990년대에 미국에서 일어난 파업 중 가장 오래 지속된 파업이었으며—노동자들은 '단결, 전투성, 결단력, 효과적인 생산중단' 등의 덕분에 승리하였다. 그들은 또 지역공동체의 지지를 조직했는데—이는 부분적으로는 인터넷을 통해 이루어졌다.

워싱턴 주 정의로운 일터(Washington State Jobs With Justice)라는 조직이 만든 웹사이트에는, 이러한 쟁점들에 대한 정보, 보잉 작업장의 신문 발췌록으로 가는 링크, 미국노총산별회의 신임지도부가 이끈 대중집회에 관한 정보, 이 거대 기업(보잉사—역자)과 협상중인 다른 노조로의 링크, 심지어 보잉사의 웹사이트 자체도 들어 있었다. '보잉사가 독자들이 우리 웹사이트를 읽게 내버려둘 거라고 생각하십니까?'라고 조직원들이 묻는다. '만약 그렇다고 생각한다면 여기를 클릭하십시오!'라고 밑줄친 구절은 대답하고 있다. 이곳을 클릭하면 보잉사에 전자우편을 보내게 된다(이는 흥미로운 점을 제기한다. 노동조합들은 협상과정에서 회사측과 노조측의 웹사이트를 서로 연결시킬 것을 요구함으로써 노동자들은 항상 자신의 입장에서 이야기를 할 수 있는 것이다).

워싱턴시에 있는 국제가스노조(International Union of Gas Workers; IUGW)는 워싱턴가스사(Washington Gas Company)와의 투쟁을 다룬 일곱 면 분량의 상세한 웹사이트를 개설하였다. 파업에 관한 자세한 정보를 다루고 있음에도 불구하고 이 사이트는 인터넷 도구들을 전혀 사용하지 않았다. 노조는 (전자우편 주소나 팩스 번호가 아닌) 일반 주소를 공개해 독자들로 하여금 기업 총수들에게 직접 편지를 쓰도록 독려했으며, 노조의 '기업 구사대에 맞서 싸우는 캠페인'에 기부하고자 하는 사람들을 위해 기금과 함께 보낼 수 있는 서식과 워싱턴가스사에 보내는 항의편지 사본들을 프린터로 출력해서 제공했다. 이 양식은 전자우편으로 보낼 방법도 없고, 온라인상으로 돈을 기부할 수도 없다. 국제가스노조는 단지 소책자를 통신상에 게시했을 뿐이다.

모든 지역 노동조합 웹사이트가 즉각 투쟁과 연결된 것은 아니다. 어떤 것은 노동조합을 설명하는 온라인 소책자로만 존재한다. 캘리포니아 대학에 있는 대학노동자연맹(Coalition of University Employees)도 이러한 사이트를 갖고 있는데, 여기에는 왜 그들이 현재의 노조(미국 주·군·시 노동자연맹[American Federation of State, County and Municipal Employees])를 그만두고 대학노동자연맹에 참여해야 하는가 등의 이슈―여기에는 4명의 노동자가 보낸 추천장도 있다―가 실려 있다. 이 사이트는 노조가 어떻게 ‘재증명’―이는 이 대학 9개 캠퍼스에 퍼져 있는 1만 9,000명의 사무노동자를 대표하는 노조의 변화를 의미한다―에 착수하는가를 설명한다. 이 사이트에는 또한 캠퍼스 연락처(전자우편 주소 등. 하지만 이것들은 하이퍼링크는 아니다)의 목록도 들어 있다. 새로운 노조의 주소는 밑줄로 강조되어 있는데, 전자우편을 보낼 수 있도록 하기 위해서이다. 하지만 대학노동자연맹에 가입하려는 노동자들은 웹사이트에 있는 양식을 출력해서 가입비와 함께 우편으로 부쳐야 한다. ‘넷스케이프를 이용해서 다음의 양식을 출력하시오’라는 문장을 볼 수 있는데, 이는 이 웹사이트의 복합적인 성격, 즉 다른 많은 웹사이트들처럼 단지 부분적으로만 도구를 활용하고 있음을 보여준다.

좀더 오래된 오하이오 주 미국노총산별회의는 미국에서 독자적인 웹사이트를 개시한 최초의 주규모 노동연맹이었다(여기에 최근 알래스카 주 미국노총산별회의가 합류하였다). 이 웹사이트는 오하이오의 노동운동, 주 정책, 소비자 정보 등의 여러 가지 정보들을 링크시키고 있으며 ≪뉴스 추적(News Hound)≫이라는 온라인 소식지도 볼 수 있다. 이 사이트는 이외에도 전국 미국노총산별회의 웹사이트와 여타 다양한 노동관련 사이트들도 링크시키고 있는데, 이것은 주로 자기 조직과 쟁점에만 초점을 맞추는 경향이 있는 지역 웹사이트로서는 특별한 부분이다.

≪뉴스 추적≫이 웹사이트를 통해 볼 수 있는 유일한 지역 노조 간행물은 아니다. 전미자동차노조(UAW) 974지부가 발간하는 ≪노동조합원(Unionite)≫ 또한 웹상에서 찾아 볼 수 있으며 ≪LA노동뉴스(L.A Labour News)≫도 있다(후자는 고퍼로 전송된다).

지역의 노동관련 웹사이트는 계속 등장하고 있다. 캐나다에서는 수많은 웹사이트가 등장했는데, 여기에는 앞서 언급한 브리티쉬컬럼비아교사연맹, 앨버타간호사연합과, 교원연합(Faculty Assciations) 매니토바(Manitoba)

주 조직, 캐나다공공노조 3909지부 등이 포함된다. 오스트레일리아에서는 최근 적어도 다섯 개의 주 및 지방 노동조합이 웹사이트를 만들었다.

지방 노동관련 웹사이트의 절대다수가 미국에 있지만, 이는 이 나라에 있는 4만 여 노동조합 지부 중 아직 극소수에 불과하다. 이들 사이트는 다음과 같다. 댈러스 영화배우조합(Screen Actors' Guild), 필라델피아와 오레곤 주 포틀랜드의 미국우편노조(American Postal Workers' Union) 지부들, 애틀랜타교사연맹(Atlanta Federation of Teachers), 캘리포니아농장노조(California Farmworkers' Union), 미국통신노조(Communication Workers of America)의 6143지부와 9119지부, 그래픽통신국제노조(Graphic Communications International Union)의 14-M지부, 하와이공무원연합(Hawaii Government Employees' Association)의 152지부, 철강노조(Ironworkers)의 뉴욕 361지부, 캔터키주공무원연합(Kentucky Association of State Employees), 전국우체부연합(National Association of Letter Carriers)의 콜로라도와 미네소타 주지부, 국제사무전문노조(Office and Professional Employees' International Union)의 153지부, 캘리포니아주평의회(California State Council), 국제서비스노조(Service Employees' International Union)의 적어도 다섯 개 지부, 매사추세츠 동남부 해상노련(Maritime Employees' Association), 국제제지노련(United Paperworkers' International Union)의 7837지부, 위치타 기사연합(Wichita Engineering Association).

풀뿌리에서 범지구적 노동네트워크로

이 책은 차기 인터내셔널에 관해 이야기하는 것으로 시작하였다. 지역적이고 몇몇은 아주 작은 사례에 지나지 않은 예들이 거대한 범지구적 노동네트워크의 건설과 어떤 관계를 가질까? 나는 이러한 현상에 관심을 기울여야 할, 아니 사실은 이를 고무해야 할 다섯 가지 이유를 들 수 있다.

- 지역적 노동네트워크는 일간 노동신문과 같은 온라인 노동조합언론의 사례들을 제공한다. 나는 7장에서 월드와이드웹상의 국제 일간노동신문·뉴스 서비스의 창출에 관해 자세히 제의할 것이다. 내 생각에 이같은 종류의 온라인 노동조합 언론의 개척자는 국제자유노련 같은 범지구적 노동조직의 간부가 아니라, 인터넷 최초의 일간노동신문인 ≪샌프란시스코 자유언론≫과 ≪디트로이트저널≫을 만든 신문사 파업노동자들이다.
- 지역적 노동네트워크는 학술 네트워크나 기업 네트워크 비슷한 것을 사용할 때조차도, 노동조합원들에게 전자우편 사용법 같은 기본적인 컴퓨터통신기술을 가르친다. 그 이상으로, 조합원들은 네트워크상에서 꽃피우고 있는 통신문화에 관해 무언가를 배우게 되고 새로운 정보시대에 익숙하게 된다.
- 지역적 노동네트워크, 특히 우리가 살펴본 독립적 노동조합 네트워크와 전화접속 게시판들은 현재로서는 인터넷 접속이 상당히 비싼 개발도상국의 노동운동이 온라인상에 진출하는 데 있어서 모델이 될 수 있다. 노동조합의 '중계 네트워크'를 통해 지역의 전화접속 게시판을 연결시키는 미국의 솔리넷은 아프리카나 아시아 혹은 남미에 있어서 매우 유용한 모델이 될 수 있을 것이다.
- 노동조합원들은 지역적 노동네트워크들이 인터넷에 연결된다면, '새로운 인터내셔널을 위한 새로운 도구들'이라고 부른 것들—리스트서브에 기반한 온라인 토론그룹, 고퍼와 웹을 통한 전자출판 등—을 어떻게 이용하는지 배울 수 있을 것이다. 한 예로 브리티쉬컬럼비아의 교사들은, Labour-L이나 Union-D 같은 범지구적 메일링리스트에 접속할 때 이용하는 기술을 그들의 주규모 리스트서브 메일링리스트에 접속하기 위해서도 이용하고 있다.
- 마지막으로, 지역적 노동네트워크는 조합원들에게 범지구적 정보고속도로로 가는 진입로를 제공해 준다.

범지구적 노동네트워크가 어떤 방식으로 작동할 것이라고 생각하는가?

대부분의 노동자들이 아침에 일어나 브뤼셀에 있는 그들의 국제산별노련 웹사이트에 접속하지는 않을 것이다. 그들은 아마 지부의 통신언론과 토론그룹에 우선 접속해서 지부 사람들과 지부의 현안에 대해 이야기할 것이다. 그리고 이와 동일한 이유로, ≪인터내셔널 헤럴드 트리뷴(*International Herald Tribune*≫보다는 지역 신문을 읽을 것이다. 지역 노동네트워크는 또 그 지역 언어로 일한다는 이점을 가질 것인데, 왜냐하면 범지구적 네트워크에서는 이럴 가능성이 적기 때문이다. 가장 훌륭한 다언어 웹사이트조차도 극히 소수의 언어만을 제공한다.

래리 쿠엔, 게리 그래프, 밥 캐스티거, 로라 세이거, 플로렌스 로스 같은 사람들조차도 지역적 노동네트워크, 혹은 이와 유사한 것들을 만든 데 들인 노력을 생각하며 실망하곤 한다. 다른 조합원들과 노조 간부들은 그들이 한 것을 이해하지 못하거나 적대적으로 바라보거나, 혹은 두 가지 반응 모두를 보이기도 한다. 그들의 작업은 제대로 인정받거나 평가받지 못하고 있으며 여기에는 시간, 노력, 때로는 자기 주머니에서 나온 돈을 상당히 투자하는 등 많은 희생이 뒤따른다.

하지만 이러한 활동이 헛된 것은 아니다. 내가 위에서 제시한 모든 이유 때문에, 나는 향후 몇 년간 국제노동운동이 직면하게 될 위대한 임무에 이같은 풀뿌리 노력들이 필수적이라고 믿는다. 진정한 범지구적 노동네트워크와 새로운 인터내셔널의 건설에 있어서.

5
전국적 노동조합 네트워크들

몇 년 전만 해도 이 장을 서술하는 것은 아주 쉬웠을 것이다. 그 전부터 이미 지방 노동조합의 네트워크 실험이 있었고 (국제산별노련 같은) 몇몇 국제노동조합조직은 정보통신을 사용하고 있었다. 그러나 전국적 차원에서는 사실상 캐나다의 솔리넷만이 존재했다. 내가 마르크 벨랑제에게 솔리넷에 관해 몇 가지를 물어보기만 하면 문제는 해결할 수 있었을 것이다.

오늘날에는 어느 누구도 전국적 노동조합의 컴퓨터통신 활용에 관하여 포괄적으로 최근의 상황까지 서술할 수 없다. 이미 많은 나라에서 컴퓨터통신을 이용하고 있고 상황이 굉장히 유동적이기 때문이다. 최선의 방안은 전국적 수준의 노동네트워크를 개괄하는 것이고 이것이 내가 이 장에서 하고자 하는 바이다. 여기서 다룰 것은 1996년 중반, 4개 대륙 7개 국가의 상황이다(마지막 부분에 다른 10개 국가도 간략하게 서술하였다).

한 나라 내에서도 자료가 완전히 포괄적일 수는 없다. 몇몇 나라에서는 전국 노동조합 중앙조직뿐만 아니라 다른 노동조합들도 통신상에 존재한다. 나는 그러한 모든 노동조합을 다루려하기보다는, 각 나라의 몇 가지 사례에 초점을 맞출 것이다. 또 노동운동과 관련된 다른 조직들(노동당과 노동자교육협회 등)의 경우에도 특별히 포괄적으로 다루지는 않고 몇몇 조직만을 지나가면서 언급하겠다.

최근에 명확해진 하나의 경향은 전국 노동조합 중앙조직(특히 영국, 미국, 오스트레일리아, 뉴질랜드, 남아공의 경우)이 통신망 조직과정에 점차로 참여하고 있다는 것이다. 이들 중앙조직 중 일부는 이전에는 전자우편 주소가 하나밖에 없었지만, 오늘날에는 웹사이트, 온라인 메일링리스트, 온라인 토론방, 데이터베이스 등을 제공하고 산하 노동조합을 지원하고 있다.

미래의 상황은 이미 명확하다. 더 많은 온라인 토론그룹, 더 많은 전자출판, 노동조합의 내외 통신에 있어 더 많은 전자우편이 활용될 것이다.

우리는 노동조합운동의 창시자가 노동자 조직계획을 "더 많은(more)"이란 한 단어로 요약했던 나라에서 논의를 시작한다.

미국

1960년대 후반 미국에서 인터넷이 처음 개발되었을 때, 미국 노동운동은 최고의 성장을 기록하고 있었다. 1960년대에 조합원수는 1,810만 명에서 2,070만 명으로 증가하였다. 그 이전에도 이후에도 노동운동이 이만큼 거대하고 강력한 시기는 없었다. 지난 30년간 인터넷은 기하급수적으로 성장하였다. 그리고 미국 노동조합은 그만큼 급속도로 몰락하였다.

오늘날 미국은 인터넷에 미쳐버린 나라이다. 1995년 10월의 조사에 따르면, 미국과 캐나다에서 2,400만 명 이상의 인구가 인터넷을 이용하고 있다. 보다 최근의 조사에 의하면 미국의 인터넷 사용인구는 950만 명에 '불과'하다고 한다. 이들 중 대다수가 1995년부터 인터넷을 사용하기 시작했다는 점을 감안한다면, 네트워크들의 범지구적 네트워크가 최초로 시작된 나라에서 인터넷이 얼마나 급속히 성장했는가를 확인할 수 있다.

한편 노동조합은 보수적인 공화당 통치가 장기화됨에 따라 조합원 수의 극심한 감소뿐만 아니라 영향력, 정치적인 힘, 자신감의 상실을 겪게 되었다. 최근 몇 년 동안 조합원의 절대수는 약간 증가 추세에 있다. 더욱 중요한 것은 1995년말 전국노동조합 중앙조직―미국노총산별회의―에서 새로운 지도부가 선출되었고, 이들이 수백만의 노동자들을 노조로 조직하고 노동자의 힘과 권위를 회복할 것을 약속했다는 점이다.

이를 시작하기 위해서라도, 미국의 노동운동은 지구상의 다른 어느 곳보다도 컴퓨터통신을 가장 효율적이고도 지능적으로 사용해야만 할 것이다. 4장에서 우리는 지역 수준에서 이것이 어떻게 진행되고 있는가에 대해 온라인 일간 파업신문, 지방 노동조합 게시판, 지역 웹사이트, 그리고 기업과 학술 네트워크 사용 등 몇 가지 좋은 사례를 통해 살펴보았다. 여기에서는 노동조합 중앙조직인 미국노총산별회의와 이 분야에서 활동중인 다른 그룹(가장 대표적으로 IGC노동네트워크)이 운영하는 전국적 규모의 네트워크에 초점을 맞추고자 한다.

미국노동조합이 네트워크를 사용하는 네 가지 방법을 반영해서 이 부분을 네 가지로 나누어보겠다.

- 전국적인 전화접속 게시판
- 상업통신망의 토론방
- 인터넷에 기반한 전자우편 토론리스트와 유즈넷 뉴스그룹
- 고퍼와 웹사이트

곧 각 방법의 장점과 단점을 검토하고 미국에 있는 전국적 수준의 사례들을 제시할 것이다. 하지만 우선 네 가지 구분으로 내가 의미하는 바를 규정하는 것이 중요하다.

전국적인 전자접속 게시판은 보통 모뎀을 이용해서 특정한 전화번호로 접속하는 하나의 컴퓨터를 의미한다. 이는 이용자들이 특정 지역이 아닌 전국에서 참여할 수 있다는 점을 제외하면 4장에서 서술한 지역적 노동조합 게시판과 동일하다.

상업통신망의 토론방은 기존 컴퓨터와 소프트웨어 그리고 종종 광범위한 사용자들에 기초해 개설하지만, 여기에 접속하기 위해서 조합원들은 IGC 노동네트워크와 컴퓨서브 같은 상업통신망 사용에 대한 비용을 지불해야 한다.

인터넷에 기반한 전자우편 토론리스트와 유즈넷 뉴스그룹은 학교나 기업 네트워크, 피도넷, 상업통신망 또는 지역의 인터넷 서비스제공자 등을 통해 누구나 쉽게 접속할 수 있다. 두 가지 중, 전자우편을 이용한 토론리스트는 지역 노동조합 게시판에 전화접속하는 이용자들을 포함해서 잠재적으로 대규모의 이용자들을 모을 수 있다.

마지막으로, 고퍼와 웹사이트(웹사이트가 점차적으로 고퍼를 지배, 대체하고 있다)들은 정보를 알리고, 최근에는 온라인 토론을 조직하는 수단들이다.

전국적인 전화접속 게시판

4장에서 지역적 노동조합 게시판을 살펴보았다. 이런 게시판들은 지역 노조를 강화하고 네트워크로 연결하는 효율적인 도구가 될 수 있다. 이의 장점 가운데 하나는 저렴한 비용인데 집이나 직장에서 모뎀이 달린 개인용 컴퓨터를 이용할 수 있는 조합원들은 시내전화 요금만으로 그들의 형제자매들과 연결할 수 있다. 상업통신망이나 (인터넷 서비스 업체에 의해 회선지원을 받는 경우의) 인터넷과는 달리, 전화비용 외에 통신이용에 따른 추가비용은 전혀 들지 않는다.

미국에서 몇몇 노조—또는 그런 노조에 속한 개인—는 전국적 규모의 노동조합 게시판을 운영하고 있다. 만약 어떤 사람이 이 게시판이 있는 도시에 사는 사람이 아니라면, 장거리 전화요금을 물어야 한다. 이는 통신이용에 있어서 상당한 고비용이 들어가는 방법으로, 앞서 언급한 저렴한 지역 노동조합 게시판과는 정반대이다. 이용자를 위해 비용을 줄일 수 있는 한 가지 방법은 수신자부담(toll-free phone) 전화를 이용하는 것이지만, 내가 아는 한 이런 방식을 채택하고 있는 곳은 전국규모의 다섯 개 노조 게시판 중에서 단지 한 곳에 불과하다.

다섯 개 중 세 개는 전국 노조의 본부가 많이 위치해 있는 워싱턴D.C.에 기반을 두고 있다. 하나는 전미정부노동자연맹(American Federation of Government Employees)이 개시하였고, 여기에는 파일서버(file server) 하나와 다수의 토론광장이 있다. 대다수의 조합원들이 미국의 수도와 그 주

위에서 일하고 있기 때문에, 그들은 이 게시판에 시내전화 요금으로 접속할 수 있었다. 이와는 반대로 전국방송기술노련(National Association of Broadcast Employees and Technicians)은 조합원이 워싱턴D.C.에 거의 없으며, 게시판도 실제로 시카고에 기반하고 있었다. 국제기사노조(International Union of Operating Engineers)의 워싱턴 본부도 전국적인 게시판을 운영하지만, 내가 아는 한 수신자부담 번호는 제공하지 않고 있다.

다른 두 개의 전국노조도 워싱턴 외부에 본부를 둔 자신들의 게시판을 갖고 있다. 하나는 미국우편노조(APWU)로서 그들의 게시판은 미시간 주 그랜드 래피즈(Grand Rapids)에 위치해 있고 다른 하나는 미국통신노조(CWA)에 의해 오하이오 주에서 운영되고 있다. 미국통신노조의 게시판은 미국노동운동 최초의 것인데, 거대기업인 NCR사에서의 노조 조직화를 돕기 위해 창안된 것이다.

이 전국적인 노조 게시판이 모두 수신자부담 전화를 채택하더라도, 시간이 갈수록 이것은 인터넷 전자우편과 월드와이드웹에 의해 대체될 과도기적인 매체로 보인다. 왜냐하면 이용자들에게 각기 다른 사용자환경을 제공하는, 서로 다른 소프트웨어로 사용되고 있기 때문이다. 심지어 이들 게시판의 존재를 알기 위해서조차 조합원들은 어딘가에 있는 자료를 읽어야만 한다―이는 단지 마우스로 클릭하기만 하면 되는 웹사이트와는 정반대이다. 이 게시판들은 노동관련 웹사이트들과는 달리, 서로 쉽게 연결될 수 없다. 각각의 연결은 서로 다른 전화접속을 필요로 하기 때문이다.

이러한 이유로, 나는 미국의 전국적 노조들이 점차 웹사이트를 갖고 있는 판금노조(Sheet Metal Workers)나 인터넷에 기반한 전자우편 토론리스트를 갖고 있는 국제소방수연합(International Association of Fire Fighters) 등의 사례를 따르게 될 것이라 생각한다. 다섯 개의 전국 노동조합 게시판 중 하나―수신자부담 접속번호를 제공하는 유일한 전국방송기술노련―는 이미 웹사이트를 개설하고 있다.

상업통신망의 노동조합 토론방

인터넷의 광란이 미국과 세계를 휩쓸기 이전인 1992년, 미국노총산별

회의는 컴퓨서브상에 '전자 포럼'—노동네트워크(LaborNET)—을 개설하
였다. 그 당시 이는 매우 훌륭한 생각인 듯 보였다. 당시 컴퓨서브는 미국
에서 가장 거대한 통신네트워크였다(현재 가입자수는 약 3백만 명으로 추
산되며 이 역시 큰 규모이다). 인터넷은 대학생이 아닌 일반인들에게는 여
전히 멀리 있었다. 그리고 컴퓨서브는 비싸지 않았다. 기본패키지 이용요
금은 한 달에 10달러 미만이었고 노동네트워크를 무제한적으로 접속하는
데는 매달 3달러의 추가비용을 지불하면 되었다. 노동네트워크에는 네 가
지 주요한 방이 있었다.

- 도서관: 여기에는 주요한 쟁점, 진상기록, 공공정책 성명 등에 관한
  미국노총산별회의의 입장을 밝히는 신문이 들어 있다. 노동네트워크
  에 따르면, '많은 이용자들에게 도서관은 노동네트워크의 가장 중요
  한 부분이다.'
- 메시지들: 이것은 노동네트워크의 온라인 토론그룹으로서, 1대1 전
  자우편, 정보요청, 지속적인 토론 등을 포함하는 것이다.
- 토론게시판: 이는 조합원들 사이에서 벌어지는 대화가 담긴 온라인
  '대화방'이다. 때로는 초청연사가 참여하기도 한다.
- 공지사항. 이곳은 노동네트워크가 온라인 토론과 네트워크상의 변
  화에 관해 가입자들에게 공지하는 곳이다.

개별노조는 독자적인 메시지포럼, 도서관, 대화방 등도 만들 수 있었다.
미국노총산별회의는 전국 노조들로 하여금 이 네트워크를 이용하라고
조직하기 시작했고, 이는 비록 시작은 늦었지만 현재는 상당수의 노조들
이 이를 이용하고 있다. 그러나 1992년 당시 노동네트워크의 강점—컴퓨
서브상에서 이용할 수 있다는 점—은 1990년대 중반에는 약점이 되었다.
아메리카온라인(AOL), 마이크로소프트 네트워크, 다른 상업통신망 등을
통해 또는 인터넷에 직접 접속하는 조합원들은 컴퓨서브에 가입하지 않
고는 노동네트워크를 이용할 수 없었던 것이다. 미국노총산별회의는 1995
년에 월드와이드웹에 웹사이트를 개설하는 것으로 문제를 부분적으로 해

결했지만—이에 대해서는 잠시 후에 다루겠다—여전히 컴퓨서브상에서 포럼을 운영하고 있었다.

한편 1995년 5월, 미국노총산별회의의 집행위원회는 '직장과 공동체에서 노동계급이 더 큰 목소리를 내는 역사적 전망을 전개하기 위하여 새로운 통신기술을 사용할 수 있도록 하는 방법을 모든 가입노조들, 주연맹, 그리고. 지역 중앙본부가 개발할 것'을 요구하는 '정보고속도로'에 관한 성명서를 채택하였다. 확실히 몇몇 사람들은 이에 귀를 기울였다—혹은 변화의 자연적인 과정이 시작되었다.

1994년 중반경 노동네트워크는 겨우 360명의 가입자를 가지고 있었다. 1년 후 가입자 수는 4배로 증가하여 1,400명이 되었고, 미국노총산별회의 위원장 보좌관인 데이비드 존(David St. John)의 말처럼 '일취월장'하고 있었다.

존은 나에게, 미국노총산별회의 가맹노조인 미국통신노조와 국제전기노조(IBEW)가 "수백 명의 조합원을 노동네트워크에 가입시켰다"고 말했다. 인터넷을 사용하는 각 노조는 자신들의 개별 포럼을 가질 수 있었고, 게다가 노동네트워크가 제공하는 다른 모든 서비스도 이용할 수 있었다. "우리는 매주 수십 명의 새로운 가입자를 맞이하고 있다… 몇몇 다른 노조들은 이제 막 많은 조합원들을 통신에 가입시키기 시작하고 있었다"라고 그는 말했다.

1996년 1월, 노동네트워크는 가입자가 2,500명이라고 밝혔다. 하지만 인터넷이 이미 대중들에게 문을 활짝 열고 있는 데도 폐쇄적이고 상업적인 네트워크를 사용하고 있는 미국노총산별회의의 결정에 대해 일부 조합원들은 비판적이었다. ≪주간 정보(Information Week)≫에 실린 글을 보면 캐나다 솔리넷의 창시자인 벨랑제도 이런 비판자들 중 한 사람이다. 그는 이 결정이 평조합원들에 대한 노동네트워크의 가치를 제한하는 것이라고 주장했다. 그는 미국노총산별회의 지도부가 캐나다의 모델을 따라서 상업통신망에서 독립된 자신의 네트워크를 구성해야 한다고 촉구했다. 벨랑제는 '네트워크가 어떻게 작동하는지 아는 것이 바로 힘'이라고 강조했다.

단체협약에 관한 보고를 조합원들에게 제공하기 위해 노동네트워크를 이용하고 있는─미국통신노조의 한 조합원은 최근에 유즈넷 뉴스그룹인 alt.society.laborunions에 올린 글을 통해, 컴퓨서브 사용 결정에 대해 불평했다. 그는 "미국통신노조나 다른 노조가 정보제공을 위해 컴퓨서브와 다른 통신망을 사용한다면 이는 매우 바람직한 일이다. 그러나 컴퓨서브를 이용하지 않는 사람들도 많이 있다. … 두 개의 추가적인 통신서비스에 가입하지 않고 내가 사용하는 통신서비스를 이용해 갱신된 정보를 얻을 방법을 찾을 수 없단 말인가? 내가 보기에 이는 최신정보나 대화에서 대부분의 노동자들을 배제하는 것이다"라고 말했다.

노동조합의 조직가인 랜드 윌슨(Rand Wilson)은 더 신랄한 비판을 하고 있는데, 그는 미국노총산별회의가 처음부터 노동네트워크 이용을 고의적으로 제한했다고 말했다. "그들은 다른 사람들처럼 정보를 통제하고 싶어한다." 노동네트워크 운영자인 블레어 캘튼(Blair Calton)은 이 네트워크가 노조 '간부들과 600개 시본부, 51개 주연맹' 이상급을 대상으로 만들어졌고, 결국 한 언론인은 이 네트워크를 '우선적으로 조합의 우두머리가 다른 조합 우두머리들과 대화하기 위한 수단'이라고 조롱하였다. 그러나 노동네트워크를 이용하는 평조합원들은 이에 동의하지 않았다. 국제전기노조 640지부의 조합원 빌 리차드(Bill Richard)는 "컴퓨서브에 있는 미국노총산별회의의 포럼은 평조합원들에게 배타적이지 않다. 만약 그랬다면, 내가 거기에 있지 않았을 것이다. 사실, 나는 거기에서 '더 많을수록 더 즐겁다'는 자세를 배운다"고 말하고 있다.

미국노총산별회의가 컴퓨서브에 노동네트워크를 개설하기 2년 전, 일군의 활동가들이 이미 진보통신연합 산하 IGC네트워크에 노동네트워크를 시작하고 있었다(확실히 '노동네트워크'라는 이름은 저작권의 보호를 받지 못하고 있다).

IGC네트워크는 평화네트워크(PeaceNet), 환경네트워크(EcoNet), 여성네트워크(WomensNet) 등 컴퓨터통신을 사용하는 다수의 신사회운동을 포함하고 있다. 이들 모두는─지금까지는─노동네트워크의 성과보다도 더 크고 성공적으로 진행되고 있다. IGC노동네트워크(현재 이렇게 불리고 있다)는 1990년에 만들어졌지만, 운영위원 중 한 사람인 더그 오맨스

(Doug Ohmans)에 의하면 1995년 초까지 가입자가 불과 350명밖에 되지 않았다. 그 해 말 가입자는 2배 이상 늘었지만 여전히 1,000명에는 미치지 못했다.

IGC노동네트워크는 스스로를 '노동자들의 경제정의와 인권을 향상시킬 목적으로 컴퓨터 네트워크를 이용해 정보를 공유하고 협력하는 노동조합, 활동가, 조직들의 공동체'라고 규정한다. IGC노동네트워크의 웹사이트는 잠시 후에 살펴보겠지만, 굉장히 유용한데, 내가 본 것 중 가장 포괄적인 노동 웹사이트 목록과 전자우편 주소록을 갖고 있으며 더불어, 태동중인 범지구적 노동 인터넷에서 핵심적인 위치를 차지하게 될 것이다. 만약 노동 인터넷으로의 여행을 시작하기 좋은 곳을 고르라면 여기가 바로 그 곳이다.

IGC노동네트워크는 노동비디오제작단과 홀트 노동도서관(Halt Labour Library) 같은 노동운동성향 단체의 대표자들은 물론 교사, 화학노동자, 서비스노동자들의 노조의 활동가들로 이루어진 7명의 운영위원에 의해 운영되고 있다. 운영위원장은 공동체 조직가이자 노조원인 스티브 힐(Steve Hill)이 맡고 있다.

IGC노동네트워크의 웹사이트상에서 이용할 수는 없지만 제공받을 수 있는 것 중에 온라인 토론방의 많은 목록이 있다. 이들은 크게 5개의 범주로 나눌 수 있는데 다음은 이용가능한 온라인 토론 중 일부를 뽑아 본 것이다.

- 노동조합과 산업: 자동차 노동자, 철도 노동자, 트럭운전사, 간호사, 병원 및 보건 노동자, 해운 및 부두 노동자, 우편 노동자, 운송 노동자, 호텔 노동자, 석유화학 노동자, 출판 및 인쇄 노동자, 건설 노조, 의류 및 직물 노동자, 항공 산업, 교사
- 지구: 국제적 노동 쟁점, 멕시코, 캐나다, 아시아, 구소련, 영국, 중동, 브라질
- 민영화와 공공부문: 세계와 미국의 민영화 문제, 노동과 공공부문, 노동시간, 건강과 안전, 환경, 피고용인 권리

- 노동 뉴스와 자료: 뉴스와 분석, 노동 행사, 노동계 일정(미국), 미국에서의 노동당 창당 제안에 관한 토론, 노동자를 위한 비디오와 인쇄자료, 노동운동 비디오, 노동조합 조직화, 노동자 교육, 노동과 기술, 노동자 신문

토론 중 두 개는 영어가 아닌 언어로 진행된다. '노동조합(sindicatos)'은 스페인어권 노동자들의 연대를 위한 토론이고 '노동자당.브라질(pt.brasil)'은 포르투갈어를 사용하며 브라질 노동자당에 기반을 두고 있다. '미국'이라는 제목 아래 이 토론그룹을 위치지웠지만, 이들 토론그룹에는 미국이 아닌 다른 나라의 노동조합원들도 많이 있다는 사실을 인식하는 것이 중요하다. '노동.독립국가연합(labr.cis)' 토론방을 보면, 러시아의 노동조합원들의 이야기를 듣고 그들과 서로의 견해를 교환할 수 있게 된다(이 토론방은 러시아의 진보통신연합 산하조직인 글라스넷이 시작한 것이다). '노동.영국(labr.uk)'에는 많은 영국 조합원들이 참여하고 있다. '노동.아시아(labr.asia)' 그룹에 있는 대부분의 정보는 홍콩과 일본 등지에서 활동하는 노조활동가들이 보낸 것이다.

IGC노동네트워크 토론방은 출판노동(Publabor), 단결(United), 노동-L 등 많은 리스트서브 메일링리스트를 '미러링'하고 있다. 누구든 이들 메일링리스트에 따로따로 가입할 필요도 없고, 이들 토론그룹에서 오는 전자우편으로 개인 우편함을 가득 채울 필요도 없다.

토론방에 게시된 글들은 초기의 것부터 종종 몇 년을 거쳐 쌓이고 있기 때문에 조사연구의 훌륭한 수단이 된다. 예를 들어, 노동조합과 환경에 관한 정보를 찾을 때, 나는 수 년전에 작성된 수십 개의 글이 들어 있는 '노동.환경(labr.environment)' 토론방을 발견하고 무척 기뻤다.

토론방들은 그 질과 활력 면에서 다양하다. 그 중 일부는 실제로 단 한 명이 가끔씩 소식들을 올리는 경우도 있고 어떤 것들은 메시지와 그에 대한 답변으로 매일 넘쳐나고 있다. IGC노동네트워크는 각각의 토론방 별로 얼마나 많은 사람들이 접속을 하는지 알 수 있는 방법이 없다고 말한 적이 있지만, 메시지의 숫자는 토론방이 얼마나 활발히 운영되는가를 알

려주는 훌륭한 방법이 될 수 있을 것이다.

미국의 두 노동네트워크를 비교해 본다면, 각각이 장단점을 가지고 있다는 것을 알 수 있다. 예를 들어보자.

- 참여도: 미국노총산별회의 네트워크는 IGC의 네트워크보다는 참가자가 훨씬 많으며, 더 많은 노동조합이 이 '공식적'인 네트워크의 참여를 결정한다면, 앞으로도 이 상황은 계속될 것이다.
- 비용: IGC의 네트워크는 미국노총산별회의의 네트워크보다 상당히 비싸다. IGC노동네트워크의 비용은 한 사람이 일주일에 한 시간씩 네트워크를 사용한다고 가정했을 때, 미국노총산별회의 네트워크 사용 비용에 비해 약 1.5배 가량 비싸다. 거기에다 미국노총산별회의 네트워크는 컴퓨서브에 있는 모든 자원들을 이용할 수 있는 부가가치가 있다는 점에서 인상적이다.
- 국제적 참여: 이 부분이 IGC노동네트워크가 미국노총산별회의 것에 비해 커다란 장점을 가지는 부분이다. 노동네트워크는 전 세계적으로 건설되었고, 이들 대부분이 진보통신연합 네트워크를 사용하기 때문에, IGC노동네트워크의 토론방은 외국인의 참여가 점차 증가하게 될 것이다. 미국노총산별회의의 노동네트워크는 미국 노동조합원들이 모여 소식과 의견을 교환하는 장소로 그대로 유지될 것이다.
- 내용: 현재 미국노총산별회의는 주간 ≪미국노총산별회의 뉴스≫의 전문 등을 담은 웹사이트를 운영하고 있기 때문에, 어떤 쟁점에 관한 연맹의 입장을 알기 위해 노동네트워크에 가입할 필요는 없다. 반면, 광범한 주제로 수십 개의 토론방을 가지고 있는 IGC노동네트워크는 범지구적 규모의 정보공유와 토론이라는 면에서 최대의 잠재적 가능성을 제공하는 것으로 보인다.

이들 각각의 노동네트워크는 조합원들에게 줄 수 있는 무언가를 갖고 있으며 단점도 갖고 있다. 만약 두 네트워크가 더 가깝게 공동의 노력을 할 수 있다면 상당한 도움이 될 것이고, 이는 우선 토론방을 '미러링'하는 것으로 시작할 수 있을 것이다.

그러나 양자 모두—사람들이 인터넷을 이용하기 위해 이미 비용을 지불하고 있는 상황에서—조합원들로 하여금 하나의 네트워크에 가입할 것을 요구하는 점은 단점이다. 1996년 초의 한 연구에 의하면, 미국에서 인터넷 사용자의 약 30%가—컴퓨서브도 아니고, IGC도 아닌—아메리카온라인을 통해 인터넷에 접속하고 있었다. 이들 수백만의 미국인들 중에는 조합원들도 포함되어 있다. 만약 이 사람들이 컴퓨서브나 IGC에 참가하기 위하여 추가비용을 지불하지 않는다면, 기존의 전국적 노동네트워크 모두로부터 완전히 배제되는 것이다.

한 가지 해법은 노동네트워크와 IGC노동네트워크가 리스트서브 메일링리스트처럼 자신의 토론방을 제공하는 것이고 또 다른 방법은 유즈넷 뉴스그룹 같은 토론그룹을 제공하는 것이다. 아마 월드와이드웹 웹사이트를 통한 토론방의 제공이 가장 현명한 해결방안이겠지만, 인터넷을 이용하는 대부분의 사람들이 웹을 이용할 수 있을 때까지는—아직은 이런 상황이 아니다—이 방법 역시 많은 사람들을 배제하는 결과를 낳을 것이다.

가입 노조 여부에 관계없이 조합원들에게 정보를 제공하기 위해 개발된 두 노동네트워크 외에도, 미국내 많은 수의 전국노조들은 조합원들에게 서비스를 제공하기 위해 기존의 상업통신망을 사용하고 있다. 이들 중 하나가 국제전기노조인데, 이들은 컴퓨서브에 있는 미국노총산별회의의 노동네트워크도 이용하고 아메리카 온라인에도 독자적인 '대화방'을 가지고 있다. 국제서비스노조(SEIU)과 미국통신노조도 컴퓨서브를 여전히 이용하고 있다. 교원노조도 자신의 활동을 위해 프로디지(Prodigy) 온라인 네트워크를 이용하고 있다고 알려지고 있다.

심지어 지니(GEnie) 네트워크도 노동조합—전국항공관제사연합(National Air Traffic Controllers' Association)—을 거느리고 있다. 1만 개의 조합이 지니에 '전용 영역'을 가지고 있으며, 이곳은 의견교환을 위한 포럼, 그룹토론, 정보자료실로 이용된다. 전국항공관제사연합의 조합원인 제니스 쿠셔(Janice Kusher)가 내게 "우리는 이것이 상하부간에 정보를 확산시키는 데 있어서 정말로 유용한 수단임을 알게 되었다"고 했다. 그녀는 사실 전국항공관제사연합이 "항상 경영진보다도 더 빠르고 효율적으로 정보를 확산시킨다"고 덧붙였다.

그녀는 지니가—1996년 초 5만 5,000명의 가입자를 가진—가장 작은 상업통신망 중의 하나로, 흔히 인정하듯이 '사용하기 번거롭지만' 온라인 서비스 중에서 가장 저렴한 네트워크라고 말한다. 전국항공관제사연합의 몇몇 지부는 상당히 작기 때문에 이들에게는 비용절감이 우선과제이다. '신기술에 익숙한 사람들이 온라인에 접속하는 것을 여전히 꺼리고 있는 것을 이해할 수 없다'고 그녀는 말한다. 약 400여 개 항공관제시설 중에서 80%가 온라인으로 연결되어 있지만, 300명을 겨우 넘는 정도의 조합원만이 이 온라인 네트워크에 참여하고 있다. '가장 컴퓨터에 익숙하고 활발한 조합원들과 그들의 의견들만이 보인다.'

인터넷에 기반한 토론리스트와 유즈넷 뉴스그룹

그래픽과 동영상, 가상현실 등 월드와이드웹에 대한 과대선전에도 불구하고, 전통적인 리스트서브 토론리스트는 여전히 조합활동가들의 유력한 도구이다. 이러한 리스트들의 수가 기하급수적으로 증가하는 것은 아니지만 실제로 성장하고 있다. 부록에서 나는 미국과 전 세계의 노동운동을 다루는 몇몇 리스트서브 리스트를 소개하고 있다(각 토론그룹에 가입하는 방법도 설명하였다). 여기서는 이 그룹들 중 간단히 몇 개만 소개하고자 한다

- 노동-L(Labor-L): 이것은 '범지구적 경제하의 노동에 관한 포럼'이며, 노동조합 리스트서브 메일링리스트 중에서 아마 가장 중요한 것일 것이다. 수백 명의 노조활동가와 노동운동에 밀접한 연구자들이 참여하는데 대부분 미국과 캐나다 사람들이다. 운영자는 토론토 요크(York) 대학의 샘 랜프랜코(Sam Lanfranco)이다. 이 리스트상의 토론은 노동현안에 초점을 맞추고 있으며, 내가 이 책을 쓰는 데 있어서 매우 귀중한 정보의 원천이었다. 노동-L이 어떻게 사용될 수 있는가에 대한 일례를 샌프란시스코 신문사 파업 당시에서 찾아 볼 수

있는데, 그때 ≪샌프란시스코 자유언론≫ 게시판에 올라온 글이 여기에도 게시되었다. 노동-L 게시물은 경제민주정보네트워크 웹사이트와 고퍼에 저장보관되고, IGC노동네트워크에도 미러링되고 있다.

- H-노동(H-Labor): 이것은 내가 참여할 특전을 받은 토론그룹 가운데 가장 수준 높은 것 중의 하나로서 노동역사에 관한 토론리스트이다. 참가자의 대부분은 대학에서 노동 연구나 역사를 가르치는 미국과 캐나다의 학자들인 듯하다. 이 그룹은 인문과학에 관한 국제적 학술네트워크인 H-넷(H-Net)의 한 부분이다. 이 그룹의 게시물은 집적된다. 운영자는 메인(Maine) 대학의 세스 위그더슨(Seth Wigder-son)이다. 내가 전에 어떻게 이 리스트를 사용했는가에 관해 한 가지만 예를 들어 보겠다. 미국 파업신문의 역사를 쓰고자 했을 때—앞장에서 이를 보았을 것이다—, 나는 이 리스트에 메시지를 하나 게시하였다. 10여 개 이상의 답장이 왔는데, 많은 정보와 함께 이를 찾을 수 있는 곳을 알려주는 것이었다. 그리고 여기에는 놀랄 만한 점이 있었는데, 위그더슨이 운영자로서 한 작업 덕택에 아무도 다른 사람의 이야기를 반복해서 하지 않았다. 각 사람들이 자기가 사는 곳의 경험을 나에게 말해 주었을 때, 각각의 이야기들은 일간 파업신문의 역사에 관한 나의 지식을 풍부히 해주었다.

- 노동뉴스(Labnews): 1995년 8월, 경제민주정보네트워크의 네이선 뉴먼(Nathan Newman)이 이 리스트를 개설하였다. 그는 여기에 '노동조합과 작업장 조직화의 소식'이라는 부제를 붙였다. 많은 리스트서브 메일링리스트와는 달리, 이것은 실제 토론리스트가 아니라 가입자들에게 뉴스—노동뉴스—를 공급하는 수단이었다. 노동뉴스를 다루는 다른 온라인 공간에 접속할 수 없는 많은 사람들에게 이는 괜찮은 방법이다. 뉴먼이 국제적인 노동뉴스에 대해 문을 활짝 개방했지만, 대부분의 뉴스는 미국 뉴스들이었고, 대부분의 가입자 역시 미국인이었다. 이 토론리스트는 캘리포니아 버클리대학의 공동체경제연구센터(Center for Community Economic Research)가 후원하고 있다.

- 단결(United): 1994년 초에 등장한, '노동운동에 관심이 있는 사람

들을 위한, 운영자가 없고, 검열하지 않는 새로운 전자우편 토론그룹. 어떤 조합이건, 교수이건, 노조를 조직하는 데 관심있는 사람이건간에 관계없이 가입할 수 있다'는 공지가 인터넷상에 등장했다. 이 토론그룹의 이름은 '단결'이었고, 국제기계공연합(IAM)의 조합원인 렌 윌슨(Len Wilson)이 시작한 것이었다. 윌슨은 다음과 같은 주제로 글을 쓸 것을 권했다. 전 세계 노동자투쟁에 관한 보고, 미국 노동조합운동의 쇠퇴, 노동조합을 정보화시대로 인도하기, 현대 노동조합의 통신, 지역, 주, 전국 정치에 있어서 노동조합의 역할. '단결'은 평조합원을 대상으로 하는 몇 안되는 노동관련 게시판 중의 하나로서 콜로라도 주 손톤(Thornton)의 콜로라도 쿠거(Colorado Cougar)에 기반을 두고 있다. '단결'에 올려진 글은 경제민주정보네트워크의 웹사이트와 고퍼에 저장되고, IGC노동네트워크에 미러링되고 있다.

• 노동-당(Labor-Party): 이 그룹은 미국에서의 노동당 건설문제에 관해 논의하는 것이며, 특히 노동당주창자그룹(Labor Party Advocates)과 밀접한 관계를 맺고 있다. 이것은 IGC노동네트워크 토론방에 미러링되고 있다.

• 공공노동(Publabor): 불러(K. T. Buller)가 운영하고 있는 이 그룹은 공공부문 노동자를 대상으로 한 것이다. IGC노동네트워크 토론방에 미러링되고 있으며, 경제민주정보네트워크의 웹사이트와 고퍼에 저장되고 있다.

전자우편에 기반한 메일링리스트 모두가 대중에 공개되어 있거나 널리 알려진 것은 아니다. 그 중 일부는 노동조합 내부의 사업이며 대중적 인지도가 그렇게 높지도 않다. 국제소방수연합의 토론그룹이 바로 그러한 경우이다.

플로리다 주 소방국 뉴 스미나 비치(New Smyrna Beach)의 소방수인 데이비드 콜리(David Colee) 서장보좌는 국제소방수연합 2271지부의 조합원이다. 그는 나에게 '국제소방수연합 조합원들만 이용하는 소규모 비공식적인 메일링리스트'에 관해 말해 주었다. 그는 수작업으로 리스트를 운영하며 백 명이 채 못 되는 온라인 회원을 가지고 있었다—"물론 우리는 이를 적극적으로 알리지 않았다"고 그는 덧붙였다. 워싱턴D.C.에 있는 전국노조 본부는 그의 노력을 알고 있으며, 적어도 전국 본부의 간부 중 한 명은 이 리스트에 참가하고 있다. 콜리는 여전히 리스트의 잠재력에 대해 낙관적이며, 조합이 더 많은 일을 할 수 있도록 압력을 가할 계획을 하고 있다. "인터넷은 우리 형제 자매들을 모이게 하고, 우리가 세상에 대해 갖고 있는 생각들을 알리는 데 있어서 이상적인 공간이 될 것이다"고 그는 말한다.

인터넷에 관한 책이나 기사를 펼치면 곧 '유즈넷'이라는 단어를 보게 된다. 유즈넷은 수십만의 사람들—어쩌면 수백만의 사람들—이 서로의 견해를 교환하고, 정보를 공유하고, 다른 사람들을 욕하고(이는 '불지르기[flaming]'라고 불린다), 게시판에서 할 수 있는 모든 것을 하는, 수천 가지 주제를 다루는 광대한 범지구적 게시판이다.

인터넷에 관한 책을 쓴 모든 사람들은 유즈넷 안에서 모든 것들이 토론되고 있다고 주장하지만, 유즈넷 뉴스그룹은 애초에 의도했던 것처럼 아직도 주로 미국의 대학생과 교수들을 대상으로 하고 있는 것처럼 보인다.

기술과 과학의 쟁점, 대중문화에 대해 굉장히 강조하며 미술과 음악에 관해 토론하는 수많은 그룹들이 있다. 또 광범위한 뉴스그룹이 정치에 관해 논의한다. 그러나 국제노동운동에 관한 뉴스그룹은 단 하나뿐이며, 알다시피 그 주소는 'alt.society.labor-unions'이다.

이 뉴스그룹은 캐나다 공공서비스연맹의 집행 부위원장인 존 배글로우(John Baglow)가 개설한 것이다. 그의 원래 생각은, 내게 한 말대로, '노동문제에 관한 적절한 뉴스그룹'을 만드는 것이었지만 그가 이용하고 있던 프리넷은 '적절한 뉴스그룹을 형성할 능력이 없는 것처럼 보였다.' 배글로우는 어느 누가 게시물을 어디에 보관해 놓았는지 모르며, 대부분의 글이 미국인에 의한 것이라는 점을 인정한다. "지금은 캐나다와 영국에서 참여가 늘고 있다"고 그는 말한다. 이는 공공서비스연맹, IGC노동네트워크, 영국의 노동조합회의(TUC) 등 다양한 노동웹사이트와 링크된 후 이 뉴스그룹의 인지도가 높아졌다는 사실과 밀접한 관계를 갖고 있다.

‘alt.society.labor-unions’을 몇 달간 지켜본 후 나는 다음과 같은 사실을 알게 되었다.

- 실제 조합원은 거의 없으며, 조합간부나 임원들도 마찬가지이다
- 게시물의 압도적 다수는 미국인들이 미국에 관해 쓴 것이다
- 아무도 책임지지 않는 것처럼 보인다

이 뉴스그룹의 이름이 ‘alt.society.labor-unions’라는 사실은 이 그룹이 주요 뉴스그룹의 외곽에 놓여 있다는 것을 의미하는데, ‘alt’(altanative)계열은 엘비스 프레슬리 목격담과 포르노그래피 이진(binary) 파일로 악명이 높다. ‘alt’ 뉴스그룹은 모든 인터넷 사이트에서 접속되는 것이 아니며, 나 자신 역시 이러한 이유로 오랫동안 ‘alt.society.labor-unions’에 접속할 수 없었다. 이 그룹의 게시물에는 미국 공산당—그렇다. 그들은 여전히 존재한다—신문 사본과 사형제도에 대한 토론 등이 들어 있다.

미국통신노조는 미국에서 두번째로 큰 전화교환서비스 회사인 벨 아틀란틱(Bell Atlantic)사를 대상으로 한 전자우편 캠페인의 한 부분으로 이 뉴스그룹을 이용했다. 아메리카온라인에 있는 통신노조의 계정을 사용하고 있는 alt.society.labor-unions에 그들이 올린 글은 노조와 회사 간의 분쟁에 관한 기본적인 정보를 독자들에게 제공해주었고, 그들에게 더 많은 정보를 얻으려면 조합의 웹사이트를 방문하라고 계속 알려주었다(넷스케이프를 이용해 유즈넷에 올라온 글을 읽는 사람들을 위해서, 웹사이트 주소를 마우스로 누르면 접속할 수 있게끔 되어 있었고, 이로써 통신노조의 ‘행동요청[action alert]’에서 곧바로 웹사이트로 이동할 수 있었다). 이는 아메리카 온라인, 인터넷, 전자우편, 유즈넷, 월드와이드웹 등 서로 다른 네트워크과 통신도구를 노동조합이 통합적으로 이용한 훌륭한 사례이다.

고퍼와 웹사이트

노동조합 웹사이트는 우후죽순처럼 생겨나고 있다. 이는 4장에서 지적했던 것과 마찬가지로, 지역단위 노조뿐만 아니라 전국적인 노동조합의

경우에도 그러하다. 몇몇 웹사이트들은 대단히 많은 자료를 담고 있고 많은 다른 웹사이트로 연결할 수 있기 때문에 '거대사이트'라는 이름을 가질 만한 자격이 있다.

　두 개의 노동네트워크—IGC와 미국노총산별회의—는 매우 인상적인 웹사이트들을 제공하고 있다. 미국노총산별회의의 '노동웹(LaborWEB)'은 웹사이트에 표시되는 접속건수에 의하면 하루평균 200명 정도 접속한다. 조합원수가 1,360만 명임을 감안한다면 그다지 인상적인 수치는 아니지만 이 사이트는 관심을 가질 만한 가치가 있으며 다음과 같은 유형의 정보를 담고 있다.

- 미국노총산별회의의 정책성명
- 보도자료
- 불매운동 목록
- 미국노총산별회의의 조직 기구
- 미국의 노동가족을 위한 지지 캠페인
- ≪미국노총산별회의뉴스≫ 최신호

　게다가 이 사이트는 ≪디트로이트 저널≫—신문사 파업노동자들의 온라인 일간신문—과 다른 많은 노동웹사이트들로의 훌륭한 링크를 제공하고 있다. 이미 인터넷이나 월드와이드웹 계정을 갖고 있는 사람들이 가입할지는 의문이지만, 이 사이트는 노동네트워크(LaborNET) 가입을 증대시키기 위해 노력하고 있다.

　지금 현재 웹사이트에서 제공되고 있는 것들 중에 적어도 한 가지는 이전에는 컴퓨서브 가입자들에게만 제공되었다는 점—예를 들면, 연맹의 주간 신문인 ≪미국노총산별회의뉴스≫가 그것이다—을 인식하는 것이 중요하다. 이는 중요한 발전으로서 노동조합의 온라인 진출에 있어서 웹사이트를 훌륭하게 사용한 사례이다.

　앞서 지적했듯이, IGC노동네트워크의 웹사이트는 인터넷상에서 가장 훌륭한 노동 사이트 중의 하나이다. 이곳의 노동조합과 관련 노동운동단체들의 웹사이트 목록은 아마 인터넷상에서 가장 포괄적인 것일 것이다. 이 사이트는 또한 노동운동과 관련된 '출판물, 뉴스제공, 인쇄자료' 등에 관해 인상적인 정보를 제공하고 있는데 여기에는 다음의 것들이 포함된다.

- 노동통계국, 산업안정보건청 등의 정부통계와 출판물
- 《노동 대중(*Working People*)》, 《노동조합 플러스(*Union Plus*)》, 《LA 노동뉴스(*L.A. Labour News*)》, 《노동센터 보고서(*Labour Centre Reporter*)》, 《노동운동가(*Labour Activist*)》, 《산업노동자와 조합원(*Industrial Worker and The Unionite*)》 등 온라인 노동 출판물
- 노동대중과 노동운동에 관한 연구 및 보고서
- 노동법에 관한 정보
- 노동 만화, 포스터, 벽화, 노래 등
- 노동 게시판 목록, 리스트서브 메일링리스트, 노동 웹사이트 저작 전문가 등과 '노동과 컴퓨터' 사이트들로의 링크

결론적으로, 이 사이트는 다소 절충적이고 꽤 오래된 자료까지 포함하고 있지만, 상당히 자주 갱신되고 있기 때문에 매우 귀중하다. 전 세계 모든 주요 노동 웹사이트가 IGC노동네트워크에 링크되어 있다고 해도 과언이 아니다.

두 개의 거대사이트 외에도(세번째는 아마도 경제민주정보네트워크가 운영하는 사이트일 것이다), 수십 개의 전국 노조는 1996년 중반부터 이미 웹사이트를 운영해 오고 있다. 미국 주, 군, 시 노동자연맹(AFSCME), 미국통신노조(CWA), 전미자동차노조(UAW), 국제트럭운전사노조(IBT), 단결(UNITE), 전국우편배달부노련(NALC), 국제사무전문직노련(OPEIU), 국제서비스노조(SEIU), 국제판금노련(SMWIA), 북미석수노조(Stone Cutters' Union of North America), 전미전기노조(United Electrical Workers), 전미광산노조(United Mineworkers of America), 국제제지노련(United Paperworkers' International Union), 전미금속노조(United Steelworkers of America) 등이 그것이다.

이들 중 몇몇은 이 나라에서 가장 큰 조합들이었고, 다른 노조들은 매우 작았다. 어떤 사이트들은 이색적이었는데, 예를 들어, 전미전기노조의 경우 멕시코 전기노동자들과 국제적으로 연대하는 계획을 선전하고 있었다. 다른 사이트들은 단지 노동조합의 온라인판 소책자에 불과하였다.

국제판금노련의 '웹 관리자'인 에드워드 아머(Edword B. Armour)는 내게 자신의 노조가 월드와이드웹 사이트를 어떻게 갖게 되었는가에 대해 간단히 설명했다. 아머는 유타 주의 노조 조직가이다. 그는 미국노총산별회의의 조지 미니 노동연구센터(George Meany Centre for Labour Studies)에서 주최한 '노조 지도자를 위한 정보기술' 강좌에 참가하였다. 그는 "수강자들에게 할당된 과제 중 하나가 지역적·국제적 의사결정기구들로 하여금 웹에 진출하도록 하는 것과 인터넷과 여타 현대 정보기술을 통해 가능한 연구조사를 이용하도록 납득시키는 활동계획·발표문을 제출하는 것입니다"라고 말했다.

아머는 솔트레이크시로 돌아와서 조합의 웹사이트를 제작했다. 처음에는 그는—적대감은 아니었지만—호기심과 기술공포증과 맞닥뜨렸다. 아머는 작업을 계속 진행하는 것에 대한 허가를 요청하는 글을 국제연맹에써 보내 1995년 5월에 허락을 받았으며, 같은 해 6월 1일 국제판금노련은 미국에서 웹사이트를 보유한 최초의 전국노조 중 하나가 되었다. 그해 말경, 이 사이트는 9만 명이나 되는 방문객을 기록하였다.

아머가 정리한 바에 따르면, 이 사이트에 담긴 주제들은 '노조연금, 연금의 공유방안, 작업장에서의 권리, 작업장 안전, 미국과 캐나다 숙련공들의 판금작업을 상세히 담은 사진, 정치교육과 행동주의, 산별협상을 해야 하는 이유' 등이었다. 그가 내린 결론에 의하면, 이 모든 것의 비용은 일년에 몇 백 달러밖에 되지 않았다. "이게 바로 비용효율이다"라고 그는 힘주어 말했다.

판금노련은 연대 캠페인을 위해 이 웹사이트와 전자우편을 사용하고 있다. 조합원들은 정보를 담은 글을 올리고, 연맹은 사안에 대처하기 위해 아머가 '신속대응'이라고 부르는 일에 전자우편을 이용한다.

"우리 조합원과 온라인상의 일반대중은 우리의 웹사이트를 절대적으로 지지해왔다. 말 그대로 수백 개의 전자우편 메시지 중에서 부정적인 견해를 담은 것은 받아 보지 못했다"고 아머는 말한다. 이 사이트는 조합원과 비조합원 모두를 대상으로, 조합에 관해 가르치고 있다. "이 사이트는 기층 조합원의 더 많은 참여(항상 긍정적인 것이었다)를 이끌어내었다. 그리고 실제로 새로운 조합원이 증가하고 있으며, 웹상의 사람들이 정보와 도움을 요청하기 위해 우리를 찾으면서 단체협상 담당자의 사무도 증가하고 있다"고 아머는 평한다.

이 노조의 월드와이드웹 활용은 '활동에 관해 우리가 생각하는 방식을 계속 변화시키면서 대중적 관심에 불을 붙였을 뿐만 아니라 조합원들이 상상도 못했던 방식으로 도움을 주고 있다. 여러분의 대상이 누구이든 간에, 여러분의 통신역량을 증대시키는 것이 무엇이든 간에 그것은 긍정적인 것이다.'

캐나다

캐나다는 세계에서 두번째로 큰 나라다. 이 나라는 6개의 시간대에 걸쳐 있다. 이 때문에 몇 세대에 걸쳐 노동조합등의 전국조직은 활동하는데 큰 어려움을 겪었다. 그러나 이제는 아니다.

10년 전 마르크 벨랑제와 캐나다공공노조에 의한 연대네트워크(Solidarity Network; Solinet)의 출범으로 전자우편 교류, 상설적이거나 특별한 토론방의 이용, 전산화된 파일의 전송 등이 가능해졌다. 이는 최초의 전국적 노동네트워크였고 아직까지도 노동운동이 대규모로 컴퓨터통신을 수행한 것 중 가장 중요한 실험으로 평가받는다.

오늘날의 솔리넷에 대해 자세히 살펴보기에 앞서, 캐나다의 전반적인 네트워크 상황―과 캐나다 노동운동―에 대해 간단히 언급하고자 한다. 캐나다는 인터넷 호스트컴퓨터 수가 미국과 독일 다음으로―영국, 오스트레일리아, 일본보다는 앞선―세계에서 세번째로 많은 나라이다. 캐나다는 인터넷집약형 국가로, 한동안 이런 양상은 계속될 것이다. 또 캐나다의 몇

몇 지역에서 프리넷이 생겨났기 때문에, 지역에서 무료로 접속하는 것이 가능했다. 캐나다에서 지방적·지역적·전국적인 노동네트워크가 성공하게 된 것은 이러한 배경 하에서 이해해야 한다.

캐나다 노동조합운동은 남쪽의 이웃나라 미국에 비해 비교적 왕성하게 진행되고 있다. 캐나다의 노동조합 가입율은 1980년대 기간 중 불과 1.4% 하락했는데, 반면 같은 기간 미국은 28.7%, 영국은 18% 폭락하였다. 1980년대 말 캐나다의 노조 가입률은 미국의 두 배였으며, 이는 독일보다도 높았다. 필자는 캐나다노동회의(Canadian Labour Congress) 위원장인 밥 화이트(Bob White)가(《노동자교육》이라는 잡지를 위해) 전해준 기사를 통해 노동조합운동이 성공적인 것으로 간주되고 있다는 점을 명백히 알 수 있었다. 그는 어려운 시기에 노동조합의 견결함을 유지하기 위해서 캐나다 노동운동이 활용한 방법의 하나로 노동조합 교육의 필요성을 인정하였다.

솔리넷은 캐나다에서 컴퓨터 네트워크가 확장되고 노동조합이 그들의 힘을 유지하는 데 있어서 성공하던 시기에 태어나 성장했다. 나는 이미 앞에서 솔리넷의 온라인 토론방(2장)과 초기시기(3장)에 대해 언급하였다. 여기서는 오늘날 이 네트워크가 어떻게 기능하는가—와 미래의 계획—에 대해 더 상세히 설명하고자 한다.

솔리넷이 현재 진행하고 있는 몇 가지 활동들은 다음과 같다.

- 교육: 많은 노동조합들이 교육활동을 위해 솔리넷을 이용한다. 이는 네 가지 방식으로 진행된다. 즉, 컴퓨터 시스템 교육과정을 운영하고, 교육과정 사후지원을 제공하고, 노동조합 교육가들을 연결시키고, 소식지를 통해 정보를 제공하고 있다. 솔리넷에서 최초로 개설한 기술 변화에 대한 교육은 3장에서 이미 언급한 바 있다. 캐나다 각지에서 온 백여 명이 넘는 노조활동가들이 이 과정에 참여하였고 몇 년이 지났지만 사람들은 여전히 이 내용을 다시 읽기 위해 온라인 토론방을 살펴보고 있다. 온라인 교육과정의 다른 사례는 한 보건안전 교육담당자가 30여명의 노조활동가들을 대상으로 진행한 것이었다.

교육담당자는 토론토에 살고 있었고 수강생들은 캐나다 각지에 퍼져 있었다. 사후지원이 중요했다. 일주일 동안 진행된 컴퓨터 기초에 관한 전통적인 1 : 1 교육에서 수강생들은 하루만 실습교육을 받았다. 그러나 그들은 집으로 돌아간 후에도 모르는 점들에 대해 교사와 토론할 수 있었다. 솔리넷이 만들어지기 전에는 캐나다 각지에 있는 15명의 캐나다공공노조 교육대표자들은 거의 만나볼 기회를 갖지 못했다. '그들은 항상 고립적인 상황에서 사무를 배우고 문제를 해결했다'고 벨랑제는 말했다. 솔리넷을 사용하고부터는 그들은 비공개 온라인 토론방과 전자우편을 사용해서 학교 개설과 그것이 지닌 문제점 같은 것들에 대해 토론한다. 솔리넷의 파일전송 메커니즘을 이용해서, 그들은 교육 교본을 공동저술하고 편집하기도 한다.

• 진행중인 온라인 토론방: 국제 노동, 자유무역, 환경, 여성의 권리, 보건안전, 교육훈련, 연금, 민영화, 노동자들의 보수, 서적 등을 다루고 있다.

• ≪솔리노트(*Solinotes*)≫: 이는 캐나다 노동 뉴스를 다루는 주간 노동 뉴스 서비스로 벨랑제가 매주 월요일에 발간한다. 뉴스는 신문 데이터베이스 ≪토론토 글로브 앤 메일(*Toronto Globe and Mail*)≫, ≪캐나다프레스(*Canadian Press*)≫, 연합통신(AP), 로이터 등의 다양한 자료들로부터 수집된다. 전국적인 매체를 만들 수 없는 지역 노조도 여기에 뉴스를 보낸다. 벨랑제는 이들을 모두 추려 글로 올리며, 이는 대략 6면에 달하는 내용이다. '내가 보기에, ≪솔리노트≫의 중요성 중 하나는 다양한 종류의 뉴스를 싣고 있다는 점이다. 노동조합들은 전통적으로 매달 소식지를 내왔다. 그러나 이들 소식지는 발행 주기 때문에 장문의 기사보다는 짧은 글이나 장기적인 쟁점에 초점을 맞출 수밖에 없었다. 이들이 놓치는 것(그리고 ≪솔리노트≫가 다루는 것)은 노동관련 출판물이 거의 다루지 않는 단기적인 활동, 즉 짧은 파업, 살쾡이 파업[1], 소규모 시위 등이다'라고 벨랑제는 말한다. 벨랑제는 노동운동이 벌이는 많은 활동이 지역적인 것이라고 지적한

---

[1] 조합의 일부가 중앙의 승인 없이 벌이는 파업을 일컫는다.

다. 전국적인 매체들은 이에 관심을 기울이지 않는 것이다. 그 결과, '이 나라의 다른 지역에 있는 동일 노조의 조합원들은 한 쪽이 벌이는 활동에 관해 듣지 못하게 되었다.' 솔리넷의 회원들은 컴퓨터에서 자료를 뽑아, 이를 출력하고, 네트워크에 접속하지 못하는 사람들에게 복사본을 돌려 보게 할 것이다. 이로써 캐나다 노동운동 내에서 항상 필요로 했지만 형편이 되지 못해 (인쇄와 배포 비용 때문에) 못했던 일종의 주간신문 서비스를 발전시킬 수 있게 되었다. 또한 뒤에 서술하겠지만, 이는 국제노동운동의 모델이 될 수 있을 것이다.

- 파업지원: 솔리넷은 노동조합 선전부에서 협상중인 대표단에게 전단을 전송하는 데 이용되고 있다.

- 교섭위원회: 공공노조에는 전국의 광범위한 지역에 걸친 노동자들을 대표하는 위원회들이 있다. 이들 위원회의 위원들은 협상이 없는 동안에도 솔리넷을 통해서 서로서로 연락하고 있다. 그들은 또한 협상 기간 동안에도 조합원들과 접촉을 유지하기 위한 수단으로 솔리넷을 사용하고 있다.

- 협상타결 보고서: 교섭이 끝난 후, 협상타결에 관한 보고서들이 파일형태로 솔리넷에 올려진다.

- 고충처리 추적: 솔리넷에는 고충처리 전용 토론방이 있으며, 이 방은 주요단어 검색으로 데이터베이스를 검색할 수 있다. 솔리넷은 실제 고충 추적 프로그램을 갖고 있지만 온라인에서는 이용할 수 없다.

- 정치적 압력행사: 솔리넷은 로비 캠페인 동안 조합원 서로가 연락할 수 있게끔 하고 있다. 이 네트워크는 또 조합이 행정기관에 제출할 간단한 보고서 양식을 배포하기도 한다.

- 프로그램 지원: 솔리넷은 (앞에서 언급한) 고충 추적 프로그램과 메일링리스트 작성 프로그램 등의 소프트웨어를 배포하고 있다. 솔리넷은 온라인 토론방 시설을 활용하여 이 소프트웨어를 이용하는 조합들에게 온라인 지원을 하고 있다.

솔리넷은 컴퓨터와 컴퓨터통신에 관해 항상 물어오는 한 회원과 씨름

해야 했던 적이 있다. 이러한 교육훈련 문제에 있어서 한 가지 중요한 해결방안은 네트워크를 쉽게 사용할 수 있는 접속 프로그램을 개발하는 것이었다. 사용자들은 쉽게 쓰여진 사용법을 받고 공공노조는 사용자들에게 사용연습 디스켓을 주고, 이들은 솔리넷에 처음 접속하기 전에 이를 시험삼아 이용해볼 수 있다.

"1995년경 솔리넷은 자신의 나이를 보여주고 있었다. 첨단산업의 발달로 차세대 컴퓨터토론 시스템이 생산되었고 우리의 기술은 구식이 되었다"고 벨랑제는 쓰고 있다.

솔리넷의 향후 계획은 인터넷에서 더 많은 것을 통합시키는 것을 중심으로 진행되고 있다. 솔리넷은 토론방과 국제노동뉴스, 범지구적 노동조합운동의 데이터베이스 등을 담게 될 쌍방향 월드와이드웹 사이트를 계획중이다. 벨랑제에 따르면, 솔리넷은 이 계획을 위해서 특별 소프트웨어를 개발중인 사이먼 프레이저(Simon Fraser) 대학과 협력하고 있다. 벨랑제는 또 제안되고 있는 국제노동대학을 솔리넷이 주관하도록 제시한 바 있다.

솔리넷은 캐나다 전국노조에서 컴퓨터통신을 최초로 이용한 것이었다. 다른 전국 노동조합도 자신들의 웹사이트를 통해 공공노조의 사례를 따르고 있다. 여기에는 캐나다 농장노동조합(Canadian Farmworkers' Union), 캐나다 공공서비스연맹(Public Service Alliance of Canada)과, 진보통신연합 캐나다 지부인 웹네트워크와 솔리넷의 공동프로젝트인 노동조합네트워크(UnionNet) 등이 있다. 또 캐나다노동사위원회(Canadian Committee on Labour History)는 ≪노동(*Labour/Le Travail*)≫이라는 자신들의 간행물과 링크되어 있는 웹사이트를 갖고 있다. 마지막으로, 사회주의 인터내셔널에 소속된 캐나다 정당인 신민주당의 주, 연방 당조직들의 웹사이트들도 있다.

오스트레일리아

오스트레일리아는 지구상 최고의 인터넷집약형 국가 중 하나로, 단 4개

국가만이 이 나라보다 많은 인터넷 호스트컴퓨터를 갖고 있다. 노동운동
도 가장 강력한 나라 중 하나로, 1980년대 말―노조 가입률의 현격한 감
소에도 불구하고―노동자에 대한 조합원 비율은 캐나다, 독일, 프랑스, 이
탈리아, 일본, 영국, 미국 등보다 더 높았다. 그럼에도 불구하고 오스트레
일리아 노동조합들은 늦게 네트워크에 진출했으며, 광활한 국토를 가진
오스트레일리아의 노동운동은 캐나다의 전국노조들과 동일한 문제에 직
면해 있었지만, 캐나다의 솔리넷과 견줄 만한 것이 없었다.

오스트레일리아의 노동조합들로 하여금 인터넷을 더 많이, 더 좋게 활
용하도록 밀어붙이는 사람이 있는데 그의 이름은 애드리언 베이츠(Adrian
Bates)이다. 영국에서 오스트레일리아로 돌아온 후, 베이츠는 오스트레일
리아 노동조합평의회(Australian Council of Trade Unions)에 '노동정보통
신'에 관해 논의하러 갔다. 그러나 나에게 이야기한 대로, '그들은 약간
시대에 뒤떨어져 있었다.'

베이츠는 현재 '거리의 횡포2)'에 직면해 있는 농촌 사람들에게 인터넷
접속을 제공하는 빅토리아 주의 주규모 네트워크인 빅넷(Vicnet)과 함께
활동하고 있다. 그가 인정하듯이 빅넷에서 노동조합은 주변적인 관심사이
다. 그러나 베이츠는 네트워크상에서 노동조합이 '우편함'을 사용하도록
하는 데 초점을 맞추었다. 1995년 늦여름경, 다섯 개의 노동조합만이 이
에 착수했다. 하지만 이 소규모 그룹은 월드와이드웹을 통해 인터넷에 정
보를 게시함으로써 많은 관심을 모았다. "빅넷은 지역 노조를 참여시키려
하고 있지만, 이는 쉬운 일이 아니었다"고 베이츠는 말한다.

한편, 베이츠는 오스트레일리아와 다른 나라―주로 영국―의 다양한
노동 사이트들을 링크시킨 '노동과 노동조합(Labour and Trade Union)'
웹페이지를 운영하고 있다. 오스트레일리아 노동조합에 관한 정보를 담고
있는 다른 주요한 사이트는 월드와이드웹이 존재하기 오래 전부터 고퍼
사이트를 활발히 운영하고 있었던 애들레이드(Adelaide) 대학 노동연구센
터(Centre for Labour Studies)에서 운영하고 있었다(내가 애들레이드의
이 사이트에서 ≪솔리노트≫와 브리티쉬컬럼비아교사연맹 등 캐나다의

---

2) 오스트레일리아의 광활함을 빗댄 말이다.

온라인 노동간행물의 묶은 호를 처음 읽었다는 사실에서 인터넷이 어떻게 움직이는지 알 수 있을 것이다).

최초로 웹 사이트를 개설한 조직은 오스트레일리아 노동조합평의회였다. 평의회는 또 다른 방식으로 이동하고 있었는데, 전국 노조의 단체협상 시스템인 노동네트워크(WorkNet)의 출범도 그 중 하나였다.

뉴 사우스 웨일즈 주 노동평의회는 1995년 12월에 독자적인 노동네트워크(LaborNet)를 개설하였다—네트워크의 출범식에는 주지사인 밥 카(Bob Carr)의 연설도 포함되었다(출범식 사진은 웹사이트에서 볼 수 있다). 노동네트워크 웹사이트에는 노동조합들에 관한 정보, 11개가 넘는 지역 노조와의 링크, 두 개의 온라인 간행물(≪넷워크(*NetWork*)≫ 등), 노동도서 목록, 심지어 '스트리트와이즈(StreetWize)' 만화도 들어 있다. 노동네트워크는 또 조합원들을 위해 전자우편을 이용한 메일링리스트를 제공하고 있다.

웹사이트를 갖고 있는 주와 지역 노조로는 전국3차교육산업노련(National Tertiary Education Industry Union) 벤디고(Bendigo) 지부·건설·삼림·광산·에너지노련(Construction Forest Mining and Energy Union) 오스트레일리아 수도권지부(ACT), 테즈메이니아(Tasmania) 대학 지역공공부문노조(Community and Public Sector Union), 오스트레일리아남부통합노동조합노동평의회(United Trades and Labour Council of South Australia), 수도권 노동조합노동평의회 등이 있다. 다른 노조들도 계속해서 온라인으로 진출하고 있다.

뉴질랜드

뉴질랜드는 전국적 노동네트워크가 왕성히 활동할 것으로 예상되지만 실제 활성화되지는 못한 나라이다. 이 나라의 노동조합들은 1996년에야 처음으로 인터넷을 사용하기 시작했는데 우리는 한때 강력했던 이 나라 노동운동에 맹공을 가한 우익정부의 맥락 안에서 이러한 발전을 이해해야 한다.

1991년 5월에 새로운 고용계약법안이 통과되었고 이로써 단체협약은 사실상 불법화되었다. 노동조합 조합원수는 법안이 통과될 당시의 60만 3천 명에서 1994년 말 37만 5천 명으로 급락하였다. 게다가 최근 노동조합운동은 두 개의 전국연맹으로 분열되었다. 뉴질랜드 노동조합들에게 살아남을 의지가 있다면, 노동운동이 활용할 수 있는 모든 수단을 이용해야 하며, 여기에는 컴퓨터통신도 포함된다.

웰링턴(뉴질랜드의 수도—역자)의 피터 홀-존스(Peter Hall-Jones)는 이러한 활동을 벌이려는 사람들 중 하나이다. 그는 뉴질랜드의 기존 노조들이 진보통신연합 지부를 통해 온라인으로 연결될 수 있도록 일해왔다. 뉴질랜드 노동조합회의(New Zealand Council of Trade Unions)는 전자우편 주소를 하나 갖고 있다. 그리고 1996년 초, 노조회의는 광범위한 웹사이트를 개설하였는데, 이 사이트는 대부분의 웹사이트에서 보이는 표준적인 HTML 페이지들보다 훨씬 많은 특징을 갖고 있다. '노조-대화(union-talk)'라는 이름의 노동조합 메일링리스트, 노조와 관련된 문서들을 제공하는 FTP 서버, 'planetnz.unions'라는 이름의 뉴질랜드 노조활동가들을 위한 유즈넷 뉴스그룹과의 링크 등이 그것이다. 이들 외에도 이 사이트에는 노조회의의 22개 산하노조 목록, ≪뉴질랜드노조회의 활동(*CTU Work*)≫이라는 소식지 전문, 전 세계 다른 노동사이트와의 링크, 1996년 뉴질랜드 전국선거에 대한 노동운동의 입장에 관한 정보 등이 들어있다.

남아프리카공화국

아프리카의 인터넷에 관해 이야기할 때, 특히 노동조합의 인터넷 사용에 관해 이야기할 때, 사람들은 남아프리카공화국에 대해서만 이야기하게 된다. 아프리카의 몇몇 나라에서 인터넷을 사용하고 있지만 많지는 않다. 튀니지, 알제리, 이집트 등 아프리카 북부 외곽지역의 국가들은 유럽을 통해 인터넷에 접속하고 있고, 아프리카 국가의 수도에 있는 대학들도 인터

넷에 접속할 수 있다. 그러나 이 범지구적 네트워크를 사용하는 절대다수
는 아프리카의 남단 국가에 집중되어 있다. 오늘날 남아공 인구는 약 2천
5백만 명이고, 1996년 초에 인터넷에 접속하고 있는 사람은 15만 명에서
20만 명에 이른다고 추산되고 있다. 20여 개의 인터넷서비스 공급업체와
27개 대학들이 인터넷에 연결되어 있는데 심지어 미국의 상업 네트워크
회사인 컴퓨서브도 남아공에 몇 개의 존재지점(point of presence)[3]을 갖
고 있다. ≪인터넷 세계(*Internet World*)≫에 의하면, 남아공 사이버카페의
HTML 수업반은 일주일 전에 미리 예약을 해야 한다. 웹사이트들이 매달
생겨나고 있고, 점점 많은 일반인들이 온라인에 접속하고 있다. 그리고 노
동운동 역시 비록 고유한 속도로나마, 이 흥분을 함께하고 있다.

　오늘날 남아공에서 노동조합에 의한 인터넷 사용의 핵심은 아마 남아
공비정부기구네트워크(SANGONeT)─1993년 창립된 남아공비정부기구
들의 온라인 네트워크이자 노동네트워크(WorkNet)의 계승자이다─일 것
이다(남아공노동네트워크의 초기 활동에 관해서는 3장에서 논의하였다).
상고넷은 '노동자 인권과 발전을 위한 지역 전자정보와 통신 네트워크'라
고 스스로 규정하고 있다. 상고넷은 진보통신연합에 가입되어 있고, 다른
지역의 진보통신연합 네트워크들과 마찬가지로 '환경, 인권, 발전, 평화'
에 관해 강조하고 있다─그러나 그 자체가 노동운동에 관한 것은 아니다.

　상고넷은 자신이 일반적인 인터넷 서비스 공급업체가 아니며, 대중조
직들에게 그들이 필요로하는 도구를 제공해주려 한다고 했다. 상고넷은
공업화 속에서 노동대중에게 적절한 정보와 통신과 정보 네트워크에 통
합된 접근수단을 제공하며, 열린 정부와 정부정보에의 접근을 지향한다.
상고넷은 다양한 정부 '정책문서(Green Papers)'를 온라인에 게시한 공로
로 1995년말 ≪위클리 메일 앤드 가디언(*Weekly Mail and Guardian*)≫ 컬
럼니스트 브루스 코헨으로부터 특별상을 받았다.

---

3) 디지털 전용회선과 다중통신규약 라우터 같은 통신장치가 존재하는 사이트를
　일컫는다. 이것은 두 개의 통신망 사이를 연결하여 한 통신망에서 다른 통신망
　으로 통신할 수 있도록 하는 하드웨어와 소프트웨어를 담고 있고 통신규약이나
　통신망의 주소도 변환할 수 있기 때문에 남아공에서도 미국의 컴퓨서브를 이용
　할 수 있게 된다.

상고넷은, 자신의 전임자인 노동네트워크처럼, HTML 교육과정, 초급과 고급의 컴퓨터통신 주간교육, 인터넷의 힘을 보여주는 무료 주간실습 등 교육훈련과정에 역점을 두고 있다. 상고넷은 또한 전문적으로 비정부기구들을 지원하고 있는데, 이 지원에는 수신자부담 전화접속, 상고넷 서버 컴퓨터에 웹사이트를 개설해주는 것, 광대한 인터넷에서 정보를 찾을 수 있도록 이용자들을 돕는 것, 근거리통신망을 인터넷에 연결시켜주는 것 등이 있다.

상고넷의 웹사이트에는 특별한 노동관련 페이지가 있는데, 여기에는 독자적인 사이트를 갖고 있는 남아공노조들의 링크와 노조활동가들이 관심을 가지는 다른 링크들(남아공공산당 등)이 있다. 하지만 상고넷의 운영진은 이에 만족하지 않는다. "노동운동은 매우 중요한 영역이며, 더 많은 활동이 없는 것은 안타까운 일이다"고 안리에트 에스터휘센(Anriette Esterhuysen)은 말한다.

남아공의 전국노총인 남아공노조회의(COSATU)는 이 신기술에 관심을 갖기 시작했다. 남아공노조회의는 초기부터 노동네트워크에 참여해왔으며 수 년간 이탈리아노동조합총동맹(CGIL)과 함께 '메트릭(Metric)'이라 불리는 전자우편을 포함한 전산화 프로젝트를 진행해왔다. 1993년에 와서야 노동네트워크(그때 상고넷으로 이름을 바꿨다)는 남아공노조회의의 컴퓨터 운영체제와 호환가능한 소프트웨어로 운영체제를 바꾸었다.

창건된 지 10년이 지난 1995년에 남아공노조회의는 월드와이드웹에 자신의 사이트를 개설한다고 발표하였다. 그러나 개설된 지 몇 달이 지났지만 이 사이트는 내용이 별로 많지 않다. 여기에는 20개 정도의 보도자료가 담겨 있고, '남아공노조회의 문서(COSATU document)'라는 표제하에는 단 하나의 글만 실려 있다. 지부사무실과 간부들의 명단을 제외하고, 이 사이트에서 실제로 볼 만한 정보는 노조회의의 격월간지인 ≪노조간부(Shopsteward)≫의 전문뿐이다.

국제자유노련과 국제노동기구에 제출된 1994년 보고서에 의하면, 영국의 노동정보통신 전문가는 '남아공노조회의는 개인용 컴퓨터를 많이 가지고 있으며, 산하 노조들과 함께 지역과 지부들로 컴퓨터와 컴퓨터통신의 사용을 확대하고 있다. 지원과 훈련에 대한 요구가 급속히 늘어날 것으로 예상된다'고 했다. 그러한 요구들이 충족되었는지 여부는 불확실하다. 그러나 분명한 사실은 2년 후에도 남아공노조회의의 컴퓨터통신 사용은 급속하게 증가하지는 않았다는 점이다.

이 사실은 1992년과 1993년, 맨체스터에서 열린 회의의 조직자인 셀리아 매서가 필자에게 확인시켜 주었다. 당시 국제노동자료정보단(International Labour Resource and Information Group)의 일원으로 남아공에서 활동하고 있던 매서는 "이 곳에서 일관된 방식으로 일을 착수하는 노동조합은 아직 많지 않다"고 말했다.

남아공노조회의의 정보통신국장인 찰리 루이스(Charley Lewis)는 1994년 4월의 전국선거 직전에 전자우편을 사용하려 했던 시도의 실패에 관해 이야기한 적이 있다. 이 시도는 기증받은 모뎀과 상용프로그램을 사용한 것이었는데, 루이스에 의하면, "완전히 시간 낭비였다. 그 소프트웨어는 사용하기 불편하고 거의 쓸모없는 데다가 계속 다운되었다. 사용자들은 적절히 훈련받지도 못했다 … 그 결과 곧 사라지게 되었고, 단지 소수 개인만이 이를 사용하였다."

최근에 메트릭 프로젝트에 참여하고 있는 남아공노조회의는 상고넷을 통해 각 산하 노조별로 인터넷 연결과 교육을 위한 자금을 제공하였다. 상고넷에 따르면, 이 과정의 일부로 남아공노조회의를 위한 온라인 토론 그룹들이 만들어질 것이다. 이 전국노총은 또한 노총 내부와 산하노조들 간에 전자우편의 이용을 적극적으로 장려하고 있으며, 노조회의 중앙본부와 산하노조 중앙본부를 연결하기 시작하였다. 1996년 중반경 남아공노조회의 19개 산하노조 중 14개 노조와 8개의 지역본부 모두가 온라인을 이용하게 되었다. 중앙본부에 있는 모든 사람들은 통신도구로서 전자우편을 이용하였으며 모든 언론보도 성명과 주요 정책문서들은 홈페이지에 올려졌다. 남아공노조회의는 전자우편으로 보도자료를 배포하기 위해 리스트서브도 이용하기 시작했다.

다른 남아공노총인 전국노조회의(NACTU)도 1994년 보고서에서 논의되고 있다. 남아공노조회의보다는 훨씬 작은 규모지만, '지역의 전자우편

공급업체와 논의한 적이 있고 정보통신을 발전시키는 데 노력하고 있다. 노련한 기술 전문가들이 긴급히 요구되며, 가입노조와 지역연맹을 연결하기 위해 모뎀으로 연결된 미니컴퓨터를 설치하려 하고 있다.'

한편, 몇몇 전국노조는 컴퓨터통신을 일상적으로 사용하기 시작하였다. 조합원이 32만 5천 명이고 남아공노조회의 소속인 전국광산노조(NUM)가 이 중 하나이다. 이 연맹은 광산업과 전기에너지 산업의 절대다수 노동자를 대표하고 있고, 1982년 창건된 이래 임금과 인종차별 그리고 보건과 안전 문제에 초점을 맞추고 있다.

1995년 전국광산노조는 웹사이트를 개설했는데, 이는 아프리카민족회의(ANC)가 관리하고 재정적으로 지원하고 있다. 지금까지는 이 웹사이트는 대단한 성공을 거두지는 못했다. 개설한 지 넉 달이 지나는 동안 단 네 사람이 이에 관련해 노조사무실에 연락했다. '전국광산노조 문서(NUM Documents)'라는 표제 밑에는 사실상 한 개의 문서(최저임금에 관한 제안)밖에 없으며, 홈페이지에 언급되어 있는 '언론보도자료(Press Statements)'는 2주간 작성된 6개의 문서파일로 이루어져 있다. 전국광산노조의 마틴 니콜(Martin Nicol)은 이 웹사이트의 목적이 "우리 조직에 정보를 제공하는 것이라기보다는 인터넷 사용에 익숙해지는 데" 있다고 인정한다. 니콜은 남아공노동조합에서 컴퓨터 통신의 사용에 관한 안타까운 현실에 대해 솔직히 털어놓았다. 157명의 집행부가 있는 전국광산노조에서 단 한 명(니콜 자신)만이 인터넷에 접속하고 있었다.

그럼에도 불구하고, 그는 이 네트워크를 노동조합을 돕는 방향으로 이용할 수 있었다. 노동네트워크·상고넷이 그 전형인 노조와 대학간 협력작업의 경우, 니콜은 케이프타운 대학의 산업보건연구단(Industrial Health Research Group)에서 일하면서 인터넷을 이용할 수 있었고, 7일 교대제와 노동시간 등의 주제에 관한 종합워크숍을 공동으로 준비하였다. 전국광산노조 간부들은 전자우편을 이용해서 워크숍에 제출되는 연구단의 문서를 편집할 수 있었고 이로 인해 보고서가 준비되는 속도와 '보고서의 질'이 상당히 향상되었다고 니콜은 덧붙여 말했다.

여하튼 간에, 전국광산노조는 앞으로 몇 달간 상황을 극적으로 개선시키기 위한 계획들을 갖고 있다. 이 계획에는 노동조합 중앙본부에서 적절히 작동할 수 있는 컴퓨터 네트워크를 갖추는 것이 우선적으로 포함되어 있었는데 "설치되었지만, 이것을 어떻게 사용하는지 아는 사람은 아무도 없었다"고 니콜은 말했다. 일단 이것이 작동하기만 하면, 전국광산노조 간부들은 노조의 내부 네트워크에 있는 전자우편을 이용하기 시작할 것이다. 그러면 노조의 네트워크는 상고넷을 통해, 서로 다른 계정으로 연결되어 있는 중앙본부의 각 '부서'(법률, 보건안전, 단체교섭 등)를 연결하게 될 것이고 결국 연맹의 14개 지역본부들은 인터넷으로 연결될 것이다.

니콜은 남아공노동네트워크의 미래에 낙관적이다. "인터넷 통신은 이제 쉽고도 가능하다"고 그는 말한다. '특별 교육을 실시하고 있으며 노조들이 직면한 문제를 해결할 수 있는, 능력 있고 믿을 만한 몇몇의 공급자들, 특히 상고넷이 존재한다.' 심지어 니콜은 가까운 미래에 네트워크를 실질적으로 이용할 수 있게 될 것이라고 생각한다. "새로운 남아공에서 상당한 시간과 에너지를 쏟아붓고 있는 새로운 노사정기구에 노조가 공동으로 제출할 제안을 준비하기 위해 전자우편이 활용될 수 있다"고 그는 믿는다.

다른 남아공노조회의 산하노조들도 컴퓨터통신에 관심을 보여왔으며, 특히 화학산별노조와 남아공전국금속노조가 가장 두드러진다. 이들 노조는 각각 국제화학노련과 국제금속노련에 가입해 있으며 두 노조 모두 네트워크 사용에 대한 야심찬 계획을 세우고 있다.

화학산별노조의 연구원인 크리스천 스텔러스(Christian Stellars)에 따르면, 노조는 거의 10년간 인터넷을 이용해왔다고 한다. 처음에 노조의 인터넷 계정은 팝텔을 통한 것이었고, 전자우편은 국제화학노련과 연락하기 위해 이용되었다. 이를 통한 연락은 주로 특정 산업부문이나 기업, 혹은 직업안전과 보건 같은 쟁점에 관한 것이었다. 스텔러스가 처음부터 노조 활동을 한 것은 아니었다. "나는 2년 전에 조합에 가입했고 그 이래 줄곧 정보기술을 추구하는 업무를 맡아왔다"고 그는 말했다.

최근의 한 가지 변화는 노조가 팝텔과의 공조를 그만두었다는 점이다. "네트워크 서비스 공급자들로부터 정규계정을 사용하는 것이 우리에게 더 좋다. 우리의 경우 남아공 비정부기구네트워크인 상고넷이 바로 그것이다”라고 스텔러스는 말한다. 그는 상고넷을 오늘날 남아공에서 ‘진보적 조직들의 인터넷 접속을 위한 중요한 공급자’라고 부른다(상고넷의 안리에트 에스터휘센은 팝텔이 남아공의 노동네트워크 구성에 장애가 되고 있다고 비판하고 있다. “우리 나라의 노동네트워크는 많은 노동조합이 상고넷·노동네트워크가 아닌 지오넷에 연결되었다는 사실 때문에 수년간 지연되었고, 이런 이유로 해서 진보통신연합의 일부분이 될 수 없었다”고 그녀는 말했다).

오늘날까지 노조에서 인터넷을 주로 사용하는 것은 전자우편이다. 화학산별노조는 국제연맹 사무국과 정보를 공유할 뿐만 아니라 점차 남아공의 다른 노동조합과 비정부기구들과도 정보를 공유하고 있다. 전국금속노조와 마찬가지로, 화학산별노조도 단 하나의 회선—크리스 셀러스(Chris Sellars)의 컴퓨터에 있는 모뎀—으로 인터넷에 접속하고 있다. 그러나 그들은 회선을 확장시킬 계획을 갖고 있다. 중앙본부는 근거리통신망을 갖고 있는데, 1996년 말까지 여기에 연결된 모든 사람은 인터넷 주소를 가져야 한다. 또 전국 각지의 화학산별노조지부 사무실에 모뎀이 설치될 예정이다.

집중점은 분명 노조의 임원과 간부들을 서로서로 연결하고, 노동운동의 다른 부분들과 연결하는 데 있다—월드와이드웹 사이트의 화려한 측면에 대한 관심은 상대적으로 적은 편이다. 화학산별노조는 현재 이러한 사이트는 전혀 고려하지 않고 있으며, 시간이나 자금의 투자를 원치 않는다. 스텔러스는 또다른 이유 즉, 전 세계 대다수 노조가 마찬가지로 신경쓰는 것을 덧붙인다. “나는 사람들이 근무시간 중에 화려한 무언가를 ‘갖고 노는 데’ 사로잡히는 것에 대한 염려가 웹사이트를 만드는데 장애가 되고 있다고 생각한다.”

전자우편의 실질적 활용은 국내적으로, 국제적으로 연결하는 것이었다. 스텔러스가 인용한 사례는 중앙차원의 단체교섭이었다. 이는 노조가 당장 실행하기를 원하는 것이었으며, 특히 공장별로 단체교섭을 조직하기 어려운 부문에서 그러했다. 남아공의 경영자 조직들은 마지못해 이에 동의했다. 그러나 그들은 종종 협상을 지연시키기 위해 ‘부문간 차별성’이라는 변명을 하곤 했다. '연맹은 협상 과정에서, 중앙교섭을 성공적으로 수행한 다른 나라 노조와 그들 나라의 산업부문간 차별성이 어떤지에 대해 국제화학노련의 조언을 얻기 위해 인터넷을 이용했다.' 연맹은 독일화학노련 (IG Chemie)으로부터 '매우 유용한 응답'을 받았는데, 그들은 '중앙교섭 체계가 어떻게 광범위한 부문에 적용될 수 있는지를 보여주었다.' 화학산별노련은 독일의 정보를 적용했다. "이들의 경험을 원용해서 우리는 중앙교섭 체계의 비효율성에 관한 기업주들의 논리를 거부할 수 있었다"고 스텔러스는 말하고 있다.

노조가 전자우편을 활용한 다른 사례는 남아공 국내에서 나타났다. 화학산별노조는 남아공 석유산업에 대한 새로운 국유화 정책 논의에 상당 정도 관여해왔다. '우리가 새로운 정책을 세우는 데 개입하면서 전자우편을 이용하고 파일을 전송하는 것이 상당한 도움이 되었다. 작업중인 문서는 많은 초안을 거쳤고, 인터넷을 통해 이에 관계된 당사자들에게 보내졌다'고 셀러스는 쓰고 있다.

남아공에서의 변화는 노동운동의 중심이 인종차별에 대한 투쟁으로부터 전통적인 노동조합의 이슈로 이동하고 있다는 점이다. 이는 노동조합들이 단체교섭을 위해 남아공에서 활동중인 초국적기업들에 대한 구체적 정보를 필요로 함을 의미한다. 노동관련 전산 데이터베이스의 활용이 요구되며, 타국의 전국노조와 국제적 노조(특히 국제산별노련), 노조관련 연구소와 학술단체, 제네바의 국제노동기구 등과의 연계도 필요해지고 있다. 이 나라의 정치적 변화가 소수 백인 통치기간 동안 돈덕했던 선진국의 우호적 단체들과의 연결 필요성을 줄게 하지는 않았다.

마지막으로, 남아공 노조에는 민주화와 발전을 진행중인 다른 나라들과 정보를 교환해야 하기 때문에, 남—남 통신의 필요성이 계속 제기되고 있다. 그러나 남아공 노조들은 정보교류를 인접국가로 제한하지 않을 것이며, 멀리 떨어진 노동운동과도 논의를 위한 공동의 지반을 모색하는 것을 당연하게 여기고 있다.

영국

≪인터넷 세계≫는 1995년 말 '네트워크 상황'이라는 특별기사에서 '잠시 주저한 후, 영국인들은 사이버공간으로 번지점프를 했다'고 말했다. 영국에서 인터넷을 이용하는 사람의 추정수는 1995년 초 2십만 명에서, 그 해 말에는 50만 명으로 상승했다. ≪데일리 텔레그래프(*Daily Tele-graph*)≫와 ≪가디언(*Guardian*)≫ 등 많은 유명한 신문들이 자기 신문의 인터넷판을 발간했다. BBC는 인터넷에 관한 8편의 시리즈물을 방영했으며 이를 시청한 사람은 각 편당 약 백만 명이었다. 기업들도 온라인상에 진출했으며 영국 최초의 온라인 상점이 개점했다. 영국인들은 인터넷 활동의 한 분야—사이버카페—에서는 선구자이기까지 했다. 유럽 최초의 사이버카페인 사이베리아(Cyberia)가 1994년 말 런던에서 문을 열었고 그 뒤를 이어 영국에 14개, 유럽대륙에 20개의 사이버카페가 문을 열었다.

영국 '신사회운동' 일부는 이 새로운 통신기술을 열정적으로 받아들였는데, 이는 극우파를 비롯한 그들의 적대자들도 마찬가지였다. 인터넷 지향의 잡지들이—몇 개를 빼고는—알지 못했지만 노동운동도 여기서 예외는 아니었다. 영국 노동자들의 '사이버공간을 향한 번지점프'에는 다음의 것들이 포함된다.

- 온라인 토론그룹
- 상설적인 훈련연구센터
- 노동조합 네트워크
- 노동 웹사이트

노동조합-d

전자우편을 통한 온라인 토론그룹은 가장 단순하고 오래된 것이지만 노동조합 활동가들이 인터넷에서 이용할 수 있는 가장 강력한 도구였다. 수천만 명의 사람들이 인터넷을 이용하고 있으므로, 이 도구는 이전보다 훨씬 더 강력해졌다. 지오넷 등의 비공개 시스템상에 있는 유즈넷 뉴스그룹이나 회의와는 달리, 전자우편을 이용한 토론그룹은 모든 사람에게 열려 있다. 지방통신망(피도넷이라는 느슨하고 비공식적인 네트워크에 연결되어 있다)만을 이용하는 사람들도 여기에 참여할 수 있다.

1995년 8월, 유럽의 노동조합운동은 마침내 독자적인 토론그룹을 인터넷상에 만들었다. 그 창시자와 관리자는 그렉 코인과 잭디쉬 패릭이었다. 그들은 이 토론그룹을 '노동조합-d(Union-d)'라고 불렀다(이 그룹의 참가방법은 부록 참조).

잭디쉬 패릭은 이 책에서 이미 소개된 적이 있다. 그는 1980년대 후반 홍콩에서 선구적인 아시아감시지원센터(AMRC)에서 일했으며 1990년에는 샌프랜시스코에서 IGC노동네트워크의 창설을 도왔고, 1992년 맨체스터 회의에 우루과이 네트워크의 대표로 참여했다. 이 책을 쓰면서 나는 그를 인도의 봄베이에서 찾아냈다. 그는 지금 미국에 있는 것 같지만, 그것은 단지 경험에서 나온 추측일 뿐이다. 그는 어디에나 있을 수 있다. 이 사람은 범지구적 노동네트워크의 민들레꽃씨(Scarlet Pimpernel)이다.

그렉 코인은 설명하기 쉬운 사람이다. 그는 노동조합간부와 노동운동의 여러 지위를 맡은 적이 있는데, 한 예로 영국노동조합회의 교육 프로그램에서 전임으로 일하기도 했었다. 이런 자격으로 그는 리버풀 지역에서 영국노동조합회의의 노조간부를 위한 컴퓨터교육과정을 시작했다. 그는 실업에 대항하는 투쟁에 깊이 관여해왔으며, 지금은 머지사이드 노조연합과 실업연구센터의 고참 성원이다. 그는 지금 이 센터의 교육담당자로 일하고 있다. 1991년, 코인은 지오넷의 맨체스터 지부가 시작되면서 컴퓨터통신을 알게 되었다. 그는 1994년 여름, 비공식적인 온라인 토론그룹을 시작했으며, 이 토론그룹은 1년 후 노동조합-d로 발전하였다.

이 토론그룹은 원래는—하지만 배타적이지는 않았다—유럽 노동운동을 목표로 한 것이었다. 이 그룹은 인터넷 전자우편을 이용하는 활동적인 조합활동가간의 온라인 대화, 정보교류, 조직화를 증진하려고 했다. 코인과 패릭에 따르면, 이 그룹의 원조는 '정보와 생각을 공유하기 위해 전자우편 교환그룹을 만든 3, 40명의 노동조합활동가들이었으며 이들은 주로 영국인이었다'. 노동조합-d는 '유럽에 있는 온라인상의 노조활동가들이 상설적인 공동네트워크를 만들기 위한 쉬운 방법'으로 기능하려 했다. 팝텔이나 진보통신연합 네트워크 대신에 인터넷을 이용한 것은 전략적인 선택이었다. '활동가들은 자신이 사용하는 통신망에 관계없이 참여할 수 있고, 이는 분명 그들을 더욱 긴밀한 공동체로 모이도록 할 것이다.'

노동조합-d가 해결하려 했던 문제 중 하나는 '많은 활동가들이 처음으로 (전자)우편함을 열었을 때 느끼는 고립감이다. 그들은 온라인 통신의 잠재력을 알고 있지만, 누구와 접촉해야 할지 몰랐고 아무도 그들과 접촉할 줄 몰랐다.' 코인과 패릭에 의하면, "우리 경험으로는 활동가들이 (전자)우편함을 몇 주 열어보고는 아무 것도 없자 너무 빨리 포기해 버렸다."

토론그룹이 시작된 지 6개월 후, 패릭은 벌써 130명에서 150명이 신청을 했다―주로 유럽에서―고 나에게 말했다. 이러한 숫자는 인터넷에 있는 다른 토론그룹에 비하면 매우 적은 숫자이다. 노동-L과 H-노동 같은 북미의 토론그룹들은 이보다 몇 배 많다. 참여자들은 진보통신연합과 지오넷·팝텔 등 다양한 네트워크에서 온 사람들로, 코인은 이것이 리스트서브를 우선적으로 이용한 이유였다고 말하고 있다.

노동조합-d에서 토론되고 있는 주제들에는, 이 그룹을 이용해서 조직을 지원하는 방법, 영국 노동운동에 관한 공고, 보건안전 문제에 관한 질문 등이 있다. 처음 몇 개월은 평균적으로 매일 두세 개의 글이 게시되었다.

"연대와 정보가 항상 교환되고 있었다"고 그렉 코인은 덧붙였다. '노동조합-d는 최근 파업중인 리버풀 항만노동자들에 대해 국제적 지원을 조직하고, 같은 다국적기업에 근무하는 여러 나라 기술직 노동자를 연결하는 등 많은 성공을 거두었다.' 코인은 "이 토론그룹이 너무 영국에 집중되어 있어서 스스로 유럽규모의 토론으로 증진하려고 특별히 노력하고 있으며 다양한 유럽 국가를 위해 국가별 하위그룹을 만드는 것도 생각하고 있다"고 견해를 피력했다. 이들 하위그룹의 관리자는 광범위한 국제적 관심사를 노동조합-d에 제시하게 될 것이다.

노동정보통신센터

노동정보통신센터(Labour Telematics Centre)는 1993년 1월에 만들어

졌으며 이는 1992년 맨체스터 회의(3장 참조)의 최초이자 구체적인 결과
였다. 이 회의의 목적은 '노동운동조직이 컴퓨터통신과 정보기술에 접근할
수 있도록 해서 이로부터 이득을 취하도록 지원하고 고무하는 것'이었다.

다른 분야 즉, 온라인 토론그룹 등에서 영국인들이 미국의 동지들에 비
해 다소 뒤쳐졌다면, 이 센터는 (영국인의) 독창적인 성과였다. '노동정보
통신'이라고 불리는 과정이 다른 곳에서 제공되었지만─한 예로 미국의
조지 미니 노동연구센터─노동자 컴퓨터통신센터는 이 주제만을 다루는
최초의 상설적인 훈련연구 센터이다.

이 센터는 맨체스터의 영국노련 전국협회에 있는데, 이 영국 노동조합
(영국에서 두번째로 큰 노동조합이다)은 노동자 컴퓨터통신에 선견지명을
갖고 관대한 태도를 지니고 있었다. 영국노련은 건물과 다른 설비들을 센
터에 후원하고 있었다. 영국노련 위원장인 존 에드먼즈(John Edmonds)는
1992년 맨체스터 회의에서 기조연설을 한 바 있다. 그는 참가자들에게
"실험을 위한 시간은 끝났다"면서 '범지구적 노동조합 네트워크'의 건설
이 이미 의제에 올라 있다고 말했다. 에드먼즈는 또 노동조합의 민주화에
있어 새로운 통신기술이 가지는 중요성을 강조하였다. 그가 지적했듯이,
조합 지부도 상급 간부나 집행위원회만큼 빠르게 동일한 정보를 볼 수 있
게 되었다.

노동정보통신센터는 다음과 같은 서비스를 노동조합과 노동자조직에
제공하고 있다.

- 전자통신의 이용을 고려하는 조직을 위한 통신감사와 가능성 조사
- 고용 및 노동조합조직과 활동에 미치는 컴퓨터통신의 영향에 관한
  정책 개발과 연구
- 전자통신 및 관련된 컴퓨터활용에 관한 훈련
- 조직들의 내부훈련을 위한 자료 생산
- 노동운동을 위한 온라인 정보서비스 개발(예를 들면 단체협상 데이
  터베이스 작성, 노동조합 보고서와 회보의 전자출판 등)
- 기술 상담

- 세미나와 회의 개최
- 컴퓨터통신에 관한 연구 및 보고서와 안내서 출간

1995년 노동정보통신센터는 '정보고속도로상의 노동─재택근무와 노동운동'이라고 이름 붙여진 중요한 회의를 후원했다. 140명이 넘는 사람들이 여기 참가했는데 이는 주최측의 기대를 훨씬 상회하는 것이었다. 영국 노조가 거의 20개에 이르는 대표단을 보냈고, 노동당도 참여했으며, 두 개의 국제산별노련, 두 개의 전국노조(영국의 노조대표자회의, 미국의 노총산별회의), 그리고 국제자유노련도 대표단을 파견했다.

노동정보통신센터는 영국은 물론 국제적 노조를 위한 수많은 컴퓨터통신 교육과정을 주관해왔다. 여기에는 노조대표자회의(TUC), 전국언론노조(National Union of Journalists), 국제공공노련(Public Service International) 등이 해당된다. 이곳에서는 기본적으로 두 가지의 컴퓨터통신 교육과정을 다루는데 하나는 인터넷이용교육과정이고 다른 하나는 통신교육자교육과정이다.

전자는 전자통신의 기초과정을 다룬다. 전자우편의 송수신, 작성파일의 교환(예를 들면 마이크로소프트 워드 파일), 월드와이드웹 같은 인터넷도구의 사용법, 전자 데이터베이스 이용법 등이 그것이다. 상급 과정은 위 주제 외에 전자통신의 기술적인 기초, 고장수리(모뎀, 통신 소프트웨어, 전화선), 조직을 위한 훈련과 지원 제공 등을 다룬다. 이에 덧붙여, 비록 '노동정보통신센터의 주요 관심사는 아니지만' 문서작성과 탁상출판 교육과정도 제공한다.

1994년 노동정보통신센터는 월드와이드웹에 자신의 홈페이지를 만들었고 1995년 초에는 ≪노동정보통신 소식≫이라는 회보를 (인쇄형태로) 발간하였다. 이곳은 여전히 팝텔과 긴밀하게 연결되어 있었고 두 대의 팝텔 호스트컴퓨터(MCR1, GEO2)에 '게시판'을 가지고 있었다. '노동통신(Labourtel)'이 총괄적인 소식 항목들을 담고 있는데 반해 '국제노동통신(labourtel-int)'와 '영국노동통신(labourtel-uk)'은 1992년과 1993년 맨체스터 회의의 보고서와 문서를 저장하고 있다.

1995년초, 노동정보통신센터는 컴퓨터통신이 '전통적인' 산업부문에 미치는 영향과 그것의 활용에 관심있는 유럽의 노조연맹들의 의견을 모아서 브뤼셀의 유럽위원회(European Commission)에 이를 신청하였다. 제안된 산업노동자 정보통신 교육계획(Industrial Labour Telematics Education Project)은 섬유와 의류노동자, 식품노동자, 화학노동자, 유럽노조대학(European Trade Union College), 그리고 노동정보통신센터까지 대변하는 유럽의 위원회들을 포괄하는 것이었다. 이와 유사하게 노동정보통신센터는 아프리카, 아시아, 구사회주의권 국가들의 전국적 노조가 온라인 통신을 유용하게 활용할 수 있도록 지원하고 있다.

노동정보통신센터는 또 보건과 안전에 관련된 정보를 제공하는 서비스를 만들자고 제안했다. 편집권이 참가 노조에 있겠지만, 센터는 공표되는 자료의 조정과 구성을 맡을 것이다.

이곳은 노동자교육협회의 전국적인 계획으로 관리되고 있다. 존 앳킨스(John Atkins)는 노동자교육협회를 대신하여 센터의 활동을 조정하고 있으며, 전자통신을 이용하는 노동조합으로 구성된 전국적인 고문단이 작업을 지원한다.

노동조합 네트워크들

팝텔은 영국 최초의 노동조합 네트워크일 뿐만 아니라 세계 최초의 노동네트워크이기도 하다. 3장에서 언급했듯이, 팝텔은 노동당이 다수였던 런던의회의 지원으로 1986년에 건설되었다. 팝텔은 10여 년간 영국, 유럽과 전 세계 노동운동에 서비스를 제공해왔다.

팝텔은 웹사이트에서의 자신의 활동을 다음과 같이 요약하고 있다. '팝텔은 인터넷 연결, 전자통신, 온라인 정보를 제공한다. 우리는 컴퓨터통신을 지역적·범지구적 공동체가 널리 이용할 수 있도록 하는 계획에 협력하며, 노동조합, 사회운동, 정부기관, 자선단체, 조직들에 온라인 정보를 제공한다.'

팝텔이 제공하는 웹사이트의 목록—여기에는 영국의 거의 모든 노동사이트가 들어 있다—을 보면, 이 네트워크가 영국 노동조합계에서 얼마나 많은 부분을 과거에도, 현재에도 좌우하고 있는지 알 수 있다. 팝텔이 제공하는 웹사이트들에는 노동당과 영국공공노련(UNISON), 대학교수연합(AUT), 제조금융노련(MSF), 노동조합총연합(GFTU) 등의 주요 노동조합의 웹사이트가 포함된다. 1990년대 중반 개방된 인터넷의 등장과 더불어 팝텔은 네트워크 내의 네트워크라는 성격보다는 인터넷접속 제공자의 성격을 더 띠게 되었다.

팝텔이 영국내 '운동' 컴퓨터통신 분야에서 경쟁자를 갖게 되었다고 말할 수 있다면, 그것은 진보통신연합의 영국지부인 그린넷(GreenNet) 때문이었다. 이 장에서 이미 본 것처럼 진보통신연합은 미국, 러시아, 남아공, 캐나다 같은 나라들에서 범지구적 노동네트워크의 발전에 점차 중요한 역할을 하게 되었다.

그린넷은 스스로를 '환경, 평화, 인권, 발전을 위한 범지구적 컴퓨터통신 네트워크'로 설명하고 있다. 그린넷의 월드와이드웹 홈페이지는 노동운동에 대해서는 언급조차 하지 않는다. 그러나 그럼에도 불구하고 그린넷은 진보통신연합의 미국 지부인 국제통신협회—여기에 미국 노동네트워크가 있다—의 신중한 성공이 되풀이 되기를 원한다. 팝텔처럼, 그린넷도 인터넷 서비스 외에 부가적인 것을 제공하는데 여기에는 '그린넷 연결—특별한 공개적·사적 토론과 데이터베이스, 그리고 전자우편으로 팩스를 보내는 서비스'가 포함된다. 그린넷은 웹사이트를 통해 활동가들이 이를 얼마나 유익하게 이용할 수 있는가에 관한 아홉 가지 사례를 들었다. 이것들 중 어느 것도 노동운동을 언급하지 않는다. 그래도 크리스 베일리(Chris Bailey)가 만든, '노동네트워크'를 제공하고 있다.

베일리는 한때 영국 극좌파의 활동가였다. 그는 지금 "나는 그 이후 조금 원숙해졌다"고 말한다. 그는 기술자가 되었고 노동조합운동에 참여했으며, 한 노동조합의 전국위원회 위원이 되었다. 코인처럼 베일리도 실업자센터와 교육에 관여하였다. 그는 이 센터들에서 실업자를 위한 컴퓨터 교육과정을 조직하고 가르쳤다. 1980년대 중반 그는 전통적인 매체를 이용한 범지구적 연대운동에 참여했으나 실패했다. 이 싸움의 패배는 베일리에게 쓰라린 경험을 주었다—'초국적기업의 강력한 힘과 그에 맞서 싸움을 벌이는 노동조합의 난점에 대한 자각'이라는. 노동조합 지부장은 보수가 적었기 때문에, 베일리—그는 교육과정 교사가 된 이후 컴퓨터광이 되었다—는 컴퓨터와 컴퓨터 부품을 만들고, 수리했으며, 판매했다. "자기 일의 대부분은 노동운동을 위한 것이며 때때로 돈을 받기도 했다"고 그는 말한다.

베일리는 미국 노동네트워크에 있는, '노동.영국(labr.uk)'이라는 이름의 영국 노동운동에 관한 회의의 정기—때로는 유일한—기고가이다. "새로운 노동네트워크는 미국 노동네트워크를 본딴 일종의 하위그룹이 될 것"이라고 베일리는 말한다. "내가 속한 노조지부인, 노동조합권리를 위한 국제운동(International Campaign for Trade Union Rights)도 노동네트워크 내에 웹사이트를 만들기로 결정했고 많은 조직들이 노동네트워크에 웹사이트를 만들 것이므로, 알려지기만 한다면 전반적인 반응은 좋을 것이다. 평조합원 언론인 ≪노동조합 소식≫은 내가 그 소식지를 통해 노동네트워크를 선전하는 데 동의했고 나는 얼마 전부터 그곳에 인터넷에서 뽑은 국제면 기사를 공급해오고 있다."

지금까지 노동네트워크 웹페이지가 제공해야 했던 것은 단 하나의 사이트뿐이었다. 하지만 그것은 굉장히 흥미로운 것이었다. 리버풀 항만노동자의 직장폐쇄(Liverpool Dockers' Lockout) 페이지는 영국에서 노동조합 파업중 최초로 만든 월드와이드웹 페이지였다. 웹페이지를 만들겠다는 생각은 노동조합-d 메일링리스트에서 나온 것으로 이는 3개 대륙의 노조 활동가들이 전자우편을 이용해서 일주일에 걸쳐 만든 것이었다. 그리고 홈페이지는 그린넷이 노동네트워크 계획 발전의 일부분으로 무료로 제공하였다.

이 웹사이트에는 머지 항만회사(Mersey Docks and Harbour Company)가 500명의 항만노동자를 축출한 정보와 최신소식, 그리고 긴급 호소문과 항만노동자 신문(≪항만노동자 선언(Dockers' Charter)≫) 전체, 연대메시지 등이 담겨 있었다. 나는 미국의 온라인 파업신문 ≪샌프란시스코 자유언론≫과 ≪디트로이트저널≫이 연대메시지와 더불어 거둔 위대한 성공을 기억하면서 특히 이 부분에 주의를 기울였다. 그러나 이곳에는 메시지가 열 개도 없었다. 또한 조합원이 아닌 보통 사람들이 보낸 것처럼 보인 미국의 파업신문의 연대메시지와는 달리, 이들 메시지는 노동운동과 좌파, 특히 극좌파에서만 온 것이었다. 하나는 '국제사회주의자(Internationale Socialister)'라는 노르웨이의 단체에서 온 것이었고, 다른 하나는 이미 사멸한 세계산업노동자연맹(Industrial Workers of the World)에서 온 것이었으며, 일본의 이론연구그룹인 '사회주의자연합(Socialist Association)'에서 온 것도 있었다. 또한 트로츠키 주의 조직 투사(Militant)가 보낸 것도 있었다. 팝텔의 전자우편 계정을 이용하는 영국 노조원이 보낸 메시지도 두 개 있었는데 이 중 하나는 본문에 한 단어('만세') 밖에 없었다.

그렉 코인은 리버풀 항만노동자들이 이 웹사이트를 보고 "매우 기뻐했다"고 말하고 있다. "그들은 영국의 노동조합에 부과된 구속적인 법률을 극복하기 위해 주요한 국제적 연대를 일으키는 데 참여해왔다. 이 파업을 선전하기 위해 여행한 세계 어느 곳에서나 인터넷이 그들보다 먼저 와 있었다." 최근 항만노동자들이 지원을 호소하러 오스트레일리아와 캐나다에 갔을 때, 그들은 자신들이 '인터넷을 통해 처음으로 알려지는 파업'으로 지속적으로 소개되고 있었음을 알게 되었다. 일본 항만노동조합과 샌프란시스코 항만노조 지부는 인터넷을 통해 전해진 파업을 지지한 사례이다.

코인은 이 웹사이트가 '조직도구라기보다는 곡예비행이었다. 이것은 연대메시지를 모으기 위한 매개가 아니었다'는 사실을 인정했다. 그러한 메시지는 팩스라는, 보다 전통적인 경로를 통해서 왔다. 그럼에도 불구하고 노동네트워크의 초보적인 리버풀 파업 페이지는 "관심을 가질 만하다"고 코인인 말한다. 왜냐하면 '영국에서 노동분쟁에 지원을 모으기 위해 웹이 이용된 것은 처음이었기 때문이다.'

팝텔과 그린넷은 영국 노조활동가들이 네트워크를 다 써버리게 놔두지 않았다. 몇몇 노동조합은 자신의 독자적인 네트워크를 갖고 있었는데 그 중 두드러진 것은 전국언론노조(NUJ)와 정보기술전문직연합(ITPA)의 네트워크이다.

NUJ넷(NUJnet)라고 불리는 전국언론노조의 네트워크는 1992년 시작되었고 맨체스터 지오넷 호스트컴퓨터를 이용하고 있었다. 그 창시자 중한 사람인 앤드루 비비(Andrew Bibby)는 전국언론노조(영국뿐 아니라 아일랜드에도 조합원이 있다)가 "조합원들과 의사소통하고, 조합원들끼리의 의사소통을 촉진하는 수단으로 온라인 서비스를 이용한 영국 최초의 노동조합"이라고 나에게 말했다. 이 네트워크를 통해 자유직 언론인들은 임금을 체크하고 서로 정보를 교환했으며, 데이터베이스(이 조합의 자유언론인 주소록 등)를 이용하고, 조합간행물과 회보를 열람하고 언론자유를 위한 국제적 행동에 참여할 수 있다. 네트워크의 또다른 창시자인 마이크 홀더니스(Mike Holderness)에 따르면, NUJ넷은 전통적으로 조직되기 어려운 자유직 언론인들의 고립성을 극복하기 위해 만들어졌다. 처음 출범 시기에 15개나 되는 분리된 회의 영역(게시판)을 갖고 있었다.

정보기술전문직연합은 영국에서 다섯번째로 큰 노동조합인 제조금융노련(MSF)의 자율적 지부로 1995년 6월에 창립되었다. 정보기술전문직연합은 고용권, 계약, 직업의 제한, 연금, 임금 등 여러 문제에 관해 피고용인과 자유직들에게 조언을 제공했다. 이 연합은 지적재산권을 전문적으로 다루는 법률상담소도 운영하고 있다.

예상했던 것처럼, 정보전문직으로 구성된 노동조합은 새로운 컴퓨터통신 기술을 매우 흥미롭게 이용하고 있다. MSF는 광역네트워크(WAN)를 갖고 있고, 정보기술전문직연합은 전자우편, 기업네트워크 등을 대규모로 이용하면서 다양한 독자적 온라인 네트워크를 만들어내고 있다. 정보기술전문직연합의 위원장인 피터 스카이트(Peter Skyte)는 새로운 네트워크가 네 가지 임무를 갖는다고 나에게 말했다.

- 조합원들간의 전자통신
- 기업 전자우편 시스템을 이용한 잠재적 조합원의 선출과 통신
- 개별 기업에 정보를 전달하기 위한 유럽 노동조합들과의 연계
- 전 세계 동료 노동조합과의 연계와 정보 전달

제조금융노련은 종종 경영진의 동의를 얻어 기업내부 시스템을 이용한다. 기업주가 이를 금지하는 것은 흔치 않은데 "기업 네트워크를 이용하는 것은 전화, 팩스, 복사기, 사내우편 같은 시설을 이용하는 것과 다르지 않다"고 스카이트는 말한다. 하지만 기업주의 반대와 부딪치는 곳의 노조는 동의 없이 네트워크를 이용해왔다.

앞서 기업과 학술 인트라넷의 이용에 대해 논의한 것처럼, 여기에서는 보안문제가 제기된다. 기업주는 마음만 먹으면 노동조합 전자우편을 쉽게 점검할 수 있는 것이다. "누구든 기업내 네트워크의 이용을 감시하려 한다면 쉽게 할 수 있다"고 스카이트는 인정한다. 그러나 '지금까지는, 기업주가 이러한 이용을 특별히 금지하지 않는 한, 전자우편함을 검사해본 경우는 없다.'

결국, 이 노동조합은 영국과 그 외 지역에서 다른 조합원들과 통신하는 도구로 전자우편과 토론그룹을 이용하고 있으며 정보기술전문직연합은 디지털(Digital)이나 유니시스(Unisys) 등 수많은 초국적기업의 노동자들을 대변한다. 스카이트는 독일, 프랑스, 이탈리아, 미국, 포르투갈, 벨기에, 스칸디나비아 등 수많은 나라의 노동조합에서 일하는 동료들과 접촉하기 위해 전자우편을 이용한다.

노동 웹사이트들

월드와이드웹은 다른 나라에서처럼 영국에서도 급속도로 성장하고 있으며, 노동조합들도 이를 이용하려 하고 있다. 영국에서 웹사이트를 만든 최초(1995년 3월 22일)의 노동조합은 공공부문 140만 노동자로 구성된 영국 최대의 노조, 영국공공노조(UNISON)였다. 캐나다공공노조(CUPE)가 캐나다에서 컴퓨터통신의 선구적 역할을 한 것처럼, 영국공공노조와 그 모태(영국공공노조는 몇 개의 노조가 합쳐진 대규모 노동조합이다)는 영국인이 '노동정보통신'이라고 부르는 것의 최선두에 서왔다. 그러나 캐나다공공노조와는 달리, 영국공공노조는 10년 전에 독자적인 네트워크를 만들지는 않았다. 또한 웹사이트가 사이버공간으로 여행한 최초의 시도도, 유일한 것도 아니었다. 60개의 노조지부는 1993년부터 팝텔을 이용해왔고, 협약과 단체교섭에 관한 정보를 전자통신으로 배포하고 있었다.

영국공공노조 사이트는 노동조합 소식(보도자료, 보건기금캠페인 등), 공공노조 안내, 공공노조 통신, 공공노조 교육과 훈련 등을 제공한다. 공공노조 안내는 노조의 기원(1993년 COHSE, NALGO, NUPE의 통합)을 설명하고 각 부문(지방정부, 보건, 고등교육 등)에서 정리한 정보를 제공한다. 이 안내는 장 별로 볼 수 있다(목적과 의의, 공공노조 내의 여성, 조합원의 권리 등). 교육과 훈련 페이지는 공공노조 교육훈련부장이 작성한 '우리의 목표'라는 소개문, 두 개의 다른 페이지—노동조합교육 과정과 직업교육 과정—로의 링크로 구성되어 있다.

몇 달 후 공공노조의 뒤를 이어 68개 노조 700만 명의 조합원을 포함하는 영국의 전국중앙조직인 영국노조대표자회의가 웹상에 등장했다. 이의 목표는 '영국 최고의 운동 사이트를 만드는 것'이었고 노조대표자회의는 '대표자회의의 안내, 간행물, 운동보고 등을… 인터넷을 사용하는 사람 누구나 이용할 수 있도록 하겠다'는 공약을 발표했다. 이 사이트는 1995년 노조대표자회의의 대회에 맞춰 개시되었다.

노조회의 선전통신부의 나이젤 스탠리(Nigel Stanley)에 의하면, 노조회의는 새로운 통신기술을 이용하려는 중요한 시도에 착수하였다. 매주 갱신되는 노조회의의 웹사이트는 보도자료 전부와 거의 모든 연구보고를 실을 것이다. 노조회의는 또 강력한 리스트서브 도구를 이용하고 있으며 이를 통해 보도자료를 보내고 있다. 다른 온라인 메일링리스트도 계획중이다. 노조회의 간부들은 모두 자신의 데스크탑 컴퓨터로 인터넷에 접속하고 있다.

한편, 노조회의는 산하 노조에 광범위한 인터넷 서비스를 제공하기 시작했는데, 여기에는 다음의 것들이 있다.

- 노조회의의 서버컴퓨터에 노동조합 웹사이트를 제공하는 것
  이를 통해 노조들은 전자우편으로 사이트를 갱신할 수 있고, 따라서 조직내에서 HTML을 숙달할 필요가 없다.
- 노동조합 리스트서브 메일링리스트를 제공하는 것

- 노조회의의 웹사이트와 여기에 있는 산하노조 온라인명부를 통해서 노동조합을 소개하는 것
- 노동운동진영을 위한 한 개 이상의 영국 유즈넷 뉴스그룹을 조직하는 것
- 노동조합들이 인터넷에 독자적인 도메인주소를 갖도록 원조하는 것

32개의 전문노동조합을 대표하는 노동조합총연합(General Federation of Trades Unions; GFTU)의 27만 5천 조합원들은 1995년 봄에 격년 총회를 열고 자신의 웹사이트(팝텔 서버를 이용)를 시작했다. 이 웹사이트의 목적은 회의사항—의제, 집행보고, 보도자료, 선거와 제안의 결과 등—을 공표하는 것이었다. 웹사이트에 게시된 정보는 팝텔의 게시판에도 복사되곤 했다. 이 사이트는 현재 노동조합에 대한 안내문 3쪽과 산하단체 목록, 1995년 5월 회의에 관한 정보 등을 담고 있다.

한편, 다른 전국적인 노조들도 월드와이드웹 행렬에 뛰어들고 있다. 그렇지만 이는 북미 등에서 보이듯이 이성을 잃은 속도로 진행되는 것은 아니다. 거대한 규모의 운송 및 기타직종노동조합(Transport and General Workers' Union)은 웹사이트를 만들었으며, 대학교수연합과 노동당도 웹사이트를 시작했다.

러시아

75년 동안 러시아 노동계급은(소련 지배하에 있던 다른 나라 노동자들도) 국제적인 민주 노동운동에 참여하거나 활동하지 않았다. 독립적 노동조합운동은 이미 소비에트 체제에 의해 분쇄되었기 때문이다. 러시아의 독립적이고, 민주적인 노동조합운동은 1988년에서 1991년 사이의 공산주의 체제의 최종적인 붕괴와 더불어 부활했다. 독립적인 노동조합운동을 재창조하는 과정 속에서, 새로운 노동조직이나 낡은 노동조직이나 컴퓨터통신의 가능성을 경시하지 않았다.

러시아 노동운동이 컴퓨터통신을 이용하는 데 있어서 세 가지 특징이 강조될 만하다.

- 러시아에서 온라인을 이용하는 노동조합의 수는 예상보다 훨씬 많고, 서유럽의 수도에 있는 전국중앙조직보다 지방 노조본부에 전자우편을 보내는 것이 더 쉬울 때가 있다.
- 수십 년간의 고립상태 이후, 또 초국적기업이 러시아(다른 나라도 마찬가지다)에 점차적으로 진출하는 시기에 컴퓨터통신의 사용은 국제적 민주노동운동과 연계하는 하나의 길이 되어 왔다.
- 몇몇 러시아 노조활동가들은 이 새로운 기술에 대해 실용적이고 일상적인 사고—이는 서구의 실용주의자들의 특징이다—를 넘어섰고, 범지구적 노동네트워크와 인터내셔널의 부활이라는 전망을 발전시키기 시작했다.

러시아의 노동네트워크는, 많은 다른 나라들처럼, 진보통신연합의 산하 네트워크인 글라스넷(GlasNet)의 창건(1990년)과 더불어 시작되었다. 글라스넷은 배타적인 노동네트워크가 아니었다. 자신의 표현대로 하자면 이의 목적은 '노동조직을 포함, 인권, 생태, 민주적 발전 등의 영역에서 개인, 독립적 그룹, 비정부기구, 비영리조직들 간의 민주적 통신'을 촉진하는 것이었다. 이는 또한 이용가능한 전자통신에 강조점을 두었다.

같은 해 봄, 모스크바에서 독립적 노동자교육센터인 러시아노동정보센터(KAS-KOR)가 세워졌다. 이 센터의 목적은 구소련의 노동조합과 다른 노동자조직에 정보와 기술적 조언, 출판 서비스 등을 제공하는 것이었다.

노동정보센터와 글라스넷은 러시아의 노동조합을 태동중인 노동 인터넷과 연결시키는 데 매우 중요한 역할을 하였다. 주류 노동운동도 통신망에 연결하려는 노력을 하고 있었다. 노동조합총연맹(GCTU) 국제부의 부장 대리인 바실리 발록(Vassily Balog)이 설명한 대로, 구소련의 노동조합 중앙조직은 제네바의 국제노동기구와 쌍방향 온라인 연결을 설치한 '최초의 전국 노동자' 조직이었다. 모뎀을 구입한 것은 1990년이었다(아마도 이는 러시아 노동운동에서 최초로 사용된 것일 것이다). 다행스럽게도 이 모뎀은 상당히 빠르고 믿음직한—러시아의 끔찍한 전화체계에 필수적이다—것이었다. 발록이 설명한 바에 의하면, 1991년에 있었던 러시아 노조와 국제노동기구간의 연결은 세 가지 이유에서 흥미로운 것이었다.

- 국제노동기구 산하조직 중 어느 조직도(정부, 전국 노동조합 중앙조직, 기업주조직도 마찬가지이다) 이전에 이 기구의 데이터베이스에 통신망을 통해 연결한 적이 없었다.
- 러시아 노동조합이 모뎀을 이용해 국제적 연결은 한 것은 이것이 최초였다. 컴퓨터간의 직접적인 연결이 이 나라 내부에서는 있었지만—예를 들면 모스크바에서 레닌그라드로—외부세계와 모뎀으로 연결한 것은 매우 새로운 것이었다.
- 이 연결은 전화선을 통해 연결하는—이는 엄두도 못낼 만큼 비쌌을 것이다—대신에 상업적 네트워크를 통해 이루어졌다.

몇 달 후 노동조합총연맹은 이 채널의 이용을 중단했다. 이에 국제노동기구는 오프라인 상태로는 쉽게 이용할 수 없는 온라인 정보를 약간 제공했다. 당시 (혹은 지금도) 러시아어로 된 온라인 정보는 없었다. 하지만 이것으로부터 배운 점은 있었다. "이러한 시도는 새롭고 잠재력이 강한 통신수단이 이용가능하며 이를 통해 장벽과 국경을 허물 수 있다는 것을 이해시켰다"고 발록은 결론을 맺었다. 그는 이제 국제노동기구와 그 사무소들이 온라인으로 연결됨에 따라 러시아인들이 관심을 다시 가지게 될 것이라고 덧붙이고 있다.

≪뉴욕타임스≫의 한 보고에 의하면, 1991년 8월의 실패한 쿠데타 기간 동안 쿠데타의 음모자들은 '전화선을 잡아뽑을 선견지명이 없었고', 그 결과 '글라스넷은 숨죽인 외부세계에 긴급 메시지를 끊임없이 전송했다.'

1992년 4월, 노동자 컴퓨터통신에 관한 최초의 국제회의가 열렸을 때, 글라스넷의 아나톨리 보노노프(Anatoly Vononov)는 이미 거기에 와 있었고 발표했다. 그가 지적했듯이, 그 당시 많은 러시아의 노동조합은 값비싼 글라스넷을 이용할 여유가 없었다. 1년 후, 두 개의 노동자 성향 온라인회의가 글라스넷에 만들어졌다. 하나는 영어로 된 것(labr.cis)으로 발록이 주관하는 것이었고, 다른 하나는 러시아어 된 것(glas.trud)으로, 러시아노동정보센터의 키릴 부케토프(Kirill Buketov)가 주관한 것이다. 노동.독립국가연합(labr.cis)은 지금도 IGC노동네트워크상에서 이용할 수 있다. 이들 온라인회의는 '러시아와 다른 독립국가연합에 관해 믿음직스럽고, 직접적이며 신속한 노동 정보를 제공한다'고 발록은 말한다. "러시아와 그 외 지역에서, 이들의 가치는 우리의 노동조합과 노조 간부들이 직접적인 공격을 받는 시기에 더욱 두드러졌다"면서 그는 1993년 10월에 있었던 노조원 체포를 언급하였다.

이 회의들을 통해 러시아의 정보가 나가기도 했고 외국의 정보가 들어오기도 했다. 발록이 《노동자교육》을 이 온라인회의에 게시한 것을 보고 나는 한편으로는 놀라면서도 기뻤다. 어쨌든 중요한 동기는, 이전에 있었던 국제노동기구와의 연결시도처럼, 태동중인 범지구적 노동네트워크를 러시아의 새로운 노동운동을 위한 양방향 정보채널로 이용하려는 희망이었다.

노동.독립국가연합(labr.cis) 같은 온라인토론방에 덧붙여서, 러시아의 노동조합들은 노동조합-d, 단결, 노동-L 등의 인터넷 리스트서브 메일링리스트에도 참여하고 있다. 발록에 의하면 이들 메일링리스트는 '여기서 읽혀지고 높이 평가된다.'

1993년 6월, 맨체스터에서 열린 노동진영의 컴퓨터통신 활용에 관한 두번째 국제회의에서, 러시아노동정보센터의 키릴 부케토프는 독창적인 발제를 했다. 이 당시 글라스넷과 정보센터는 3년째를 맞고 있었다. 부케토프가 지적했듯이, 당시 러시아의 노동조합 중 전자우편을 어떤 방식으로든 이용하고 있는 수는 20개 미만이었다. 문제는 부분적으로는 재정적인 것이었으며—일부 노동조합은 서구 노조가 기증한 컴퓨터를 사용하고 있었다—또 러시아 전체의 기초기술과 통신체계의 저발전때문이기도 했다(이전에 군사적으로 이용되던, 200개 도시를 담당하는 양질의 네트워크가 있기는 했다). 게다가 러시아어나 독립국가연합의 다른 나라 말로 된

컴퓨터통신에 관한 정보도 결정적으로 부족했다고 그는 말했다. 노동정보
센터는 그러한 자료를 번역하고 이용가능하도록 만들려고 하였다.

러시아의 노동조합들은 두 가지의 서로 다른 네트워크―지오넷과 진보
통신연합―을 이용하고 있었는데 양자는 각각 장점과 단점을 갖고 있었
다. 지오넷이 다언어 지원을 자랑했던 반면, 어떤 이유에서인지 이는 모스
크바의 호스트컴퓨터에는 해당되지 않았다. 따라서 지오넷은 유럽 및 국
제 노동조합과의 연결을 위해 주로 이용되었다. APC 산하의 글라스넷은
요금이 훨씬 저렴했으며―달러로 지불할 것도 요구하지 않았다―독립국
가연합 국가들 내에서 사실상 노동조합 네트워크가 되었고 그들에게 광
범위한 인터넷 서비스를 제공하였다.

1993년 10월 경, 러시아의 노동운동은 컴퓨터통신이라는 주제로 주요
국제회의를 모스크바에서 개최할 준비가 되어 있었다. 항상 그러하듯이
이 회의의 강조점은 광대한 독립국가연합 내부적인 연계와 국제노동운동
과의 연계라는 점에 두어졌다. 노동정보센터와 노동기술통신(Labourtech
Communications)이라는 이름의 미국 단체, 그리고 글라스넷이 이 행사를
후원했다. 이 회의를 주관한 러시아 노조들에는 어업, 핵산업, 광산, 자동
차, 건설 노조들이 포함되었다. 우크라이나, 벨라루시, 카자흐스탄을 비롯
하여 러시아의 다양한 지역의 노동조합에서도 대표단을 보냈다. 발록이
언급하기를, 이 회의는 "다양한―때로는 경쟁적인―노동조합의 대표가
그들의 경험과 희망을 공유하기 위해 만나는" 드물게 보이는 노동조합 단
결의 순간이었다.

발록이 언급했듯이 이 회의는 두 가지 목적을 갖고 있었다.

- 러시아와 구소련 국가들의 노동조합 정보네트워크의 발전을 가속화
  하는 것
- 동유럽 국가의 노동조합과 여타 노동운동조직들의 국제적 정보네트
  워크로의 통합 도모를 가능케 하는 것

80여명의 노조활동가들이 이 회의에 참가했다. 외국의 참가자들 중에

는 많은 노동네트워크 창시자들이 포함되었는데, 솔리넷의 마르크 벨랑제, 국제화학노련의 짐 캐터슨, 미국 노동네트워크의 스티브 젤처, 팝텔의 맬콤 코벳(Malcolm Corbett), 피터 워터만 등이 그들이었다(워터만이 이 회의에 관한 매우 상세한 글을 썼다. 참고문헌 참조).

국제노동기구와 국제자유노련 양자가 인사말을 보냈다. 본 회의는 정보사회와 국제노동운동, 새로운 통신기술, 국제 노동조합 네트워크로 가는 동유럽 노동운동의 통합 문제, 그리고 마지막으로 노동운동과 여론-대중매체 활용하기 등의 주제에 초점이 맞추어졌다. 연구회의는 라디오와 텔레비전, 전자우편과 전자게시판, 컴퓨터와 노동조합, 노동언론, 노동비디오 등을 다루었다.

이 회의가 열린 이후, 발록과 다른 사람들이 원한 만큼 빠르지는 않았지만 이들 네트워크와 연결망은 앞서 나가기 시작했다. 1994년 3월 글라스넷은 자신의 네트워크에 1,500명의 정규 참가자가 있다고 주장했다. 1995년 중반경 발록은 독립국가연합 내에 30개에서 35개의 노동조합이 네트워크에 연결되어 있다고 추산했다. 이것은 전국사무소뿐 아니라 온라인으로 연결된 지부를 가진 노동조합도 포함된 것이다. 광산노동자의 노조는 러시아 전역에 지부가 있었고 그 중 상당수가 전산화되어 있었다. 피도넷이라 불리는 게시판들의 느슨한 네트워크도 독립국가연합 내의 노조활동가들에 의해 이용되고 있다. 한 예로, 발록은 우크라이나의 도넷스크(Donetsk)에 노조지부의 노드(node)로 1메가바이트의 데이터를 보냈다. 따라서 인터넷을 이용하는 노동조합의 실질적인 수는 언급된 노조수의 20배 내지 30배에 이를 것이라고 발록은 말하고 있다. 게다가 모스크바, 키에프, 그 외 지역에 배치된 서구와 국제 노동조합조직의 대표자들도 전자우편을 이용하고 있었으며, 이는 그들 나라의 사무실에 연결하는 것과 동시에 지방 노조와도 연결하기 위한 것이었다.

네트워크를 이용하는 러시아 노조활동가들 사이에서 미래에 관한 많은 논의가 있는데 이는 두 가지 계획에 초점이 맞추어지고 있다. 하나는 다양한 산업부문을 포괄하는 하위 네트워크를 가진 전국적 노동조합 네트워크의 건설이며, 다른 하나는 태동하는 범지구적 노동네트워크 강화의

긴급한 필요성이다. 발록은 1990년대 초반부터 전자의 문제에 관해 생각
했으며, KAS-KOR 같은 조직들은 그러한 전국 네트워크를 만들기 위해
러시아 외부에서 기금을 모으고 있는 중이다. 하지만 러시아 노조활동가
들은 국제 행사에 나타날 경우 후자를 강조한다.

키릴 부케토프는 새로운 노동조합 국제주의가 새로운 경제적 현실에
근거를 두고 있다는 사실을 명확히 하고 있다. "일찍이 없었던 국제 경제
상황 속에서, 러시아 노조활동가들은 타국의 형제 노동조합 조직과 훨씬
더 많은 정보의 교류와 직접적인 연결을 필요로 하고 있다"고 그는 말한
다. 부케토프는 독립국가연합에서 벌어지는 값싼 석탄의 채굴이 영국의
광산 폐쇄와 연계되는 것이라고 지적한다. "러시아 노동조직이 노조들간
의 연계를 강화하고 확대하기 위해서는 국제적인 협력자들과 지속적이고
직접적인 접촉을 유지하는 것이 중요하다. 이는 오직 전자통신을 통해서
만 가능하다"고 그는 말한다.

바실리 발록은 유기적이고 공식적인 범지구적 노동네트워크라는 생각
을 계속해서 진척시켜왔다. IGC노동네트워크가 후원한 1995년 회의에서
그가 말한 대로, 그러한 네트워크는 적어도 다섯 가지 기능을 할 것이다.

- 노동관련 소식과 문서의 배포를 용이하고 신속하게 하는 것
- 노동관련 정보를 수집, 보관하고, 모든 이용자에게 공개하는 것
- 다양한 지역의 노조에 다각적 통신을 제공하는 것
- 노동자 조직에서 정보 토대기술의 발전을 도모하는 것
- 다양한 노동조합들 간에 통신연결을 도모하는 것

발록은 IGC노동네트워크, 캐나다의 솔리넷, 지오넷·팝텔, 노동정보통
신센터, 노동-L 메일링리스트 참여자들이 그러한 네트워크의 주력이 될
수 있을 것이라고 믿고 있다.

기타 국가들

이 장에서 나는 4개 대륙에 퍼져 있는 7개 국가에 초점을 맞추었고, 1990년대 중반, 태동중인 범지구적 노동네트워크에 관한 무엇인가를 그대로 보여주고자 했다. 나는 세계의 몇몇 강력한 노동운동은 언급하지 않았는데, 이들 중 다수는 컴퓨터통신을 흥미롭게 활용하고 있다. 내가 세계 전반을 포괄하려고 했다면, 이는 이 책보다 훨씬 두꺼운 또 다른 한 권의 책을 필요로 했을 것이다. 그럼에도 불구하고 국제적인 노동조합의 인터넷 이용이라는 다음 장으로 넘어가기 전에 여기서 언급하고 싶은 일국적 노동네트워크의 사례들이 있다.

프랑스는 인터넷을 받아들이는 데 가장 저항적인 나라 중 하나인데, 부분적으로는 앵글로아메리칸(Anglo-American)의 문화적 지배를 우려해서이고, 부분적으로는 기존의 전국 네트워크인 미니텔(Minitel)에 전념하기 때문이다. 미니텔은 1980년대 초반 사회당 정부가 설립한 것이다. ≪인터넷세계≫가 인터넷을 이용하는 인구수가 15만명밖에 안된다고 추산하면서 언급했듯이, '프랑스의 사이버인구(Cyber-France)는 희박하다'. 이는 프랑스의 노동운동에도 그대로 반영되어 언급할 만한 중요한 인터넷 사이트가 전혀 없다. 그러나 프랑스 사회당은 1995년 패배한 대통령선거 운동 과정에서 흥미로운 월드와이드웹 웹사이트를 시작했다.

독일도 인터넷 이용에 있어서 많은 다른 나라들에 뒤처져 있긴 하지만, 독일 노동조합과 관련 조직들은 점차 인터넷과 월드와이드웹을 이용하고 있다. 독일의 중요한 웹사이트 중 하나는 프리드리히에버트재단이 운영하는 것이다. 이 재단은 독일 노동운동이 운영하는 조직으로 전 세계에 사무실과 기획사업을 가지고 있다. 이 웹사이트는 전자우편 이용법에 관한 (영어로 된) 책 전체를 담고 있다. 이 책은 전자우편에 관한 훌륭한 입문서이다. 아마 이 사이트의 가장 중요한 특징은 이 재단의 도서목록을 온라인으로 이용한 점일 것이다. 이에 대해서는 7장에서 자세히 다루겠다.

웹사이트를 운영하는 것 외에도, '노동과 삶(Arbeit und Leben)'이라는 노동자교육 단체가 인터넷을 흥미롭게 이용했다. 그들은 유럽적 맥락에서 활동하도록 노조활동가들을 훈련시키기 위해(예를 들면 언어교육) 전자우편을 교육도구로 이용해왔다.

오스트리아의 사회민주당은 1995년 화려한 팡파레와 함께 웹사이트를 시작했으며, 여기에는 오스트리아 수상과 포르투갈 수상의 온라인 대화도 포함되어 있었다. 사민당은 회보 ≪오스트리아 사회민주당 소식≫의 전문도 여기에 게시하고 있다. 오스트리아의 전국노총(OeGB)도 웹사이트를 갖고 있다.

네덜란드는 인터넷이 굉장히 활용되는 나라다. 이 나라에는 무료네트워크, 무료 ISDN선, 매우 저렴한 인터넷 연결방법 등이 있다. 네덜란드는 일인당 컴퓨터 보급률이 세계에서 가장 높은 나라 중 하나이며, 많은 네덜란드인이 영어를 할 줄 안다. 천백만 조합원을 가진 네덜란드 노조연맹(FNV)은 활발한 웹사이트를 갖고 있으며, 네덜란드 노동당(PvdA)도 역시 갖고 있다. 1995년 3월 노동당은 매일 평균 1,250개의 파일을 전송했다. 그들은 외국에 상대적으로 많은 사람들과 연락할 수 있다. 네덜란드 노동당 사이트는, 영어 자료를 많이 담고 있으며, 수백 명의 북미와 다른 지역 사람들이 접속하고 있다.

북유럽 국가들 모두 어느 정도는 인터넷에 많이 참여하고 있다. 스웨덴과 핀란드의 사회민주당은 모두 웹사이트를 갖고 있다. 핀란드는 사실 인터넷 이용률 면에서는 세계 일류이다. 이 나라의 인터넷 접속은 매우 저렴하다. 스웨덴의 사민당 정부는 모든 내각과 장관을 웹상에 연결하려는 계획을 갖고 있다.

노르웨이는 인터넷에 연결한 최초의 국가 중 하나이다(이는 노르웨이가 북대서양조약기구 회원국이었기 때문이다). 노르웨이 노동당 정부는 시민들에게 온라인 정보를 제공하기 위해 열심히 노력하고 있다. 노르웨이 의회는 인터넷을 통해 '앉아서' 바로 연설을 들을 수 있다. 노동자교육협회(AOF)의 아슬락 리스란트(Aslak Leesland)에 따르면, 노르웨이의 노동조합운동과 관련조직들은 최근 인터넷에 지대한 관심을 보이고 있다. 그는 나에게 몇 가지 예를 말해주었다.

- 노동당은 1995년 9월 오슬로 시장선거에서 인터넷을 활용했다
- 노조연맹인 노르웨이노총(LO)이 신중한 태도를 보이고 있긴 하지만, 노동조합교육의 인터넷 활용에 관해 민중통신학교(People's Corres-pondence School), 유럽노동조합대학(European Trade Union College), 노르웨이 노동자교육협회간에 협력이 증대하고 있다
- 노동운동 복지조직인 민중부조(People's Aid. 20개 국가에 사무소를 두고 있다) 노르웨이 지부는 인터넷을 활발히 이용하기 시작했다
- 노동자교육협회는 덴마크와 스웨덴 교육협회 간의 연계뿐만 아니라 내부 통신을 위해서도 전자우편을 이용하고 있다. 협회는 독자적인 웹사이트를 곧 만들 계획이다. 협회 지부사무소들도 1996년 교육과정 동안 연결될 것이다

《인터넷세계》에 따르면, 북유럽 시민들과 공무원은—다른 유럽 지역보다 더—'인터넷의 보편적 이용과 만인을 위한 인터넷 교육체계를 요구하고 있다.' 이러한 접근은 사회민주주의적인 노동운동이 지배하는 세계 다른 지역에서 사람들이 여러 세대에 걸쳐 기대한 것과 정확히 일치한다.

노동조합 웹사이트와 토론그룹은 전 세계에서 계속 증가하고 있다. 싱가포르의 전국노동조합회의(NTUC)는 아마 독자적인 웹사이트를 만든 (1995년) 최초의 전국연맹일 것이다. 하지만 이 사이트를 방문한 몇 명의 사람들은 별로 많은 것을 보지는 못했다. 이는 싱가포르의 유명한 인터넷 열풍을 감안하면 놀라운 일이다. 그러나 1996년 1월의 싱가포르 신문 《스트레이츠 타임즈(Straits Times)》에 의하면, 전국노조회의는 '조합원과 접촉하고 신규 조합원을 모집하기 위해 인터넷으로 가고 있다.' 전국노조회의의 계획연구부장은 인터넷을 통해 싱가포르의 노조활동가들이 노동문제에 관한 법적 조언을 받을 수 있고, 쟁점에 관한 자신의 견해를 제출할 수 있으며, 휴가를 예약할 수도 있을 것이라고 말했다.

인접국가이 말레이시아에서도 노동조합들이 온라인을 이용하기 시작했다. 전국교원노조(NUTP)는 1996년 1월 말 인터넷에 발을 들여놓았다. 이 노조의 위원장은 말레이시아 신문 《스타(Star)》에 실린 인터뷰에서

‘우리는 아시아태평양 지역에서 교직에 관한 정보센터가 되기를 원한다’
고 말했다. 전국교원노조는 이 네트워크가 교사들에 관한 국제적 논쟁을
계속해서 다루게 될 것이라고 강조했다.

최근의 흥미로운 발전은 1995년 말 남미 노조활동가들을 위해 스페인
어로 된 온라인 토론그룹의 시작이었다. 이 토론그룹은 페루의 진보노동
계획(Programa Laboral de Desarrollo, PLADES)이 후원하고 있다. 다른
창발적인 활동도 잇따를 것이 틀림없다.

내가 이스라엘에 거주하고 있는 이유로, 이곳의 상황을 언급조차 않는
것은 전적으로 공정하지는 않다. 분명 이에 대한 답은 보잘 것 없다. 한편
으로 텔아비브에 본부를 둔 노동자교육협회 국제연맹은 상당한 일을 했
다(다음 장에서 이에 관해 논할 것이다). 하지만 이는 이스라엘과는 별 관
련이 없다.

전국노총(Histadrut)은 단 하나의 전자우편 주소를 갖고 있고 이것도
최근 만든 것이다. 내가 알기로는 전자우편이나 토론그룹, 월드와이드웹
등에 대한 계획은 전혀 없다. 지금까지 이스라엘 노동운동에서 인터넷을
이용한 흥미로운(게다가 참으로 독창적인) 한 가지 사례는 개인과 조직들
이, 폐쇄 위기에 처한 오페킴(Ofekim) 마을의 ‘오만(Oman)’ 공장에서 스
웨터를 사도록 하는 전국노총의 캠페인이었다. 이 캠페인의 일부로 월드
와이드웹 사이트가 만들어졌고, 전자우편 메시지가 이스라엘의 인터넷 주
소에 게시되었다. 이 메시지는 다음과 같이 경고했다. ‘만일 이스라엘의
다른 지역에서 이곳을 돕기 위해 함께 뭉치지 않는다면, 오파킴의 인구 대
다수가 ‘추운 겨울’을 맞을 수밖에 없을 것이다.’ 이 메시지는 우리 각자가
‘오만에서 스웨터 한 벌이나마’ 주문함으로써 ‘개인적으로 오파킴 사람들
이 실직하지 않고 오만공장이 유지되도록 도울 수 있다’고 독자들에게 알
렸다. 전국민과 노동자의 연대에 대한 이러한 호소가 충분하지 않았다 하
더라도, 이 메시지는 오만의 ‘스웨터가 최상의 품질이고’ ‘원가!’로 팔리고
있다는 사실을 우리에게 상기시켰다(강조와 느낌표는 원문 그대로이다).

이스라엘에 있는 2개의 사회민주당 중 하나인 통합노동당(Mapam,
United Workers’ Party)은 1995년에 웹사이트를 개설했다. 이는 이스라

엘 정치정당 중 최초의 시도였다. 이 사이트가 시작된 지 최초 3개월간, 거의 1만 7천명이 '접속'했다. 접속장애는 통합노동당 신문에 공표되었다. 몇 년 전 통합노동당의 메시지가 국제적인 민주좌파와 노동운동에 전달되도록 당의 외국어(영어) 간행물을 생산하는 과정에서 활동했던 사람으로서, 새로운 매체가 당의 메시지를 널리 퍼뜨리는 것을 보는 것은 놀랄 만한 일이었다. 수백 명, 어떤 경우에는 수천 명이 미국, 캐나다, 영국, 오스트레일리아 등지에서 여기에 접속했다(이스라엘에서는 6천 명 이상이 접속했다. 이 웹사이트는 헤브루어가 아니라 완전히 영어로 되어 있음을 상기하라). 30여 개 국가의 인터넷 이용자들이 최초 몇 주 동안 통합노동당 사이트에 접속한 것이다.

많은 키부츠4)가 자신의 독자적인 웹사이트를 갖고 있다. 이들 대부분은 단순히 판매를 위한 다양한 생산품과 서비스를 제공하지만, 일부는 사회적 실험으로서 키부츠 자체에 관한 논의를 시작하고 있다. 이들 사이트가 정치적·사회적 방향으로 발전한다면, 그 자체로 국제 노동운동에 중대한 공헌을 할 수 있을 것이다.

한편, 소규모의 우파 전국노조연맹인 아미트(Amit)—리쿠드(Likud)당에 연결되어 있다—도 자신의 웹사이트를 개설했다. 그들은 자신이 이스라엘에서 웹사이트를 만든 최초의 노동조직이라고 말하고 있다. 아미트의 웹사이트는 조합원에 대한 아미트의 서비스, 특히 노사관계와 법적 자문 분야에 관한 세부사항을 포함, 10여 쪽의 정보로 구성되어 있다. 아미트는 자신의 사이트가 우선적으로 온라인상의 젊은 이스라엘인을 목적으로 하는 것이라고 공공연히 인정했는데, 이들은 전국노총 역시 마찬가지로 놓치고 있는 사람들이다.

---

4) kibbutz: 집단적인 농·산업 거류지이며 노동운동과 좌파 정당에 밀접히 연결되어 있다.

6
태동중인 범지구적 노동네트워크

지금까지 나는 '태동중인 범지구적 노동네트워크'라는 용어를 몇 번 사용했지만 내가 제시한 사례는 모두 지방적이거나 일국적인 것이었다. 새로운 국제주의가 시카고 전기노동자지부의 게시판이나 캐나다의 주규모 교사네트워크에서 탄생하지는 않을 것이다. 이들 네트워크는 노동운동에 컴퓨터통신을 도입한 중요한 시도들이다. 이들은 노동조합 자체를 민주화하는 등 긍정적인 역할을 하였다. 그러나 그 자체로는, 새로운 국제주의는 차치하고라도, 범지구적 노동네트워크도 창출할 수 없다.

이 장에서는 국제적인 노동 컴퓨터통신에 대한 두 가지 접근방식에 초점을 맞추고자 한다. 하나는 우리가 '수직적인' 범지구적 노동네트워크라고 부르는 것이다. 이것은 국제자유노련, 다양한 국제산별노련들, 노동자교육협회국제연맹 같은 여타 조직들을 포함, 기존의 노동운동조직을 포괄하는 것이다. 다른 하나는 '수평적인' 범지구적 노동네트워크이다. 이것이 의미하는 바는 국제적 조직의 매개 없이 여러 나라의 개인들과 조직들 간에 접촉이 이루어지고 연합이 만들어지는 것이다.

1980년대 '노동정보통신'의 태동을 지켜본 사람들 중 일부는 '수평적' 네트워크가 전통적인 국제적 노동조합 구조를 우회하고 심지어 대체할 것이라고 생각했다. 그러나 그들은 틀렸다. 컴퓨터통신의 덕택으로 그러한 구조는 약해진 게 아니라 더 강해졌다.

수직적인 노동네트워크

댄 갤린은 국제자유노련에 관한 글을 쓸 때 거리낌없이 말한다. 1994년, ≪신정치(*New Politics*)≫에 실린 「신국제질서 안에서: 전선 긋기(Inside the New World Order: Drawing the Battle Lines)」에서 갤린은 국제자유노련을 '방향성을 상실한 거인'으로 부르고 있다(그것은 확실히 거인이었는데, 1990년대 중반, 국제자유노련은 134개 국, 188개 지부에 1억 2천6백만 명의 조합원을 거느리고 있었다). 국제자유노련의 기본적인 기능을 냉전과 싸우는 것으로 인식한 간부들은 방향을 잘못 잡은 것이다. 갤린에 의하면, '그들에게 명백한 대안은 떠오르지 않았다. 왜냐하면 지금은 진지했던 과거의 국제적 노동조직들이 어디에서 멈췄는지를 파악해야 할 시기이기 때문이다.'

활기를 되찾은 이들 국제적 노동운동은, '과거의 경험을 무시하고 역사와 이론을 경멸하며, 투쟁을 두려워하는' 국제자유노련 간부들의 '상상을 넘어서는' 것이다. '자국 조합원들의 문제를 해결할 일국 차원의 해법이 있다고 믿으면서 자신의 기득권에 집착하고', 범지구적인 관점을 가로막는 구조적인 한계 속에 사로잡힌 전국 노동조합중앙조직의 관료들로 국제자유노련의 집행위원회가 구성된다고 갤린은 설명한다. 이러한 중앙조직들은 지금 종종 국제자유노련 같은 국제 노조조직을 우회하고, 개발도상국이나 구공산주의 사회의 노동조합에 직접적인 원조를 하고 있다. '이러한 쌍무적인 직접 원조는 혼란을 야기하고, 부패의 위험을 증대시키며, 국제적 노동조합주의가 강화되어야 할 가장 중요한 시기에 그것을 약화시킨다'고 갤린은 말했다. 그러나 다른 한편으로, 그는 이와 같은 쌍무적 원조가 '자국 조합원들에게는 상당히 설득력이 있다'는 점을 인정한다.

국제자유노련은 노동조합 권리를 방어하는 최전선에 서야만 하고, 개발도상국이나 구공산주의 국가의 노동조합을 지원해야 하며(국제산별노련들과 협력하여), 초국적기업에 맞선 행동을 취해야만 한다고 갤린은 주장한다. 하지만 국제자유노련이 이에 대해 그나마 하는 활동은 '예산을 충분히 배정하지 않고 과소평가하고 있다'. 이 기구는 "형식이 취지에 앞서고, 선입견과 지배욕, 그리고 체면이 원래의 목적을 흐리는, 관료적이고 관념적인 세계에 살고 있다"고 그는 결론내렸다.

1995년 초 국제자유노련은 그 해의 최우선사업 중의 하나로 코펜하겐에서 열리는 유엔 사회발전정상회의에 참가하는 것을 뽑았다. 국제자유노련은 세계 정치의 의제에 관한 국제적 무역협정들에 '사회적 조항'을 삽입하기 위한 활동을 계획했다. 그러나 피터 워터만이 보았듯이, 국제자유노련이 정상회의에서 벌인 활동들은 '대중적인 파급력이라는 측면에서 옥스포드빈민구제위원회(Oxfam) 같은 소규모의 비정부기구가 해낸 것에도 미치지 못하는 것이었다.' 워터만은 국제자유노련이 "자유세계 승리주의보다는, 혼란과 비효율, 그리고 동맹자들로부터의 비판으로 특징지워졌다"고 결론내렸다.

1994년 4월, 국제자유노련은 (국제노동기구와 함께) '정보통신의 기회와 도전(The Opportunity and Challenge of Telematics)'이라는 제목의 노동정보통신(LTC) 보고서 작성에 필요한 연구비를 지원하였다. 국제자유노련은 자세한 설문지를 모든 산하지부로 발송했고 많은 지부들이 이에 응답했다. 몇몇 지부에서는 도움을 요청했고 기대감이 일어났다. 보고서의 서문에서 국제자유노련 사무총장인(그 해 말에 은퇴한) 엔조 프리소(Enzo Friso)는 '정보통신은 평등, 사회정의, 지속가능한 발전에 기여할 수 있는 커다란 잠재력을 갖고 있다'고 썼다. 국제 노동조합운동은 "국제적인 수준에서 응집력있고 미리 준비된 자세로 이러한 영역에서 접근해야만 한다"고 그는 말했다. 국제자유노련은 무엇인가를 하려는 것처럼 보였다.

2년 후에도 이 조직은 지오넷에 전자우편함 하나만을 갖고 있었다. 아주 최근에 아시아·태평양 지역지부—인터넷 이용도가 높은 싱가폴에 본부를 둔—가 자신의 웹사이트를 출범시켰다. 그러나 1996년 6월이 되서야 마침내 국제자유노련은 자신들의 범지구적인 웹사이트를 시작하였다

—이 사이트는 얼마나 굉장할까. 홈페이지는 4개 국어(영어, 프랑스어, 스페인어, 독일어)로 구성되어 있으며, 국제자유노련의 풍부한 자료를 담고 있다. 하지만 이 사이트는 단지 그 달 말에 개최되었던 총회의 부산물인 듯이 보이며, 지속적인 통신 도구가 되지 못했다. 여기에는 매일 갱신되는 총회소식이 담겨 있었지만 단지 그것 뿐이었다. 국제자유노련이 초국적기업의 문제에 대해 어떤 대응을 하는지를 알아보려고 해당하는 링크를 마우스로 눌렀을 때, 나는 오류 메시지만을 받았을 뿐이다. 분명 잠자는 거인은 깨어나고 있다—그러나 천천히 깨어나고 있다.

인터넷의 중요성을 천천히 깨닫고 있는 또 하나의 중요한 조직은 국제노동기구이다. 잇따른 국제적인 압력에 의해 1996년이 되어서야 국제노동기구는 제대로 된 웹사이트를 출범시켰다. 국제노동기구 사이트는 영어, 프랑스어, 서반아어로 되어 있으며, 조직의 관심사안에 관한 정보들—종종 노동운동에 관한 정보들—을 많이 보유하고 있다. 사이버공간상에서 펼쳐지는 국제노동기구의 새로운 사업의 주제들은 다음과 같다.

- 아동노동
- 고용
- 여성 평등
- 인권
- 국제 노동기준
- 사회보장

국제자유노련은 다른 노동조합들과 비교해 볼 때 온라인 데이터베이스와 토론그룹, 그리고 전자출판에 있어서 상당히 뒤처져 있다. 사멸해가는 세계노동조합연맹(WFTU)이 온라인상에 더 많이 진출해 있는 상황이다(세계노련의 보도자료는 IGC노동네트워크 토론방에 올라가 있다). 국제자유노련의 월간 간행물인 ≪자유노동세계(*Free Labour World*)≫는 컴퓨터통신이라는 문제 전반에 대해 무시하고 있다. 1995년에 출판된 이 문제와 관련된 기사 하나는—이것은 범지구적인 정보고속도로에 관한 브뤼셀 G7 정상회담에 대한 반응으로서 나온 것으로('준비된' 전략 얘기는 그만하자)—'정보고속도로, 어디에도 없는 곳으로 향하는 길?'이라는 표제가 붙어 있었다.

한편, 1984년부터 노동네트워크의 선구자였던 국제산별노련들은 계속해서 발전하고 있다. 그들은 온라인 데이터베이스들을 지속하고 확대하며 월드와이드웹상에 사이트를 만들기 시작하고 있다. 국제산별노련들의 많은 지부와 지역 사무소들이 통신공간에 존재한다. 팩스와 전자우편망이 점점 통합되고 있다. 그들은 낡은 지오넷에서 서서히 벗어나고 있으며, 일부의 경우 인터넷에 직접 연결하는 방식으로 전환하고 있다.

국제화학노련

1995년 11월, 두 개의 거대한 국제산별노련—광산노동자들과 화학노동자들의 국제조직—이 통합해서 화학·에너지·광산·기타직종노동조합 국제연맹(International Federation of Chemical, Energy, Mine, and General Workers' Unions; ICEM)을 만들었다. 이 새로운 국제산별노련은 2,100만 명의 조합원을 대표하는 112개 국 402개의 지부를 포괄하게 되었다.

국제자유노련은 ≪자유노동세계≫ 지면의 한 면을 통합소식에 할애하면서, '양 조직은 강력한 자세로 통합 총회를 구성할 것'이라고 보고했다. 광산노동자들은 안전과 건강에 관한 국제노동기구 규약을 밀어붙였다. 그럼 화학노동자들은? 그들의 힘에 대한 국제자유노련의 평가에 귀를 기울여 보자. '국제화학노련(ICEF. ICEM의 전신)은 정보 기술의 이용에 있어 노동조합들의 개척자였으며, 지부들은 이 연맹을 온라인 정보의 가장 중요한 원천으로 여기게 되었다.' 통신 문제를 고민하던 국제자유노련은 심지어 ICEF가 컴퓨터통신 분야에서 거둔 성과를 자신들의 목록 최상위에 올려 놓기까지 했다.

노조활동가들(다른 사람들도 마찬가지지만) 중 컴퓨터 네트워크에 관해 이야기를 들어본 사람이 거의 없었을 때, 자신의 조직을 통신공간에 올리는 데 크게 기여한 ICEF의 조사국장인 짐 캐터슨은 새로 만들어진 통합 조직에서도 여전히 자신의 자리를 지키고 있다. 조사담당 직원들의 수는,

곧 5명으로 늘어날지도 모르지만, 여전히 3명에 불과하다(반면 국제사면
위원회 런던본부에서 일하는 유급직원은 거의 300명이다).

점점 더 많은 지부들이 전자우편을 사용하고 있다는 사실이 캐터슨을
기쁘게는 하지만, 여전히 통신공간상의 그 수는 ICEM 전체 산하조합수의
10%에 불과하다. 반면 ICEM 산하조합의 대다수는 팩스를 갖고 있다. 전
자우편은 과거 10년 전에는 전혀 사용될 수 없었던 곳—구소련의 지부와
접촉하는 데—에까지 널리 사용되고 있다. "거의 모든 러시아 지부가 전
자우편을 이용하고 있고, 나는 인터넷을 통해 카라간다(Karaganda)에 있
는 카자흐스탄 독립광부노조(Independent Miners of Kazakhstan; NPG)
와도 소식을 나눌 수 있다"고 캐터슨은 이야기한다. 역설적이게도, 새로
운 기술을 도입하는 문제에 대해 선진국의 노동조합은 겁을 먹는다. "내
가 유럽 지부와 접촉할 때 아직도 팩스에 많이 의존해야 한다는 것은 유
감스러운 일이다"라고 캐터슨은 덧붙였다.

ICEM은 1985년에 사용하기 시작한 데이터베이스들을 지금도 계속 이
용하고 있다. 이 가운데에는 데이터스타(Datastar), 다이얼로그(Dialog), 로
이터(Reuters), 그리고 벨기에에 있는 인포트레이드(Infotrade) 등이 있다.
ICEM은 특히 산업안전과 보건문제와 관련된 자료를 시디-롬을 통해 얻
고 있다. 한편 각 지부들로부터 브뤼셀의 사무국으로 올라온 정보요청 건
수는 계속해서 증가했다. 1995년에 ICEF는 이들 요청 중 1,700건을 처리
했는데, 이 수치는 1991년 이래 약 30% 증가한 것이다.

1996년에 ICEM은 더욱 광범위하고 전문화된 자신들의 웹사이트를 시
작했다. 그 사이트에는 기관지인 《국제화학노련 정보(*ICEM Info*)》, 만화
연재물과 창립총회를 기념하여 그린 5편의 벽화가 실려 있다. 다른 노동
관련 웹사이트와 마찬가지로, ICEM의 웹페이지에는 다른 사이트와의 링
크, 소개 소책자, ICEM 최신정보(국제 노동뉴스서비스)와 다른 출판물 등
이 들어 있다.

그러나 ICEM은 거대 타이어제조기업인 브리지스톤/파이어스톤(Bridge-
stone/Firestone)에 반대하는 '사이버 캠페인'을 전개함으로써, 1980년대
이래와 마찬가지로 다른 이들을 앞질러 나아갔다. ICEM의 홈페이지에는

웹이용자들에게 어떻게 하면 브리지스톤사 간부들에게 전자우편을 보낼 수 있는지, 1996년 7월, 고통스런 파업을 시작한 지 2주 년이 된 것을 기념하기 위해 세계적으로 조직된 '분노의 날'을 통해 어떻게 회사측을 공격할 수 있는지에 대해 여러 방법들을 제시하였다. ICEM은 홈페이지 방문자들에게 초국적기업과 전 세계에 퍼져 있는 이들 자회사들의 홈페이지를 방문하도록 함으로써, 사이버공간 외부에서 일어나고 있는 파업과 시위를 보완하였다.

마지막으로, ICEM 사무국은 단체협상정보에 관한 범지구적인 데이터베이스 구축―몇 년 전에 ICEF에서 논의되었던 프로젝트―에 힘을 기울이고 있다.

국제운송노련

런던에 본부를 둔 국제운송노련(International Transport Workers' Federation)은 100여개 국 5백만 명 이상의 노동자를 대표하는 400개 이상의 노동조합으로 구성되어 있다. 이 조직은 1980년대 중반 처음으로 전자우편과 온라인 데이터베이스를 받아들인 국제산별노련들 중 하나로 10년이 지나서도 선구적인 역할을 계속하고 있는 조직이다. 다른 조직들이 지오넷을 통한 전자우편 이용에 스스로 만족했던 데 반해, 국제운송노련은 그것을 뛰어넘었다. 국제운송노련은 인터넷과 직접 연결된 전용선을 임대했고 그 결과 리차드 플린트(Richard Flint)의 말대로 '바로 책상 위에서 굉장한 속도로 전자우편과 웹, FTP를 이용할 수 있었다.' 실제로 국제운송노련 자체는 현재 인터넷 서비스제공자로 기능할 수 있다.

국제운송노련이―지오넷 같은 네트워크에서 전자우편 계정을 얻는 것보다 많은 비용이 드는―인터넷 직접접속을 결정한 것은, 조직의 해사감독관(maritime inspector)들이 국제운송노련 협정의 보호를 받는 선박에 대한 온라인 데이터베이스와 그 외 다른 정보들을 이용하기 위해 텔넷(Telnet) 접속을 할 수 있도록 하기 위한 것이었다(텔넷은 컴퓨터에 원격으로 접속할 수 있도록 해주는 인터넷 도구이다). 이러한 감독관들은 전 세계의 항구에서 일하고 있는데, 현재 그들은 국제운송노련의 컴퓨터에 직접 접속해서 그들이 원하는 정보를 얻을 수 있다. 그 데이터베이스는 그 외의 다른 모든 사람들에게는 제공되지 않는다.

국제운송노련은 독자적인 월드와이드웹 사이트를 가지고 있는 최초의 국제산별노련이 되었다. 그들은 아직 '접속건수'를 사이트에 기록하지 않고 있기 때문에 누가 접속하는지를 알 방법은 없다.

국제운송노련의 월간물인 ≪국제운송노련 뉴스(ITF News)≫는, 5개 국어로 발행되는데, 전송받을 수 있다. 그러나 간단한 HTML이나 텍스트 파일을 만드는 것 대신에, 그들은 좀더 정밀한 방식을 선택했다. 그들은 어도비(Adobe)사의 아크로바트(Acrobat)라는 프로그램을 사용해서 보다 정교한 그래픽을 처리할 수 있는 이식성 문서 파일(PDF)을 만들었다. 이것을 사용한 노동조합 발행물은(내가 아는 한) 이 조직에서 만든 것이 최초이다.

≪국제운송노련 뉴스≫를 볼 수 있다는 것말고도, 그 사이트는 조직의 구성, 소개문, 보도자료 등의 자료를 이용할 수 있도록 해준다. 긴급한 행동을 취해야 할 필요가 있을 때는—1996년 1월 리버풀 항만노동자들의 경우처럼—홈페이지 전면에 걸쳐 호소문이 게시된다.

국제운송노련은 FTP 서버도 실험하고 있는데, 그 서버는 한 컴퓨터에서 다른 컴퓨터로 파일들을 전송할 수 있다(FTP는 인터넷의 '파일 전송규약[file transfer protocol]'인데, 인터넷에서 파일을 가장 빠르고 효율적으로 전송할 수 있는 방식이다). 내 생각으로 이런 기술의 장점은 사용자들에게 용량이 큰 파일들을 빠르고 쉽게 전송받을 수 있도록 해준다는 것이다.

"우리는 미래의 온라인 통신에 대해 거대한 계획과 희망을 가지고 있다"고 플린트는 말한다. "우리는 하나의 조직으로서 초창기에 전자우편과 컴퓨터통신의 활용을 제안했다는 데 대해 자부심을 가질 수 있다. 이제 모든 사람들이 시류에 편승해서 우리가 몇 년 동안 계속 활용한 장점들을 갑자기 발견하기 시작한 것 같다."

국제운송노련에 있어서 중요한 발전은 인터넷과 국제해상위성기구(International Maritime Satellite Organisation; INMARSAT)의 샛컴스

(Satcoms) 네트워크 간의 연결 가능성에 대해서 국제해상위성기구 내에서 벌어지고 있는 토론이다. 이를 통해 실질적으로 전 세계의 모든 화물선에서 전자우편과 월드와이드웹을 이용할 수 있을 것이며 평선원들(적어도 노조간부들)은 항해 중에도 그들의 조합과 런던에 있는 사무국에 접속할 수 있게 될 것이다. 이것은 일종의 권리에 대한 문제로 수세기 동안 문제되었던 상선의 선원들의 고립과 취약성을 해결하고, 최초로 선장들과 선박의 소유주에 맞설 힘을 부여해 줄 것이다. 이것은 개개의 선원들과 그들의 일국적 노조뿐만 아니라, 국제산별노련도 강화시킬 것이다. "분명 이것은 우리에게 아주 좋을 것이다"고 플린트는 말한다.

국제사무전문노련

국제사무전문노련(FIET)은 상업·사무·전문·기술직노동자국제연맹(International Federation of Commercial, Clerical, Professional and Technical Employees)의 줄임말로 이는 프랑스어로 머릿글자를 딴 유일한 국제산별노련이다. 국제사무전문노련은 120개 국, 400여 노동조합의 1천 1백만 명 정도의 민영부문 노동자를 대표한다. 이들 노조 중 반 이상이 지난 15년 동안 국제사무전문노련에 가입했는데, 이는 이 조직이 가장 빠른 속도로 성장해가는 국제 노동조합 조직이라는 사실을 보여준다.

제네바에 본부를 두고 있는 이 단체는 최초로 웹사이트를 시작한 두 개의 국제산별노련 중 하나이다. 이 사이트는 빈에서 열린 국제사무전문노련 세계대회의 개막식 날인 1995년 7월 10일에 맞추어서 출범하였다. 국제사무전문노련은 이 웹사이트가 '그 수가 증가하고 있는, 통신상에서 일하는 노동자들에게 특별한 관심거리가 되기를' 기대했다.

영어로 된 이 웹사이트가 지닌 긍정적인 측면은 자신의 소식지인 《국제사무전문노련 정보(*FIEF Info*)》를 온라인을 통해 펴낸다는 것이다. 나는 단 두 호밖에 볼 수 없었지만, 각 호마다 접근하기도 쉽고 다른 출판물과 연결해서 읽기도 쉬운 수십 가지의 기사들을 제공하고 있었다. 이제 다시 키보드로 입력하지 않아도, 전 세계의 지부들은 국제사무전문노련의 출판물들을 쉽게 읽을 수 있게 되었다.

또 다른 훌륭한 점은 '국제사무전문노련 문서(FIET Documentation)' 라는 제목의 항목이다. 국제 노동조합 기구들은 종종 팜플렛과 책을 출판 하는데 웹은 이런 것들을 홍보할 수 있는 하나의 방법이다. 국제사무전문 노련 사이트에서는 이용할 수 있는 출판물의 전 목록(이것은 무료이다)을 볼 수 있고, 또 이용자들은 제시된 서식에다가 받고 싶은 해당 출판물을 표시하고 자신들의 우편주소를 기록하면 그 출판물을 받을 수 있다.

국제산별노련에 가입한 노동조합의 평조합원들은 대체로 이러한 국제 조직들에 대해 거의 모르고 있다. 그들은 또한 국제산별노련들의 출판물 에 대해서도 모르기 십상이다. 국제사무전문노련은 자신의 웹사이트를 통 해 전 세계의 천백만 노동자들이 제네바에 있는 사무국에 직접 접촉하도 록 장려하고 있다.

국제식품농업노련

제네바에 본부를 둔 국제식품농업노련(International Union of Food, Agricultural, Hotel, Restaurant, Catering, Tobacco and Allied Workers' Associations)은 그 이름의 길이에 필적할 만큼 많은 조합원을 가지고 있 다. 국제식품농업노련은 110개 국 312개 조합에 조직되어 있는 2백6십5 만 명의 노동자들을 대표한다.

이 조직은 화학과 운송 분야의 선구적인 국제산별노련들, 즉 국제화학 노련과 국제운송노련이 통신공간에 진출한 지 몇 년이 지난 후에 통신공 간에 나타났다. 이 조직은 1989년에서야 비로소 제네바의 사무국과 시드 니, 홍콩에 있는 지역사무소를 지오넷으로 연결했다. 이 세 개의 사무소는 지금까지도 계속해서 전자우편을 사용하고 있으며, 특히 보고서를 주고 받는 데 이용되고 있다. 1년 후에는 몬테비데오의 라틴아메리카 지역사무 소가 연결되었고, 그 결과 이 조직은 우루과이에서 스페인어 번역문제를 해결할 수 있었다. 이 분야는 오늘날 이 조직이 전자우편을 사용하는 데 핵심적인 부분이다. 유럽 전역의 번역가들은 전자우편을 통해 자료들을 주고 받는 방식으로 이 조직을 위해 일하고 있다. 1993년, 1994년에는 워 싱턴에 있는 국제식품농업노련 북미 지역사무소가 통신공간에 진출했다.

그러나 그들은 지오넷망을 사용한 것이 아니라, 진보통신연합 네트워크(지금의 IGC노동네트워크)를 선택했다. 국제식품농업노련은 조직내부적인 통신과 다른 국제산별노련과 국제사면위원회 같은 기구들과 접촉하는 데 전자우편을 사용하고 있다.

국제식품농업노련은 자주 발표하는 보도자료를 발송하기 위해 팝텔에 있는 게시판(특히 '노동'이라는 이름의 게시판)들을 사용한다. 내용은 다양한 관심사를 담고 있는데, 국제식품농업노련이 하루하루 행하는 실용적인 일들뿐만 아니라 보스니아 내전이나 프랑스 핵실험, 중국의 인권문제 같은 주요한 세계적 쟁점들에 관해서도 견해를 나타낸다. 어떤 경우에는 연대를 호소하면서 올린 이런 게시판의 글을 비노조 단체들이 우연히 보고 접촉을 해 오는 경우도 있다.

국제식품농업노련은 1995년에와서야 비로소 팝텔을 통해서 온라인 데이터베이스들을 사용하기 시작했다. 간부들은 이것이 초국적기업들과 전 세계에 걸친 그들의 자회사들을 조사하는 데 유용하긴 하지만 너무 비싸다고 이야기한다. 더 저렴한 정보원은 월드와이드웹이었다. 그러나 한 간부가 내게 말했듯이, '유일한 문제는 적절한 정보를 찾기 위해서 모든 웹상의 정보를 체로 걸러내야 한다는 것이었다.'

국제식품농업노련은 곧 식품부문의 특정한 한 초국적기업에 초점을 맞춘 웹사이트를 띄울 계획이다. 이 웹사이트의 목적은 '우리 지부들이 전자우편과 인터넷이 제공하는 모든 기회들을 이용하도록 고무하는 데 있다.'

국제식품농업노련은 또 개발도상국의 노동조합들이 통신을 이용하도록 원조할 것을 계획하고 있다. 1996년 초까지 지부들 중 극소수만이 통신공간에 모습을 나타내고 있을 뿐이며, 새로운 기술을 받아들이기를 꺼리는 듯이 보이는 지부들은 아직도 팩스와 우편을 선호하고 있다. 마지막으로, 국제식품농업노련은 하나의 특정한 회사 내에 존재하는 여러 노동조합들을 묶는 온라인 네트워크—혹은 '가상공간 기업평의회들'이라고 불릴지도 모르는—의 설립을 고려하고 있다(여기에 대해서는 다음 장에 좀 더 서술하겠다).

국제공익노련

노동진영의 컴퓨터통신 활용에 있어서 가장 흥미롭고 중요한 실험들 중 몇 개는 공공부문 노동조합들 사이에서 이루어졌다. 캐나다의 솔리넷과 영국의 제조노련-정보기술노련(MSF-ITPA) 네트워크 등이 바로 그것이다. 이들 노조는 국제공익노련(Public Services International; PSI)에 속해 있는데, 이는 전 세계 400여 개 노조를 통해 2천만 명 이상의 노동자들을 대표하고 있다. 이 조직의 조합원들은 각 나라, 지역, 지방정부들에 의해 고용된 노동자들과 전기, 가스, 수도부문에 종사하는 노동자, 그리고 보건과 환경, 사회복지에 종사하는 노동자, 교육, 문화, 여가 서비스를 제공하는 노동자들과 이외에 대중에게 서비스를 제공하는 기능을 담당하는 기관의 노동자들로 구성되어 있다.

사무국은 제네바 교외의 프랑스 영토에 있다. 국제공익노련 사무국 직원수는 거의 30명인데, 이들 중 3명만—조사정보부장인 앨리스 칼(Alice Carl)과 두 명의 기술직—이 현재 인터넷에 연결되어 있다. 그러나 가까운 장래에 모든 간부들을 전자우편으로 연결하려는 계획이 진행중이다. 사무국 외부에도 많은 나라의 대표들과 약 20명의 '교육조정관'을 포함하는 수십 명의 직원이 있다. 이들 직원은 거의 모두 전자우편으로 프랑스에 있는 사무국과 연결되어 있고, 개인적으로도 연결되어 있다.

국제공익노련은 다른 모든 국제산별노련들이 그랬던 것처럼 팝텔을 사용해서 인터넷에 접속하였다. 1993년 국제공익노련 세계총회에서는 팝텔에서 온 한 대표자가 각 지부들을 대표해서 참석한 1,000여 명의 대의원들 앞에서 컴퓨터를 이용해 범지구적 노동네트워크를 건설한다는 생각을 발표하는 연설을 하기도 했다. 지오넷의 노동관련 게시판들을 매일 참고해서, '긴급행동 캠페인(Urgent Action Campaigns)'과 국제공익노련의 4개 지역 소식지가 이러한 게시판들에 게시되었다. 국제공익노련은 또한 팝텔의 FIND 데이터베이스를 사용했고, 통신상의 다른 정보원들도 구독하는 것을 고려했다(현재 칼은 FT프로필[FT Profile] 등의 데이터베이스들을 이용하고 있다).

1993년 말 솔리넷의 마르크 벨랑제는 국제공익노련 사무국을 방문해서 이 새로운 기술을 이용하는 것의 중요성에 대해 이해의 폭을 넓혔다.

1994년 노동정보통신센터(Labour Telematics Centre)가 국제적인 노동조합들의 네트워크 이용에 대한 조사를 실시했을 때, 국제공익노련 지부들은 60부의 답신을 제출했는데, 이는 조사대상 조직들 중에서 두번째로 많은 것이었다. 노동정보통신센터의 보고서에 의하면, 국제공익노련의 정보통신 이용은 '그들 조직 내부의 의사소통 능력을 극적으로 향상시켰다'.

1995년 초 국제공익노련은 주로 초국적기업에 의해 이루어지는 공공서비스의 민영화에 대해 각 지부들에서 취합된 기존 정보들을 면밀히 검토하고, 동시에 '다국적기업과 컴퓨터통신에 관한 국제공익노련의 범지구적 네트워크(PSI Global Network on Multinationals and Computer Communication)'라고 이름 붙여진 조사를 통해 조합원들의 컴퓨터 사용 실태를 조사하기로 결정했다. 사무국은 1994년 노동정보통신센터 조사에 대한 응답내용을 가지고 있었지만, 더 광범위하고 새로운 조사를 필요로 했다.

각 지부들은 정상적인 전기공급이 이루어지는지, 전화선의 상태는 어떤지, 개인용 컴퓨터, 모뎀, 통신 소프트웨어들은 있는지, 직원들이 전자우편 사용에 대해 교육을 받았는지 등에 관한 질문을 받았다. 조사가 끝날 때까지 100개 이상의 응답이 도착했다. 칼은 "비록 많은 수의 지부가 컴퓨터를 가지고 작업할지라도, 통신과 조사 목적으로 컴퓨터를 사용하는 것은 여전히 한계가 있고, 외부 온라인 데이터베이스에 대한 사용도 역시 마찬가지였다"고 결론을 내렸다. 정보의 교환을 위해서는 상당히 오랜 시간 동안 '종이가 필요할 것'이라고 그녀는 썼다.

이 조사는 비록 특정분야에 몰리긴 했지만 노동조합의 정보통신 이용에 관한 기존의 조사들 가운데 가장 광범위한 것이었다는 점에서 매우 중요하다. 약 70개의 응답들을 살펴본 후 작성된 분석에서는 이미 몇몇 경향들을 찾아볼 수 있었다.

- 응답한 13개 아프리카 지부들 중에서 9개의 지부가 팩스를 소유하고 있으며, 단지 한 개의 지부가 개인용 컴퓨터를 가지고 있다고 답

변했다. 전자우편을 쓰는 곳은 한 군데도 없었다.

- 응답한 13개의 아시아 지부들은 하나의 지부를 제외하고 모두 개인용 컴퓨터를 보유하고 있었고 그 중 세 개의 지부가 모뎀을 보유하고 있었지만, 전자우편을 쓰는 곳은 한 곳도 없었다.
- 유럽과 미대륙의 지부들은 거의 모든 곳에서 개인용 컴퓨터와 팩스를 보유하고 있었지만 별로 나은 모습을 보이지는 못했다. 이 지부들 중 20곳 정도가 모뎀을 소유하고 있었으나 오직 몇몇 지부—전자우편을 이용할 수 있다고 대답한 유일한 지부들인 셈이다—만이 전자우편을 하고 있었다. 캐나다에 있는 지부 하나(당연히 캐나다공공노조이다)와 미국에 있는 지부 둘(애틀랜타교사연맹과 정부노동자연합[AFSCME]) 그리고 스웨덴(정부노련[ST])과 영국(공공노조[GMB])에 각각 하나씩의 지부가 전자우편 계정을 갖고 있었다.

캐나다공공노조의 솔리넷은 여전히 시대를 조금이나마 앞서 나가고 있는 듯하다.

한편, 국제공익노련은 가까운 장래에 웹사이트와 온라인 데이터베이스, 온라인 토론그룹을 만들려고 계획하고 있다. 칼은 자신들의 조사 네트워크를 통해서, 웹사이트에 대한 기술적인 지원과 아이디어를 얻게 되었고, 국제공익노련 산하노조들과 관련해서 선택된 사안들에 초점을 맞추는 웹사이트를 만들기 위해 열심히 일하고 있다. 데이터베이스의 경우, 수도, 전기, 쓰레기 관리, 보건서비스 등의 주제가 다루어질 예정이다. 온라인 토론그룹은 세계은행의 수자원정책 보고서에 관해 논의하는 데 주된 노력을 기울일 것이다. 거기서 작성될 최종 문서는 국제공익노련의 수자원 캠페인에서 노조들을 지원하는 수단으로 이용되며, 세계은행에도 직접 제출될 것이다.

노동자교육협회국제연맹

"1930년대 이전에 유럽의 사회민주주의적 노동운동이 이룩한 거대한 건축물은 폐허가 되었다"고 댄 갤린은 썼다. 그럼에도 불구하고, "이러한

폐허 속에는 생명의 흔적이 있다… 자신의 모든 거대함 속에서 노동운동
은 여전히 수중에 상당한 자원들을 가지고 있다." 이러한 자원들에는 "사
회적, 문화적 조직, 여성과 청년조직, 교육단체와 학교, 하이킹클럽과 여
행클럽, 스포츠클럽, 여행사, 소비자협동조합, 은행과 주택조합들이 있
다." 갤린은 노동자들을 돕고 교육하는 영역에서 활동하는 국제적 조직들
에 특히 관심을 갖고 있다. 그에 의하면, 오늘날 교육에 대한 노동운동의
요구는 "상당하다. 노동운동의 모든 정치문화는 여러 세대 동안 교육으로
부터 차단되어 왔던 수많은 노동대중들에게 전수되어야 한다."

　　노동자교육협회국제연맹(International Federation of Workers' Educa-
tion Associations; IFWEA)은 국제적인 수준에서 "노동조합… 정당기구,
두뇌집단, 노동교육단체들을 결합시키는 유일한 노동운동단체"라고 그는
말한다. '만약 이 단체가 노동운동의 새로운 이데올로기적인 무기를 발전
시키는 것을 자신의 가장 중요한 임무로서 받아들이기만 한다면, 이 조직
은 이를 위한 연구소가 되는 셈이다.' 갤린은 자신의 말대로 이를 알았음
에 틀림없다. 1992년 그는 연맹의 의장으로 선출되었다.

　　우선 노동자교육협회국제연맹 자체에 대해서 몇 마디 설명을 하는 것
이 좋을 듯 싶다. 그다지 알려지지 않은 이 조직은 2차 세계대전이 끝나
기 며칠 전에 영국의 노동자교육협회(Workers' Education Association;
WEA)와 노동자교육에 관련된 다른 단체들에 의해서 창립되었다. 이 단
체가 공식적으로 구성된 것은 1947년 10월 런던의 한 모임에서였다. 이
연맹은 1990년대 초반까지는 비교적 활동이 적었지만, 갤린이 지적했듯
이 스웨덴의 노동자교육협회(ABF)와 노르웨이, 덴마크의 노동자교육협회
(AOF), 독일의 노동과 생활(Arbeit und Leben)과 같은 아주 강력하고 활
기에 찬 노동자 교육기관들과, 독일의 독일노총(DGB)과 이스라엘의 전국
노총와 같은 전국 노동조합중앙조직들을 회원으로 거느리고 있었다.
1992년의 총회에서 새 지도부가 선출되면서 노동자교육협회국제연맹은
잠에서 깨어나기 위한 공동의 노력을 시작했다.

　　맨체스터에 있는 노동정보통신센터(LTC)의 총회에서 존 앳킨스는 회의
에 참석한 대표들에게 컴퓨터통신을 주제로 발표를 했다. 연맹은 영국 대

표들의 주도로 지오넷에 참여하기로 결정했고 지부들에게도 이를 권고했다. 몇 달 후 연맹의 신임 사무총장은 노동정보통신센터를 직접 방문했고, 거기서 그 주제에 대한 간단한 교육을 받았다.

45년간 어떤 정기 간행물도 발행하지 않았던 연맹은 계간지를 발간하기로 결정했다. ≪노동자교육≫이라는 이 잡지는 1993년 5월에 첫선을 보였고 나는 그 해 초에 잡지의 편집자를 맡게 되었다. '컴퓨터통신과 노동운동'이라는 주제를 특집으로 다룬 1993년 12월호에서 우리는 그 잡지를 온라인으로도 발간할 것이라고 발표하였다.

앳킨스의 도움으로 12월호와 그 이후의 호들은 전 세계적으로 네 개의 노동관련 게시판(그것들 모두 지오넷에 연결되어 있었는데)에 게시되었다. 그러나 ≪노동자교육≫을 통신공간을 통해 발행한 것으로 멈추지 않았고 그 외에 다른 곳에도 그 잡지들이 복사, 게시되었다. 밥 캐스티거(Bob Kastigar)는 잡지 전체를 그가 속한 지역 노조의 게시판과, 미국노총 산별회의의 노동네트워크에 게재했다. H-노동 토론그룹의 주관자인 세스 위그더슨(Seth Wigderson)은 이 잡지의 존재를 알리고, 요청한 사람들에게 전자우편으로 잡지를 보내주었다("많은 사람들이 그 잡지를 굉장히 좋아한다고 나에게 전해왔다"고 그는 이야기했다). 바실리 발록은 잡지에 실린 글 전체를 진보통신연합 토론방인 '노동·독립국가연합'에 올렸다.

한편, 잡지의 후속호들은 모두, 보통 잡지의 뒷면에 한쪽 전부를 '온라인'이라고 불리는 칼럼에 할애했다. 다른 어떤 국제적인 노동관련 출판물도 지금까지는 이런 일을 한 적이 없었다.

1994년 4월, 노동정보통신센터는 연맹(IFWEA)이 '전자통신을 사용하기로 결정했고 지부들에게도 그렇게 하도록 권고했다. 연맹은 이미 계간지의 발행과 인쇄에 정보통신기술을 이용하고 있었다'고 보고했다. 내가 ≪노동자교육≫에 실린 글에서 설명했듯이, 기사들은 개인용 컴퓨터에 키보드를 통해 입력된 후('Q텍스트'라는 문서작성 프로그램을 이용해서), 내 사무실의 2,400bps 외장형 모뎀을 통해 텔아비브에 있는 그래픽 디자이너의 전자우편함으로 보내진다('텔릭스'라는 통신프로그램을 이용해서). 이를 중개하는 것은 이스라엘에서 가장 큰 통신망(BBS)인 루디스 플

레이스(Rudy's Place)이다. 그런 후 '벤추라 퍼블리셔(Ventura Publisher)'
라는 탁상출판 소프트웨어를 사용해서 그래픽 디자인이 완성된다.

　시간이 지남에 따라, 절차도 변했다. 지방 통신망(BBS)을 사용하는 대
신 우리는 인터넷으로 직접 작업하기 시작했다. 그리고 '텔릭스' 프로그
램을 버리고 '인터넷 카멜레온(Internet Chameleon)'이라는 소프트웨어를
쓰기 시작했으며, 더 빠른 모뎀을 사용하기 시작했다. 문서작성 프로그램
과 탁상출판용 소프트웨어도 윈도우와 매킨토시용으로 바뀌었다. 2년만
에 사용하는 거의 모든 소프트웨어와 하드웨어가 변했다(브리티쉬컬럼비
아교사연맹이 9년 동안 같은 소프트웨어와 하드웨어를 사용할 수 있었던
1980년대와 비교해 보라).

　그리고 점차 기사 전송이 인터넷을 통해 이루어졌다. 영국, 캐나다, 노
르웨이, 뉴질랜드, 필리핀, 미국, 스위스에서 보낸 기사들이 이러한 방식
으로 편집자에게 도착했다. 영어로 된 원고는 인터넷을 통해 번역가들에
게 보내져서 스페인어와 프랑스어로 번역되었다(프랑스어 번역은 유럽에
서 이루어진다). 그리고 편집진들이 원고를 검토하는 작업―연맹의 사무
총장(텔아비브에 있는)과 위원장(제네바에 있는)의 검토도 마찬가지로―
도 역시 모뎀을 통해서 이루어졌다.

　인터넷은 또 연맹의 직원들 손에 들려져 있는 조사 도구였다. 초기에는
국제 노동자들의 기념일인 노동절에 관한 서지 목록을 만들기 위해서 사
용되었다. 이 작업은 미국에 있는 주요 대학도서관에 접속, 검색함으로써
진행되었다. 여성노동자와 노동비디오 등을 주제로 한 것들도 인터넷을
통한 조사에 의존한 것이었다. 이 모든 것의 부작용은 잡지가 점점 더 '미
국적인 것'으로 집중되었다는 점인데, 이는 인터넷에 있는 정보원에 의존
한 데서 나온 당연한 결과였다.

　1995년 3월, 《노동자교육》은 캘리포니아 주 버클리에 있는 경제민주
정보네트워크(EDIN)에 만들어진 연맹(IFWEA)의 새로운 웹사이트의 집중
점이 되었고, 이로써 인터넷(과 노동)의 역사를 만들었다. 매호 잡지가 인
터넷의 FTP를 이용, 버클리의 컴퓨터에 전송된 후에 모든 사람들이 볼 수
있도록 게시될 뿐만 아니라, 아직 인쇄물로 제작되지 않은 8호조차도 즉시

웹에서 볼 수 있다. 이는 국제적 노동출판물로서는 (활자인쇄판도 나오면서) 동시에 통신공간을 통해서도 내용 전체를 볼 수 있는 최초의 것이었다.

≪노동자교육≫이 기사전체가 게시되는 전자잡지(e-journal)로 전환되었다는 소식은 인터넷을 통해 빠른 속도로 퍼져 나갔다. 안내문이 유즈넷 뉴스그룹들과 리스트서브 메일링리스트들에 게시되었다. 솔리넷과 팝텔의 핵심인사에게도 통보되었다. 널리 읽히는 NCSA 모자이크의 '새로운 것들(What's New)' 란에 게시된 것을 포함해서, 인터넷 공동체 전체에 소식을 알리는 데 이용되는 전통적인 방법들도 쓰였다. 그 잡지는 '인터넷 몰(Internet Mall; 인터넷 쇼핑서비스를 제공하는 사이트-역자)'의 목록에 오르기까지 했다.

그러나 초기의 결과는 실망스러웠다. 통신공간에 등장한 지 약 2주가 지났지만, 100명도 채 안되는 사람들이 이 사이트에 접속했던 것으로 드러났다. 사이트에 대한 관심은 천천히 높아갔으며, 몇 달이 지난 후에는 한 달에 거의 1,000명의 사람들이 들렀다. 이러한 숫자는 하루에 3백만 명이 접속하는 것으로 알려진 인터넷 검색서비스인 '야후(Yahoo)' 같은 인기 사이트에는 비할 수 없는 것일지라도, 인쇄물로 겨우 2,000부를 발행하는(영어판인 경우) 잡지인 점을 고려하면 나쁘지 않은 결과였다.

사이트에 대한 관심을 고조시키기 위해 연맹은 4월 초부터 온라인 이용자들에게 연맹이 처음으로 펴낸 책인『실업에 맞선 투쟁(*Fighting Unemployment*)』을 무료로 주문할 수 있는 기회를 제공하기 시작했다. 수십 명의 노조활동가들과 연구단체들이 주문서를 보냈다. 이 중 상당수는 브라질, 페루와 같은 개발도상국에서 온 것들인데, 이 지역은 전통적으로 연맹과 거의 접촉이 없던 곳이었다. 몇 달 지나지 않아서 이런 식으로 접촉을 한 페루의 한 단체가 공식적으로 연맹에 가입의사를 밝혀왔다.

'접속'(인터넷을 통해 사이트로 접속한 것) 건수가 극적으로 증가하는 데 결정적인 역할을 한 요인은 경제민주주의 정보네트워크 웹사이트에 모의 연방예산운영경기(US Federation Budget simulator)를 도입한 것이었다. 이는 많은 수의 사람들을 EDIN 사이트로 끌어들였고, 그 결과, 수천 명의 사람들이 노동자교육협회국제연맹(IFWEA)의 사이트를 살펴보게 되었다. 그 사이 연맹 사이트는 중요한 IGC노동네트워크 웹사이트를 비롯해서 인터넷상의 다른 중요한 노동관련 사이트들에 링크되었다.

연맹의 사이트는 1995년 5월 벨기에의 나뮤르(Namur)에서 열린 집행위원회에서 집행위원들에게 최초로 선보였다. 다른 위원들이 경이로움으로 입을 벌린 채 앉아 있는 동안 한 위원은 '깔끔하다'는 반응을 보였다. 연맹의 유럽지역 사무총장으로 막 선출된 팝텔의 설립자 데이브 스푸너는 그동안의 노고를 치하하면서, 이 사이트는 영어뿐만 아니라 조직의 더 많은 공식 언어들로 된 자료들도 포함시켜야 한다는 생각을 했다.

7월 초에 《노동자교육》 9호가 통신상에 올라오면서 이 사이트는 중대한 전환을 겪었다. 과거에 발행된 호들과 9호는 완전한 하이퍼텍스트 파일로 전환되었다. 이것이 의미하는 바는 다양한 정규 칼럼들과 기사들, 그리고 핵심어들이 하이퍼링크로 전환되고, 이로써 독자들은 수천 줄의 긴 문서를 두루마리 펴듯이 커서를 아래로 이동시켜 가면서 읽는 대신에, 링크를 클릭함으로써 잡지를 넘기듯이 여기저기를 돌아다닐 수 있게 되었다는 것이다. 이 과정에서 그림이나 사진 따위는 일부러 쓰지 않았는데, 왜냐하면 많은 잠재적인 독자들이 그것들을 볼 수 없고 다른 사람들도 이를 전송받을 때 아주 느린 속도로 받아야 할 것이라는 점을 고려해서였다.

《노동자교육》이 일종의 성공담이라면, 연맹이 컴퓨터통신을 다른 방법으로 사용하고자 했던 기대는 아직 실현되지 못하고 있다. 연맹은 여전히 사무국과 다양한 지부 사이의 통신을 위해 일반우편과 국제전화, 팩스를 사용하고 있다.

연맹 간부들의 자극에도 불구하고 전자우편으로 아주 쉽게 연결될 수 있을 정도로 소집단인 집행위원회의 위원들조차도 대부분 그러지 못하고 있다. 적어도 한 집행위원은 나에게 다음과 같이 말했다. 그녀가 전자우편을 사용해 보았지만 자신의 전자우편함에 가득차는 것은 쓰레기우편(junk mail; 광고나 선전 등을 목적으로 일방적으로 보내진 전자우편물—역자)뿐이어서 전자우편 사용을 꺼린다고 말이다.

결과적으로 집행위원들간의 유일한 접촉기회는 보통 유럽에서 연 2회 열리는 회의이다. 의사결정은 아주 느리게 진행되고 때때로 집행위원들은 사무국이나 다른 집행위원들과 몇 달간 연락이 끊기는 경우도 있다. 이런 속도로 사안들에 대처한다는 것이 불가능하며, 회의에서 결정을 내리기 전에 충분히 교감을 쌓는 것도 불가능해진다. 100개의 지부 중 단지 일부만 전자우편을 이용했으며 이로 인해 전자우편은 정보를 전달하는 수단으로서는 아주 비효율적인 도구가 되어버렸다.

연맹 집행국이 1993년에 이미 인터넷 사용을 공식적으로 권고했지만, 사무국을 인터넷에 연결시키고 계간지를 작성, 편집, 배포하는 것 외에는 구체적으로 이루어진 건 아무것도 없었다. 이런 의미에서, 노동자교육협회국제연맹의 경험도 이 장에서 서술했던 다른 국제산별노련들과 크게 다르지는 않다.

노동자교육협회국제연맹의 경험이 인터넷을 이용해서 국제적인 노동자교육을 도모한 유일한 시도는 아니다. 그 외에 솔리넷의 교육과정과 투딕(TUDIC) 프로젝트가 있다. 여기서 두 경우 모두 잠깐 언급하는 것이 필요하다.

1994년 5월 솔리넷은 '최초의 국제적 노동조합 교육'이라 불리는 것을 운영했다. 이 교육의 주제는—솔리넷의 많은 특별토론들 중 하나인—러시아 노동운동이었고, '강사진'도 러시아 노조운동의 활동가들이었다. 매주 한 번씩 모스크바의 노조 활동가들이(텔넷을 이용해서) 솔리넷에 글을 올리면, 그것을 가지고 캐나다와 러시아의 노조활동가들이 토론을 했다.

그러나, 이 일이 있기 3년 전에, 영국노조회의(TUC)와 함께 일하는 덴마크와 스웨덴의 노총들은 컴퓨터통신을 이용해 노조운동 내에서 원격교육을 실시하는 계획을 시작했다. 1990년 가을에 시작된 이 과정은 이들 세 나라의 노조간부에 초점을 맞추었고 노동조합운동과 유럽, 문서작성 프로그램, 스프레드쉬트 등의 주제를 다루었다.

수평적인 노동네트워크

노동조합의 국제적 연대를 증대시키기 위해 개별 노동자와 지역 조직은 매일 인터넷을 사용하고 있다. 인터넷이 어떻게 이용되고 있는지에 대한 이야기는 대부분 우리에게 알려져 있지 않다. 그러나 가끔씩 이러한 것을 듣게 되고, 그로부터 상황이 어떻게 진행되고 있는지 알게 된다.

1989년에 이미 인터넷은 가장 힘든 상황 속에서도 노동자들의 국제적 연대를 증진시키기 위해 사용되고 있었다. 야만적인 억압에 직면해 있던 중국의 독립적 노동운동은 전자우편과 팩스 등의 새로운 통신 기술을 사용해서 외부세계에 자신들의 메시지를 보낼 수 있었다.

이후 몇 해 동안 국제적 연대를 위해 노조활동가들이 인터넷을 이용하는 경우가 많아졌다. 그러나 이러한 활동이 국제산별노련 같은 기존의 국제조직들과 항상 연결되었던 것은 아니었으며 또 한때 '적절한 경로'였던 것—각 나라의 전국적 노총—을 항상 통하는 것도 아니었다. 따라서 이러한 활동에 대해 우리가 가진 증거는 전적으로 일화적인 것이다. 여기서는 세 가지의 사례를 들겠다.

모든 곳에서 전화를 하는 것 같았다

1993년 '수평적인' 범지구적 노동네트워크의 이용에 있어 가장 특이한 (동시에 가장 잘 기록된) 사건 중 하나가 발생했다. 이 이야기는 호주의 ≪주간 녹색 좌파(*Green Left Weekly*)≫의 모스크바 통신원인 렌프리 클라크(Renfrey Clarke)가 전한 것으로, 노동네트워크의 토론그룹 중 하나인 '노동.독립국가연합'에 '전자우편이 정치범을 석방하는데 큰 힘이 됐다'는 제목으로 게재되었다.

10월 3일 저녁 늦은 시간, 옐친 러시아 대통령이 두마(러시아국회)에 무장 공격을 하는 동안, 소규모 정당인 노동당(PT)의 세 지도자들이 체포되었다. 그들은 알렉산더 세갈(Alexander Segal), 보리스 카갈리츠키(Boris Kagarlitsky)와 블라디미르 콘드라토프(Vladimir Kondratov)였다. 뒤의 두 명은 모스크바 시의회의 탄압받던 전직 의원이었다. 카갈리츠키는 서방세계의 좌파들에게 잘 알려진 인물이다. 그는 ≪러시아노동평론(*Russian Labour Review*)≫(러시아노동정보센터의 잡지로서 영어로 출판됨)과 다른 많은 출판물에 글을 쓰고 있다. 이 세 사람 모두 구소련의 중요한 노조연맹인 러시아독립노조연맹(Federation of Independent Trade Unions of Russia)에 관련된 사람들이었다. 이들은 모스크바시 남쪽에 있는 한 지방 의회 사무실 밖 보도에 서 있다가 경찰에 의해 체포되었다. 그들은 샤볼로프스카야 텔레비전 방송국에 대해, 친(親)두마 군중들이 가할지도 모르는 끔찍한 유혈공격을 저지하고 막 돌아온 길이었다.

하루 동안 그들과, 그들과 함께 체포된 몇몇 다른 사람들의 소식을 아는 사람은 없었다. 그 동안 노동당 지도자들은 경찰에게 구타당했는데, 경찰은 그들로부터 두 명의 경찰관을 살해하고 경찰차를 탈취했다는 자백을 받으려고 했다. 10월 4일 밤에서야 비로소 그들의 행방이 방금 석방된 한 형사범을 통해 카갈리츠키의 부인에게 전해졌다. 그녀는 우리가 바로 앞장에서 언급했던 바실리 발록에게 전화를 했다. 여러분도 기억하겠지만 발록은 노동조합총연맹(General Confederation of Trade Unions)의 국제국 부국장이었고 또 일찍부터 전자우편 광(狂)이었다.

몇 분 후 발록은 전자우편을 이용해서, 클라크가 '죄수들의 석방을 위한 신속한 국제적 캠페인'이라고 부른 일을 시작했다. 발록은 여러 토론 그룹에 글을 올려서 이 소식을 듣는 모든 사람이 그들이 억류되어 있는 모스크바의 경찰서에 전화를 하도록 촉구했다. "나는 너무 흥분한 나머지 '경찰서(police station)'에 해당하는 영어단어를 떠 올릴 수 없었다. 아마 나는 그것을 '경찰집(police house)'이라고 쓴 것 같다. 그렇지만 그 메시지는 제 목적을 다했다"고 발록은 후에 회고했다.

카갈리츠키는 그 다음에 일어났던 일을 자세히 이야기했다. "전화가 폭주하고 있는 것을 우리는 유치장에서 지켜보았다"고 그는 기억했다. "처음으로 걸려온 전화 중 하나는 일본에서 걸려온 것이었다. 경찰들은 이것을 믿지 못하는 것 같았다. 그 후 전화는 격렬하게 울려댔다. 모든 곳에서 전화를 하는 것 같았다. 미국의 베이 에어리어(Bay Area)로부터도 꽤 많은 전화가 걸려왔다. 마침내 경찰들은 전화에 대고 우리가 이미 풀려났다고 말하기 시작했다. 그러나 우리는 창살 사이로 '아니요, 아니. 우리는 여전히 여기에 있소'라고 소리쳤다."

구금되어 있던 사람들 대부분이 몇 시간 내에 풀려 났고, 그들의 날조

된 기소도 기각되었다. 클라크가 요약한 것처럼, '러시아의 노조활동가들과 정치활동가들이 국제적인 전자우편 시스템에 점점 더 밀접하게 연결됨에 따라, 이 나라에서의 탄압은 결코 이전처럼 쉽지 않을 것이다.'

국경을 가로지르는 연대

서로 다른 나라의 노조활동가들이 컴퓨터 네트워크를 사용한 또다른 예는 북미자유무역협정에 반대해서 최근 북미에서 벌어진 투쟁에서 찾아볼 수 있다. 비록 다른 이야기처럼 극적이지는 않을지라도, 여러 가지 이유로 이 사례는 중요한 의미를 지닌다. 여기에는 주류 노동조합들과 노동운동의 주변에 있는 단체들이 모두 참여했고 이는 세계에서 인터넷 사용이 가장 집중되어 있는 지역인 북미에서 발생했다(비록 멕시코는 인터넷 사용이 특별히 집중된 지역은 아니지만 말이다. 멕시코 가구의 17%만이 전화를 갖고 있다). 만약 컴퓨터통신을 통해 국경을 가로지르는 연대가 북미에서 생겨나지 않는다면, 그것은 다른 어떤 곳에서도 생겨나지 않을 것이다.

북미자유무역협정을 승인하는 쪽으로 점차 분위기가 기울어가는 시기에, 조 브레너(Joe Brenner)는 멕시코, 캐나다, 미국의 노조들이 컴퓨터 네트워크를 위시한 다양한 통신 기술들을 어떻게 활용하고 있는지에 대해 흥미로운 연구를 했다. 브레너는 1987년에 있었던 미국과 캐나다 간의 컴퓨터 네트워크 연결을 시작으로 여러 사례들을 제시했다.

1990년대 초반경, 북미자유무역협정과 관련된 미국의 단체들은 멕시코자유무역행동네트워크(Mexican Free Trade Action Network)라고도 알려진 자유무역 행동전선 멕시코네트워크(Red Mexicana de Accion Frente al Libre Comercio; RMALC)와 같은 멕시코 단체들과 통신상으로 대화를 하기 시작했다. 노동통일전선(Frente Autentico del Trabajo; FAT) 같은 노조들을 거느리고 있던 멕시코네트워크(RMALC)는, 영어로 요약된 멕시코 뉴스들을 가행했고, 이를 평화네트워크(PeaceNet)와 생태네트워크(Eco-Net)를 위시한 진보통신연합 네트워크에 게시하였다. 진보적인 진보통신연합 네트워크들을 이용하고 있던 또다른 멕시코 단체는 민중운동(grass-

roots) 단체들을 교육하는 소송정보서비스(Servicios Informativos Procesa-
dos; SIPRO)였다.

월간지인 ≪노동노트≫는 NAFTA를 둘러싼 논쟁 동안 통신상에서 활발하게 움직인, 노동운동과 긴밀한 관계를 가진 미국 단체 중 하나였다. 이 단체는 정기적으로 전자우편과 인쇄된 우편물을 발송하였고, 네트워크를 통해 정보를 요청했다. 1992년 8월경 ≪노동노트≫는 통신공간에 북미 노동자네트워크(North American Worker-to-Worker Network)의 창설을 선언했다. 노동자간의 직접적인 접촉이 강조되었고, 이 새로운 네트워크는 이것이 '효과적인 국제 연대를 위한 가장 강력한 형태의 교육'이라며 환호했다.

이외에 NAFTA 논쟁 동안 컴퓨터통신을 이용한 미국의 노동운동단체들로는 잡지 ≪미국노동자(*American Labour*)≫를 펴내는 미국노동교육센터(American Labour Education Center)와 개발, 무역, 노동, 환경에 대한 동원(Mobilization on Development, Trade, Labour and the Environment), 국제노동권교육연구재단(International Labour Rights Education and Research Fund), 정책대안개발그룹(Development Group for Alternative Policies) 등이 있다. 이 단체들은 스페인어로 된 자료를 포함하여 통신공간에 NAFTA에 관한 정보들을 제공했다. ≪나프타 고찰(*NAFTA Thoughts*)≫과 같이 계속 발행중인 출판물의 경우는 온라인판을 가지고 있었다.

브레너가 국경을 가로지르는 연대에 대한 구체적인 요청들 중 하나로 인용한 사례는 1991년 노동절에 벌어졌다. 이날 미국의 노동네트워크에는 석유노동자들의 지도자 중 하나인 브라울리오 아길라르 레이예스(Braulio Aguilar Reyes)가 납치되었다는 메시지가 게시되었다. 노동네트워크 참여자들은 진보통신연합의 평화네트워크, 진보통신연합 캐나다지부의 웹사이트, 혹은 솔리넷이나 지오넷을 사용해서 통신공간에 있는 다른 단체에 긴급행동을 요청하도록 촉구받았다. 브레너는 이러한 요청들에 어떤 성과가 있었는지에 대해서는 언급하지 않았다.

1993년 11월에 미국 의회에서 NAFTA가 인준된 후 몇 년 동안 국경을 넘나드는 노조들의 협력은 증가되었다. 노동통일전선과 미국 전기노조가 공동으로 만든 웹페이지에서 그 예를 찾아볼 수 있을 것이다. 우리가 위에서 묘사한 것들은 노조활동가들과, 노동운동에 밀접하게 연결된 네트워크들이 벌인 최초의, 그러나 불완전한 노력에 관한 것이다. 브레너 자신이 지적했듯이, 멕시코의 미국접경지역에서와 마찬가지로, 노동운동의 주요 활동가들 중 많은 사람들은 이들 네트워크에 접속조차 하지 않았던 것이다.

제발 인터넷에 말좀 해주시오

영국 노동네트워크의 크리스 베일리는 토목·전기 통합노조(Amalgamated Engineering and Electrical Union; AEEU)의 캠브리지와 뉴마켓 지역위원회의 지부장을 맡고 있다. 이 노동조합은 독일계 초국적기업인 크루프(Krupp) 소유의 프리스타(PreStar)사에서 파업을 고려하고 있었다. 프리스타의 현지 경영자는 파업이 발발하면 즉시 모든 노동자들을 해고할 것이며, '이 조치는 모기업(독일의 크루프사를 의미함)의 전폭적인 지지를 받고 있다'고 노조에게 말했다.

베일리는 크루프사에 고용된 다른 노동자들과 대화할 기회를 모색하고자 인터넷에 호소문을 올리기로 결정했다. "우리가 이와 같은 협박에 잘 대처할 수 있으려면 독일을 포함, 크루프사의 모든 자회사 노동자들과 연계를 이루는 것이 필요하다고 생각한다"라고 그는 말했다. 그는 이 메시지를 노동조합-d 메일링리스트에 보냈고, 그것을 IGC노동네트워크상의 '노동.영국'과 '노동.국제'라는 두 개의 토론그룹에도 올렸다. 독일로부터 여러 개의 답신이 왔고, 이를 계기로 베일리의 노조는 도르트문트의 크루프-회슈(Krupp-Hoesch)사와 뒤스부르크의 크루프사에 있는 독일금속노조(IG Metall) 지부와 접촉하게 되었다.

해고의 위협에 직면하여, 프리스타의 노동자들은 파업을 벌이지 않기로 결정했다. 베일리는 답신을 보내준 모든 사람들에게 (인터넷을 통해) 감사편지를 보냈다. 그러나 이야기는 여기서 끝나지 않았다. "우리는 독일의 변방에서 어떤 일이 벌어지고 있는지 확신할 수 없다. 그러나 여기

경영인들의 반응으로 미루어볼 때, 독일금속노련이 우리들의 상황에 대해 크루프측에 질문을 하고 있었음이 틀림없는 것 같다. 처음에 우리를 위협했던 바로 그 인사담당자는 매우 흥분해서 우리의 지역사무소로 전화를 걸어 '인터넷상에' 이 분쟁이 해결되었다고 발표하라고 계속 요구했다. 독일의 크루프사가 우리가 게재했던 메시지의 사본을 그에게 보냈음에 틀림없다"고 그는 썼다.

"분쟁을 해결하는 수단으로 그러한 요구를 한 것은 이번이 처음임에 분명하다"고 그는 언급했다. 그의 견해에 따르면, 이러한 에피소드는 '초국적기업의 권력을 제어하는 데에 있어서 노동운동이 컴퓨터통신을 이용하는 것이 얼마나 큰 잠재력을 가지고 있는지 보여준다. 우리가 크루프사의 독일금속노조와 연결을 만들어낸 것에 대해 프리스타의 경영진은 분명 우려하고 있음'을 보여주었다.

실질적인 성과는 영국과 독일의 크루프사 노동자들 사이의 연계가 강화되었다는 것이며, 컴퓨터통신의 활용에 대해 노조의 관심이 강화되었다는 점이다. 이에 따라 캠브리지의 노조는 지역 노조를 위한 웹사이트 구축을 후원하기로 결정했으며, 이 웹사이트를 캠브리지시의 공식 홈페이지에 링크시키도록 시의회에 압력을 행사할 계획이다.

7
새로운 국제주의

지금까지는 과거에 관해 말해왔다. 인터넷에 관한 모든 책은 필연적으로 역사적 서술이 된다. 나는 1993년에 발간한 인터넷에 관한 내 책의 뒷표지에서 '시기적절하고 정확한'이란 문구를 볼 때면 웃음이 나온다. '시기적절한'이란 말은 좀체로 떠오르는 말이 아니기 때문이다.

이 마지막 장에서 나는 이 책의 처음 주제로 되돌아가서 범지구적 노동네트워크와 새로운 인터내셔널의 건설을 논의할 것이다. 이 논의는 태동하고 있는 범지구적 노동네트워크에 관한 좋은 소식, 그리고 나쁜 소식으로 시작될 것이다. 나쁜 소식은 진정한 범지구적 노동네트워크란 존재하지 않는다는 것이고, 좋은 소식은 노조활동가를 비롯한 많은 사람들이 그들 앞에 놓인 모든 장애물을 극복하기 위해 진지한 노력을 하고 있다는 것이다.

향후 몇 년간을 위한 매력적인 제안들이 나오고 있으며—온라인 공장평의회와 국제노동자대학 등—우리는 이들 각각을 살펴볼 것이다. 그리고 나서 '장벽을 밀어내고' 앞으로 나아갈 것이다. 노동운동이 앞으로 고민해야할 급진적 제안을 손에 가득 들고서.

나쁜 소식과 좋은 소식

노동진영의 컴퓨터통신 활용에 관해 저술하거나 말한 모든 사람들은 점점 확대되고 강화되는 일련의 장애들에 부딪히고 있다. 이들 장애는 매우 현실적이나 범지구적 노동네트워크는 아직 현실이 아니다. 그러나 이는 곧 현실로 이루어질 것인데, 왜냐하면 우리가 정의할 수 있는 모든 문제에 대해 해결책이 이미 보이기 때문이다. 내가 이러한 말을 쓰는 동안 마침 국제적 온라인 노동네트워크에 대한 '고전적' 장애 중 일부가 무너져내리고 있다.

모두 어디에 있는가?

인터넷이 노동대중과 그들의 조직(노동조합과 노동자정당)에 대해 적절성을 갖기 위해서는, 수천 수만의 가정과 작업장에서 인터넷을 이용할 수 있어야 한다는 사실에 거의 모든 사람이 동의하고 있다. 지금까지 우리는 이 책을 통해 몇몇 사례를 살펴본 바 있다. 브리티쉬컬럼비아교사연맹은 인터넷을 가정, 교실, 교무실에 성공적으로 전파한 것처럼 보이며, 이는 인터넷이 고안된 목적을 실현하는 것이다. 하지만 우리가 본 바대로 그들의 경험은 일반적인 것이 아니었다.

예를 들어, 국제산별노련은 노동운동에서 컴퓨터통신의 선구자이기는 했지만 모든 (혹은 적어도 대부분의) 국가의 산하노조를 온라인상에 끌어들이지는 못했다. 우리는 평균적 노동자나 조합원 혹은 조합간부에 관해 이야기하는 게 아니다. 대부분의 전국노조조직은 아직 온라인을 이용하지 않고 있는 것이다.

인터넷이 5천만 명을 연결하고 있다 하더라도(이것이 현재 가장 높은 추정치이다), 우리는 여전히 세계인구의 1% 미만을 다루고 있는 것이다. 이의 결과 중 하나는 노동운동에 관한 몇몇 국제적 토론그룹이 극히 소규모라는 사실이다. 유럽노동조합포럼은 참가자가 150명이 채 안되고, IGC 노동네트워크에 있는 50개의 포럼은 천 명 미만의 노동조합원이 접속하고 있다. 거대한 전국적 노총이 후원하고 지원하는 네트워크들도 극히 소

규모이다. 앞서 언급한 바 있는 컴퓨서브상의 미국노총산별회의 노동네트
워크에는 단지 2,500명만이 가입되어 있다. 극소수의 조합원이 인터넷을
이용하는한, 우리는 그 영향력에 대해 어떠한 환상도 가질 수 없다.

　시간이 이런 문제 대부분을 스스로 해결할 것이다. 인터넷은 매년 대략
두 배로 규모가 커지고 있다. 언제 1억 명이 인터넷을 이용할 것인가에
대한 추산은 다양하지만, 이 수치가 달성될 것이라는 사실에 대해서는 대
부분 의심하지 않는다. 많은 진지한 연구자들이 10억 인구가 인터넷을 이
용하게 될 시기에 대해 여러 날짜들을 가지고 입씨름하고 있다(가장 빠른
계산은 2010년이다). 따라서 인터넷의 자연적인 성장이 적어도 선진산업
국에서는 수천만 노동대중과 조합원을 휘몰아칠 것이다. 하지만 개발도상
국의 경우는 이야기가 다르다.

　인터넷에 접속하기 위해서는 무엇보다도 우선 전화선이 있어야 한다
　인터넷에 접속하는 데 필요한 조건은 당연히 전화선이다. 하지만 만약
당신이 컴퓨터통신 기반시설이 없는 지역에 살고 있다면—이는 많은 개
발도상국의 경우이다—값싼 컴퓨터와 모뎀이 그다지 유용하지 않을 것이
다. 어느 국제산별노련의 위원장은 일본 노조들이 최신 컴퓨터장비를 네
팔 노동운동에 흔쾌히 기부한 이야기를 나에게 한 적이 있지만, 이 장비
들은 몇 년이 지난 후에도 원래 상자에 그대로 담겨 있었다. 비슷한 이야
기를 남아공의 노동네트워크에서도 들은 적이 있다. 개발도상국의 노조활
동가들은 물론 컴퓨터와, 모뎀, 교육을 필요로 한다. 그러나 값비싼 컴퓨
터통신 없이는 이 모든 교육이 무용지물에 불과하다.

　비싼 통신비용의 문제는 개발도상국에 한정되지만은 않는다. 미국에
비해 영국과 프랑스는 전화요금이 훨씬 비싸다. 이것이 유럽이 인터넷 이
용에 있어서 북미에 뒤떨어지는 이유 중 하나이다. 노동운동은 모든 사람
을 위해 모든 곳에서 저렴한 비용의 컴퓨터통신을 요구해야 한다.

　개발도상국과 선진국간의 정보격차가 증가할 것이라는 데 대해서, 노
동운동이 이러한 문제에 관심을 기울일 필요가 없다는 반론이 제기될 수
있다. 우리는 노동조합이 존재를 강화하기 위해 새로운 통신기술이 존재

하는 곳에서 이를 활용할 수 있어야 한다. 이 결과는 유럽과 북미의 노조 활동가를 연결시키는 온라인상의 하이테크 '통신 인터내셔널'이 될 것이며, 일본이나 오스트레일리아의 일부 조합원들도 참여할 것이다. 이는 진정한 범지구적 노동네트워크는 될 수 없지만 아무 것도 없는 것보다는 낫다. 또한 어느 정도는 이것이 실제 벌어지고 있는 일이다.

그러나 선진국으로부터의 자본의 유출과 더불어 일어나는 범지구적 경제의 변화는 노동운동의 중심축을 서유럽과 북미로부터 세계의 남부지역으로 이동시키고 있다. 만일 노동조합들이 거대한 초국적기업과 대결하려 한다면, 이들은 남부의 노동자들과 함께 움직여야만 할 것이고 그렇지 않으면 실패할 것이다. 이는 단순히 연대의 문제가 아니라 생존의 문제이다. 아프리카, 아시아, 남미의 참여 없이 범지구적 노동네트워크를 건설하는 것은 불공정하고 부당할 뿐만 아니라 무의미하기까지 하다. 개발도상국들이 연결되지 않으면, 그때까지는—이것이 의미하는 바는 일반대중이 이용할 수 있는 저가의 컴퓨터통신이다—새로운 노동자인터내셔널은 아마 몽상에 불과할 것이다.

AT&T 같은 일부 기업이 돈을 지불할 능력이 있는 사람들을 위해 친절하게도 모든 종류의 쓸 만한 것(아프리카 해안을 가로지르는 광섬유 해저 케이블 등)을 제공해왔지만, 자유시장이 인터넷 연결을 위해 아프리카로 달려가는 것은 분명 아니다. 일부 노동운동가는 유서깊은 국제통신노련에 로비를 하고 압력을 가하는 것이 한 방법이라고 생각하는데 어쩌면 그럴지도 모른다.

또 다른 방법으로는 개도국에 대한 원조의 최우선 과제에 컴퓨터통신 기반시설을 포함시키라고, 부유한 나라의 정부들에게 로비를 펴고 압력을 가하는 수도 있다. 과거의 진보세력은 부유한 국가에게 밀림 중심부에 철강공장을 건설하기보다는 적절한 원조(저기술의 농업원조 등)를 제공하라고 로비활동을 했었다. 그러나 오늘날 우리는 후발국들 전역에 위성, 지하 광섬유, 극초단파 통신망을 설치하도록 로비를 벌여야 한다. 이것은 후발국들에서 노동조합권리를 보호하는 것과 더불어 노동운동의 우선순위에서 높이 자리매김되어야 한다. 그와 같은 신생 노동운동이 통신공간에 들어오도록 한다면, 우리는 그들을 더욱더 잘 보호할 수 있기 때문이다.

바벨탑

월드와이드웹은 프랑스어권 도시 제네바에 근거를 둔 유럽 과학자들이 만들어낸 자랑스러운 창조물이다. 그러나 그들의 창조물은, 컴퓨터 세계의 많은 다른 것들처럼, 기본적으로 영어로 존재한다. 웹은 인터넷 그 자체보다도 더더욱 영어라는 언어에 의해 지배된다. 나는 이것을 2장에서 지나가면서 언급한 바 있다. 다시 한번 좀더 깊이 들어가보도록 하자.

전자우편처럼 웹이 아닌 다른 인터넷 도구들에서는 언어가 점차 문제되지 않고 있다. 액센트(Accent)라는 한 소프트웨어 회사는 인터넷 전자우편에서 수십 개의 언어들을 변환해서 쓸 수 있는 '자동해독장치(decoders)'를 무료로 제공하고 있다. 수신자가 자동해독 프로그램을 가지고 있는지를 확인한 후 그러한 프로그램을 사용하여 편지를 쓰면, 당신은 한국어, 우르두어1)등 원하는 언어로 서신교환을 할 수 있다. 초기의 것이긴 하지만 여전히 효과적인 방법은 영어가 아닌 언어로 쓰여진 텍스트 파일을 기호화된 이진 파일로 보내는 것이다. 예쁜 색깔의 내 아기 사진을 전자우편으로 보낼 수 있다면 프랑스어로 된 텍스트 파일도 분명 보낼 수 있다.

그러나 월드와이드웹은 완전히 다른 문제이다. 그것의 쌍방향성(interactivity)에 대한 모든 찬사에도 불구하고, 웹은 인쇄물과 훨씬 비슷하다. 영어로 쓰여진 웹페이지는 영어로만 계속 존재하며 이곳에 간단하게 마우스를 눌러서 덴마크어, 스와힐리어 또는 아랍어과 같은 언어들로 변환시킬 수 있는 소프트웨어는 현재까지는 존재하지 않는다(영어 웹페이지를 다른 언어로 혹은 그 반대의 경우로 웹페이지를 자동 번역해 주는 회사가 있다. 그러나 거기엔 함정이 있다. 오직 두 개의 언어만이 가능하고 번역도 좋지 않다). 어떤 사이트들은―거의 대부분이 미국 밖의 사이트들―두 세개의 언어들로 번역된 사이트를 제공하는 서비스를 한다. 새로운 언어가 추가될 때마다 추가의 번역 비용이 필요하고, 자료들이 자주

---

1) 파키스탄 공용어.

갱신된다면(사람들이 어떤 특정한 웹사이트에 계속 들르기를 바란다면, 반드시 그래야 하는데), 그 비용들이 상당할 것이다.

이것은 미국에 본사를 둔 거대한 초국적기업들에게는 문제가 되지 않는다. 그들의 사이트는 영어로 유지된다, 이상. 그러나 문화적 차이를 존중해야 하는 노동운동에 이것은 간단한 문제가 아니다. 국제산별노련의 간행물은 보통 몇 개의 언어들로 발간된다(국제운송노련은 11개 언어로 소식지를 내기도 한다). 노동운동이 세계언어로서 에스페란토어에 관심을 보였던 때도 있었지만, 이는 성공적이지 않은 것으로 판명되었다.

오늘날 간행물을 제2, 제3의 언어로 만들어내는 것은 단지 자료 번역의 문제만이 아니라 조판, 인쇄, 우편발송의 문제이기도 하다. 일단 출판물이 통신공간에 오르게 되면, 그런 모든 부대비용들은 거의 필요없게 된다. 비용은 이제 번역에 전용될 수 있는 것이다. 소식지를 종이로 출판하는 것을 중단하고 온라인 편집으로 가기를 원했던 국제 조직은 이제 새로운 사실을 알게 되었다. 그 비용이면, 하나의 언어로 출판하는 대신, 똑같은 내용을 10개의 언어로 출판해낼 수 있는 것이다.

자동 번역 소프트웨어에 관해 몇 마디하자. 이러한 소프트웨어는 아직 초창기에 있긴 하지만 분명 존재한다. 예를 들어 사람들은 상점에 가서 영어를 스페인어로 번역해 주는 프로그램을 구입할 수 있다. 물론, 전문 번역가들이 두려움에 떨 필요는 없다. 그들의 직업은 안전하다. 그런 프로그램은 단지 초보적인 번역만을 할 수 있기 때문이다. 정말로 뛰어난 프로그램이 나오기까지는 여러 해가 걸릴 것이다. 그러나 범지구적 생산체계가 확대됨에 따라, 그러한 소프트웨어를 위한 잠재적 시장은 폭넓게 존재한다. 자동 번역 소프트웨어가 효율적이고 저렴해지는 것은 단지 시간 문제이다. 그리고 이것이 이루어진다면, 진정한 범지구적 노동네트워크를 만드는 데 있어서 가장 큰 장애물인 언어장벽에 대한 해결책이 될 것이다.

질(質)의 문제

사람들에게 인터넷 사용법을 교육할 때, 이런 질문들이 한 번 이상은 꼭 제기된다. 당신은 이 정보가 믿을 만하다는 것을 어떻게 아는가? 우리

가 여기에서 얻은 정보들을 신뢰할 수 있는가? 누가 이것을 썼는가? 보통
은 이런 질문에 답하기란 그리 어려운 일이 아니다. 사람들은 다른 종류
의 정보를 이용할 때와 똑같은 방법, 즉 조심스럽게 인터넷의 정보들을
이용하기 때문이다. 다른 것들보다 훨씬 믿을만하게 보여지는 웹사이트들
과 온라인 데이터베이스가 있다. 상식이 이를 이야기해 준다.

문제는 정보의 신뢰성이 아니라 정보의 질이다. 머리말, 줄거리, 요약은
너무 많은 반면, 실질적인 내용은 너무 적다. 뉴스는 많은데 분석은 거의
없다. 노동 웹페이지들도 마찬가지이다.

사람들은 오랫동안 컴퓨터 화면 앞에 앉아서 글을 읽는 것을 좋아하지
않는다. 그리고 인터넷 사용에 대해 시간당 돈을 지불해야 하는 우리에게
이것은 너무 비싼 대가를 요구한다. 월드와이드웹에서 제공되는 글들은
너무 짧거나 읽히지 않는다. 뉴스 대신에 뉴스 부분을 얻는 것이다.

미국에는 1980년대에 창간된, 월드와이드웹상의 페이지와 아주 흡사하
게 읽히는 신문이 있다. ≪유에스에이 투데이(USA Today)≫가 그것이다.
이 신문에는 다양한 색깔, 많은 그래프, 도표, 사진들이 담겨 있으며, 기사
의 길이는 약 150단어 정도에 불과하다. 또 스포츠 기사들도 많이 실린다.
이것은 분명 신문이지만, 웹이라고 할 수도 있는 것이다. 이런 매체가 복
잡미묘한 노동자의 대의를 발전시키는 데 있어서 이상적인지는 확실치
않다.

다른 한편, ≪유에스에이 투데이≫와는 정반대로 매우 진지한 매체들
이 월드와이드웹을 통해 인터넷에 그들의 책을 출판하기도 한다. 특히 독
자층이 넓지 않은 학술적인 저널들이 그 경우에 속하는데, 그들에겐 종이
로 출판하는 비용보다 인터넷 출판이 저렴하기 때문이다. 이러한 간단한
경제학이 그들로 하여금 온라인 출판을 선호하게 만들고 있다.

이것의 의미는, 시간이 지날수록 더욱 많은 학술간행물들을 통신공간
상에서 볼 수 있을 것이라는 점이다. 컴퓨터화면 위에서 글을 읽는 것을
즐기지 않는 우리들(과연 누가 그것을 즐길까?)은 컴퓨터화면에서 인쇄
아이콘에 마우스를 눌러, 관심있는 글들을 인쇄해야만 할 것이다. 현재 일
어나고 있는 일들이 인쇄매체의 소멸을 의미하는 것은 아니고, 개인이 홍

미있는 것들을 골라서 인쇄할 수 있게 될 것이라는 점을 의미한다. 인쇄 비용은 정보 공급자로부터 정보 소비자의 몫으로 급격히 이동해왔다.

어떤 웹사이트들은 다른 것보다 더 평등하다

월드와이드웹은 어느 물리학 실험실에서 하나의 프로젝트로 시작되었고, 이 분야의 선구적인 소프트웨어는 한 학생이 만들었지만, 이런 비공식적인 이미지의 이면에서 기업의 존재는 점차 중요해지고 있다. 웹은 점점 더 기업의 웹이 되어가고 있으며, 이것은 노동운동에게 많은 결과를 가져왔다.

예를 하나 들어보자. 웹에서 자신의 힘만으로 길을 찾는 것은 점점 더 어려워지고 있다. '새로운 사이트?' 페이지에는 매번 수백 개의 새로운 사이트들이 등장한다. 야후 목록에는 수만 개의 사이트들이 들어있고, 디지털사의 알타 비스타(Alta Vista)라는 검색 프로그램에는 2천만개 정도의 웹페이지가 들어 있다. 많은 시간을 투자할 수 없는 보통 사람들은 웹에서 자신이 원하는 정보를 쉽고 빠르게 찾는 방법을 찾고 있다. 그리고 기업들은—비정부 조직(NGO)도 아니고, 노동조합은 더더욱 아닌—이미 준비된 답을 가지고 화면에 나타나고 있다.

이러한 것들 중 하나가 정보 소비자들을 위한 '인기목록(hot lists)'을 준비하는 것이다. 넷스케이프사의 경우, 자사의 홈페이지에 접속하는 수천 명의 웹 이용자들을 위해 '새로운 사이트?'와 '괜찮은 사이트?'들의 목록을 준비했다—그러나 그 중에 노동 사이트는 하나도 없다. 이는 야후 같은 다른 인기있는 웹사이트들도 마찬가지여서 사용자들이 정보를 찾으려면 기업의 웹사이트를 찾아가야 한다.

적은 비용과 소형 컴퓨터들을 가지고 운영하는 사이트들은, 웹을 이용하는 사람들의 숫자가 해마다 증가함에 따라 정보를 요구하는 사람들에게, 시스템의 과부하로 정보를 제공할 수 없다는 메시지만을 보낼 수밖에 없다. 반면, 거대 기업의 사이트들은 사업을 위해 언제나 열려 있을 것이다. 모든 웹 사이트들이 어느 정도 평등하다는 생각은 환상이며, 오늘날 기업 지배하의 문화에서 노동관련 언론매체들이 생존을 위한 투쟁을 벌이듯이, 노동 웹사이트들도 생존을 위한 싸움을 해야만 할 것이다.

전자개척지에 버티고 서있는 빅브라더

몇 년 전, 하워드 라인골드(Howard Rheingold. 『가상공동체: 전자개척지에 입주하기』의 저자) 같은 사람들은 인터넷이 정보에 대한 기업 독점을 어떻게 날려버릴 것인지에 대해 낙관적인 기대에 들떠 있었다. 모든 사람들이 인터넷에 자기 출판사를 가질 수 있고, 모든 사람들이 뉴스 그룹과 메일링리스트에 자신이 원하는 것은 무엇이든 쓸 수 있을 터였다. 자유로운 발언이 모든 곳에서 만발하고 있었고, 어떤 것도 이를 멈출 수는 없었다. '당신은 그것을 통제할 수 없다. 그것은 통제불가능한 것이다'라고 『디지털이다(*Being Digital*)』의 저자인 메사추세츠 공과대학(MIT)의 니콜라스 네그로폰테(Nicholas Negroponte)는 말했다.

그러나 그것은 엑슨(Exon) 법안이 나오고, 컴퓨서브가 약 200개의 뉴스그룹을 폐쇄하기로 결정하기 전의 일이었다. 이는 ≪타임≫이 '사이버포르노'에 대한 공포스러운 표지기사를 다루기 전이었고, 중국 같은 몇몇 독재적인 정부가 인터넷에서의 자유로운 정보 흐름에 대해 위협적으로 목소리를 높이기 전의 일이었다(중국의 새로운 규제조항은 사용자들이 '공공질서를 교란시킬지도 모르는 정보를 생산, 검색, 복제 혹은 배포하는 것을 금한다'. 노동조합의 간행물도 이에 포함되다는 것은 미루어 짐작할 수 있다).

현재로서는 주로 음란물 뉴스그룹에 관심이 집중되어 있는 것이 사실이지만, 컴퓨서브의 조치는 단지 이들 뉴스그룹에 대한 접근을 막는 것에 그치지 않는다. 대규모 컴퓨터통신 사업자들이 금지시키기로 결정한 뉴스그룹들 중에는 동성애 인권과 에이즈에 관한 것들도 포함되어 있었다.

인터넷을 검열하려는 이런 최초의 시도들보다 더 위협적인 것은 현재 검열을 가능케 하는 기술적·정치적 변화들이다. 프로그래머들은 아이들이 음란한 사진과 공격적인 언사들을 화면에서 볼 수 없게 만드는 '여과' 프로그램을 개발해내는 데 밤낮으로 여념이 없다. 예를 들어, 프로그램에 단지 '섹스(sex)'라는 단어가 들어간 사이트를 봉쇄하라고 지시만 하면,

어린 꼬마들은 ≪플레이보이≫ 웹 사이트에 접근할 수 없게 되는 것이다.

그러나 똑같은 기술이 정부에 의해서도 쓰여져, '노동'이나 '자유'와 같은 낱말들도 걸러낼 수 있다. (아마도 지구상에서 가장 반노동자적인 체제일) 중국 정부가 음란물 관련 뉴스그룹을 금지하는 컴퓨서브의 결정을 세계에서 가장 먼저 반긴 것은 우연이 아니다. 베이징의 독재자들은 분명 이 모든 것 안에 숨겨진 잠재력을 본 것이다.

오늘날 노동운동은 전 세계에서 노동조합권리와 인권을 보호하고 확대하려는 투쟁을 벌이고 있다. 노동조합이 자신들에게 유리하게 인터넷을 활용할 수 있으려면, 억압적인 체제를 포함한 모든 나라들 간의 정보흐름이 지속적으로 원활하게 이루어질 수 있어야 한다.

자유롭고 열린 인터넷을 위해 밤낮없이 일하는 단체들이 있다. 그 중 가장 으뜸가는 것은 아마도 전자전위재단(Electronic Frontier Foundation)일 것이다. 이 단체들은 우익 정치가들이 음란물의 이용가능성을 쥐어잡고 있는 상황에서 제멋대로이고 다루기 힘든 인터넷을 통제하기 위해 지는 싸움을 하고 있는 것처럼 보이기도 한다.

만약 이 싸움에서 진다면 가장 큰 피해를 보는 사람은 노동자이기 때문에 노동운동은 이같은 사태를 피하기 위해 자유주의적 시민운동단체들과 연대해 치열하게 싸움을 벌여야 한다. 하지만 현실은 그렇지 못하다. 인터넷을 이용하는 노조활동가들마저도 검열이라는 사안에 대해 거의 들은 바가 없고 노동 웹사이트들도 거의 이 문제를 언급하지 않는다. 인터넷이 10억 인구를 포괄할 정도로 성장하였지만, 그 내용이 완전히 정부와 기업에 의해 통제당하는 것이라면, 그야말로 비극이지 않을까?

목록은 계속된다

인터넷이 대중적인 조직들에게 진짜로 유용하게 쓰이려면, 그것이 '결정적 다수'를 확보해야 한다는 것을 우리는 알고 있다. 그리고 이것은 이미 일어나기 시작했다. 인터넷이 노동운동에 유용되기 위해서는 후발국에 컴퓨터통신 시설이 갖추어져야 하다는 점도 이미 지적한 바 있다. 이 역시 우리가 바랬던 것보다는 느리지만 어쨌든 진행중이다. 인터넷의 영어

지배 문제를 논의한 바 있는데, 유럽이 점차 인터넷에 연결되면서 이 문제도 해결의 실마리를 잡고 있다. 이외에도 온라인상에서 양질의 자료를 얻는 데 있어서의 어려움, 월드와이드웹에 대한 기업 장악력의 증대, 그리고 검열에 대항하는 싸움 등의 문제를 이야기했다. 이는 문제의 시작에 불과하다. 하지만 그것도 어려운 문제들이기 때문에, 여기서는 몇 가지 추가적인 문제들과 가능한 해결책들만을 던져보도록 하겠다.

- '지원과 교육'의 결여는 노동네트워크의 선구자들 모두가 지적해왔다. 전자우편과 웹 사용법을 가르쳐 본 모든 사람들은 이것이 얼마나 큰 문제인지를 이해한다. 그러나 두 가지 발전이 이러한 문제를 해결하고 있다. 하나는 소프트웨어 사용이 점점 더 쉬워진다는 것이고, 다른 하나는 노동조합과 그들의 동맹자들이 교육에 대해 강조하고 있다는 사실이다. 우리는 캐나다의 솔리넷과 남아공의 상고넷에서 이러한 예를 뚜렷이 볼 수 있지만, 아마도 가장 좋은 예는 영국의 노동정보통신센터일 것이다.
- 과거에 종종 지적되었던 또 하나의 문제는 노동운동에서 일반적으로 보여지는 '기술변화에 대한 거부감'이었다. 약간의 돈을 투자해 모뎀을 구입하도록 노동조합 집행위원회를 오랜 시간을 들여 설득했다는 이야기는 많이 있다. 이 문제는 대중매체에서 벌이는 인터넷에 관한 대대적인 캠페인이 노동조합 지부간부들에게까지 확산됨에 따라, 저절로 해결되고 있다. 오늘날 모든 이들이 인터넷에 관해 듣고 있고, 많은 사람들이 특별한 이유 없이 인터넷에 접속하고 싶어한다. 그렇다 하더라도, 컴퓨터 통신에 접속하도록 노조활동가들을 오랫동안 설득했던 몇 안되는 꿋꿋한 사람들의 영웅적인 노력은 아무리 강조해도 지나치지 않을 것이다.
- 몇 년 전에 몇몇 사람들이 정보화 시대에 필수적인 '노동조합 기술전문가들의 새로운 계급'이 등장할 가능성에 대해 우려를 표시한 적이 있다. 내 생각에 이러한 위험은 월드와이드웹 같은 대중적인 도구들이 등장하면서 대부분 사라졌다. 이제 사람들은 웹을 사용하기 위

해 로켓 과학자가 될 필요는 없다. 10년 전 사람들은, 팝텔 창립자가 시험해봤던 유럽 우주국의 전자우편 프로그램을 사용하기 위해 실제로 그래야 했지만.

- 범지구적 노동네트워크를 만들기 위한 '단체들 간의 경쟁'이, 좌파들이나 노동운동의 내분만큼이 고약하고 치명적인 것은 아니었지만, 손해를 낳은 것은 사실이다. 이런 다툼이 바깥 사람들에게는 종종―아마도 내부사람들에게도―사소하게 비칠지도 모른다. 진보통신연합과 팝텔의 전쟁에 참전했던 몇몇 사람들은 이 다툼의 핵심을 이해할지도 모르나, 대부분의 노조활동가들은 이를 이해하지도 못하고, 전혀 관심도 없다. 다행히도 전장 멀리 있는 남아공이나 캐나다와 같은 곳의 노동운동 활동가들은 성원들에게 양쪽 네트워크 모두를 이용하도록 함으로써 그런 식의 갈등을 피해갔다.

내가 간과한 훨씬 더많은 장애물과 어려움들이 더 있는가? 물론 그렇다. 그러나 나는 이들의 중요성을 과소평가하지 않으며, 노조운동가들이 이 모든 것의 해결책을 찾을 것이라고 생각한다. 범지구적 노동네트워크를 가로막는 장애물들은 하나씩하나씩 무너지고 있다. 이제 다음에 어떤 일이 전개될지 논의해 보자.

다음에는 무엇이 오는가

네트워크에 관여하는 몇몇 노조활동가들은, 서로 다른 나라의 노동대중이 견해를 교환하고 정보를 공유하면서 새로운 방법으로 함께 일할 수 있는 미래를 떠올리며, 다음 단계에 대한 그들의 전망을 이야기해왔다.

나는 여기에서 모든 예언과 예언자들에 대해 검토할 수는 없을 것이다. 사실 인터넷에 관해 이야기할 만한 사람은 모두 미래에 대해 무엇이든 할 말이 있다. 나는 최근 몇 년 동안 통찰력있는 노동운동가들이 말해온 몇 가지 것에 대해서만 이야기할 것이다.

온라인 기업평의회

1992년, 짐 캐터슨은 맨체스터에서 열린 노동 정보통신에 관한 최초의 국제 회의에서 연설했다. 당시 그는 화학노동자들의 국제노련인 국제화학노련에서의 10년 활동을 막 끝마친 상태였다. 우리는 그가 칩 레빈슨― 1972년에 범지구적 노동네트워크의 가능성을 제기했던 바로 그 레빈슨― 과 같은 노동조합 출신이라는 것을 기억해야만 한다. 레빈슨은 '기업평의회'의 제안자이기도 한데, 캐터슨이 그의 제안을 요약한 바와 같이, 국제적인 수준으로 성공적인 협상을 하기 위해서는 '노동자들도 기업과 같은 수준에서 조직되어야'만 하고 이를 위해서는 '각국의 노동조합 대표들로 구성된 세계 기업평의회가 설립'되어야 한다.

이러한 생각은 1950년대에 처음으로 제기되었고, 1970년대에 이르러 다른 국제산별노련의 지도부뿐 아니라, 국제화학노련의 지도부도 이러한 구상을 강하게 밀고 나갔다. 그러나 그 시도는 실패했다. 국제노동운동은 초국적기업들에 필적할 만한 어떠한 구조도 만들어내지 못했다. 이유는 무엇일까? 캐터슨에 따르면, 문제는 '자금의 부족'이었다. "현실적으로 세계 기업평의회라는 프로그램을 실행에 옮기기 위해서는, 단순히 초기의 생각을 공유하는 것보다는 정책을 발전시킬 수 있도록 자주 만나는 것이 중요했다. 그러나 그러기 위해서는 가까운 장래에 국제산별노련들이 현실적으로 확보할 수 있는 수준 이상의 자금이 필요했다." 그러나 인터넷은 그 모든 것을 변화시킬 수 있었다.

캐터슨은 1992년 회의에서 발표를 마치면서, 결정적 다수에 도달하게 되면, 가상 온라인 기업평의회가 만들어질 수 있을 것이라고 주장했다. "회의의 목적이 단지 정보를 공유하는 것이라면, 전자우편은 직접 얼굴을 맞대고 하는 회의의 필요성을 별로 느끼지 못하게 한다."라고 그는 말했다. '엄청난 여행경비와 통역 비용이 들어가는' 회의는 특별하게 예민한 주제를 다루거나, 정책을 개발할 때만 열릴 것이다.

이러한 목적을 위해 국제화학노련은 이미 인터넷에 각 기업별 게시판을 만드는 것을 고려하고 있었다. 국제화학노련은 몇 달마다 그 곳에 회사의 재정 상황과 투자여부 결정에 관해 간략한 보고를 올린다. 이러한 정보는 국제화학노련이 이미 사용중인 상용 데이터베이스에서 주로 얻은 것이다. 캐터슨에게는 머리 속에 그려놓은 상이 있었다. 즉, 다국적 회사와 협상하는 개별 노동조합들이 통신망들을 통해 정보에 얻고, 자신의 정보를 올리며, 분쟁 발생에 관해 다른 이들에게 알리고, 필요한 연대행동을 요청하는 것이다. 가령 개별 노동조합들은 통신상으로 다른 국제화학노련 산하 노동조합에게 계약 조항들에 관해 물어 볼 수도 있는 것이다. 국제산별노련 사무국은 번역 서비스를 제공하면서 각각의 활동들을 조정할 수 있다. 각 회사별 게시판을 만드는 것부터 시작한 이러한 활동의 결과는 초국적기업 하나하나에 맞서는 '진정한 세계 노동조합평의회가 상설적으로 완벽히 기능하는 것'이 될 것이다. 물론 직접 얼굴을 맞대고 하는 회의도 여전히 존속할 것이나 이것은 정책개발과 결정과정에 초점을 두고 열릴 것이다.

국제노동자대학

솔리넷의 창시자인 마르크 벨랑제는 1995년 중반 인터넷에 글 하나를 올렸다. 간결한 이 글의 요점은 분명했다. '나는 국제노동자대학에서 강좌들을 열 수 있게 되는 날을 꿈꾼다.' 그러한 대학—모든 사람들은 곧 이를 'ILU'라고 부르게 되었다—은 '전자우편이나 인터넷 뉴스그룹을 통해 수업을 할 것'이고 '세계 전역으로부터 강사를 채용'하게 될 것이었다. 벨랑제는 그러한 계획을 진전시키기 위해 필요한 첫번째 과제는 "가르치고자 하는 의지를 가진 강사(처음에는 무료료)와 인증할 만한 단체"를 찾는 것이 될 거라고 주장했다. 벨랑제는 그 사업을 조직하는데는 몇 년이 걸리겠지만, "지금 우리가 시작하지 않으면 결코 이루어지지 않을 것"이라고 했다.

그 제안은 즉각적인 반응을 불러 일으켰다. 이것은 최초의, 그리고 여전히 가장 중요한 전국적 규모의 노동네트워크를 창시한 사람의 생각이었을 뿐만 아니라, 벨랑제가 이미 러시아, 오스트레일리아, 캐나다의 노조 활동가들이 참가하는 초국적인 노동조합 강좌를 통신공간에 만들었기 때문이다. 미국, 캐나다, 영국, 러시아, 네덜란드와 노르웨이의 노조활동가들과 노동연구자들 모두가 이에 대한 관심을 표명했다. 벨랑제의 제안에 대해 상세히 언급한 사람들 중에는 책을 읽고 있는 독자들에게 이미 그 이름이 친숙할 피터 워터만, 잭디쉬 패릭, 바실리 발록 그리고 그레고리 코인 등의 사람들이 있다. 논의는 아래와 같은 여섯 가지 문제에 초점이 맞춰졌다.

- 기존 조직들과의 협력
- (학점, 졸업 등의―역자) 인정
- 교육과정
- 언어
- 전달체계
- 기금조성

벨랑제가 요약했다시피, 많은 사람들은 국제자유노련과 노동자교육협회국제연맹 등과 같은 기존의 국제적·전국적 노동조직들과 함께 일하는 것이 필요하다고 언급했다. 벨랑제는 이런 조직들과의 공식화된 협력적 결합을 선호했다. 그러나 "이러한 조직들은 인원과 자금 부족상태에 있다. 전부는 아니지만 많은 사람들이 이제는 컴퓨터통신 등을 통해 메시지를 전달하는 가능성에 대해 생각하기 시작했다. 우리가 단순히 기존의 노동조직체들과 공식적인 관계를 가질 수 없다고 해서, 국제노동자대학(ILU)의 발전이 방해받아서는 안된다. 그러한 공식적인 연계는 때가 되면 발전할 수 있을 것이다"라고 그는 덧붙였다.

교육과정의 문제는 세 가지의 기본적인 문제들을 중심으로 제기되었다. 즉, 국제노동자대학이 학술적인 기관이어야 하는가 아니면 실용적인 지식을 전수하는 기관이어야 하는가? 강좌에서는 오직 국제적인 문제에 관한 것만 가르쳐야 하는가? 또 어떤 종류의 강좌를 개설할 것인가? 벨랑제는 국제노동자대학을 학술적 연구와 실용적 지식전달 모두를 포괄할 수 있는 교육기관으로 보았다. 그러나 결국 그는 국제노동자대학을 (어떤 식으로든) 학위나 최소한 수료증서를 주는 학술기관으로서 봐야 한다고 생각했다(실용적인 지식전달로서 벨랑제가 생각한 것은 '고충처리'나 '동의안 협상' 같은 강좌였다). 국제노동자대학이 얼마나 학술적 혹은 실용적 지식을 전달하는 기관이어야 하는가에 대한 판단 기준은 수강생들이 결정해야 하고 그러한 대학의 학생들은 노조활동가나 노동자여야 한다. 만약 그럴 경우, 실용적인 지식전달과정과 학술적 교과과정의 혼합이 적당한 것일지도 모른다.

국제노동자대학은 국제적인 주제들뿐만 아니라 일국적인 것들도 교육해야 하는가? 예를 들어, 국제노동자대학이 영국의 노사관계에 대해 가르칠 것인가? 그렇지 않으면 국제노사관계 비교와 같은 교과과정으로 가르치는 것이 더 적절할 것인가? 벨랑제는 오직 한 나라에 대해서만 가르치는 것은 위험 요소가 있을 것이라고 생각했다. 그러나 학생들에게는 다른 나라의 제도를 공부하기 전에 자기 나라의 노사관계 제도에 대한 기초지식이 필요할 것이다. 또 학생들은 특정한 나라의 노동에 대해 더 상세하게 가르쳐주는 교육과정을 수강하는 것에 흥미를 가질지도 모른다. 이제 껏 논의되었던 교육과정을 정리해 보면 다음과 같다.

- 국제노동운동
- 공공서비스의 민영화
- 노동의 역사
- 노동법
- 노동과 기술
- 노자관계 비교
- 노동과 경제
- 공공부문 노동조합
- 노동운동의 이론
- 노조활동가들을 위한 보건과 산업안전
- 노동조합 사무
- 고충처리제도의 향상
- 단체협상

- 노동조합 지도력
- 조합업무에서 컴퓨터의 활용
- 미조직 노동자의 조직화

벨랑제는 국제노동자대학이 기존 대학과 연계해서 학위나 수료증서를 수여할 수 있도록 하는 것이 중요하다고 생각했다. 그러한 공식적 연결이 없다면 국제노동자대학 학생들은 금전적인 지원을 받거나 휴가를 받을 수 없을 것이기 때문이다. 그리고 그들이 공식적으로 인정되는 목표를 향해 공부한다는 생각을 하지 못한다면, 학생들은 전체 교육 과정에 전념하지 않을 것이다. 그러나 이것이 반드시 학위를 인정하는 대학의 관료적인 조직이 필요하다는 것을 뜻하지는 않는다. 벨랑제는 국제노동자대학이 실제로 학과과목을 가르치는 것이 아니라, 학점이나 졸업을 인정하고 승인하는 기관으로서 기능하는(원래 그레고리 코인이 제안한) 방안을 고려해보자고 제안했다.

벨랑제는 어떠한 경우에도 국제노동자대학이 최소한 영어, 프랑스어, 스페인어로 교육을 제공(혹은 교육을 승인)하는 다언어적 기관이 되어야 함을 강조했다. 국제노동자대학이 인정기관이 된다면, 여러 나라에서 강사를 초빙할 수 있는지에 달려 있긴 하지만, 많은 다른 언어로 강좌를 여는 것이 가능할 것이다. 벨랑제는 덧붙였다. "국제노동자대학이 오로지 선진국들에서 개발도상국으로 지식을 전달하는 기관으로만 발전한다면, 우리는 우리의 목표로부터 이탈하게 될 것이다. 우리는 모든 참여자가 서로 배우는 다국적 기관으로 발전시키는 것을 목표로 삼아야 한다."

벨랑제는 국제노동자대학을 시작하는 데 도움이 되기 위해 토론게시판, 웹사이트, 고퍼와 텔넷 접속을 포함한 솔리넷 서비스를 제공하였다.

그러나 기금조성의 문제가 여전히 풀리지 않은 채로 남아 있다. '처음에는 우리가 현재 가진 자원들을 활용해서 하나의 시스템을 만들 수 있을지도 모른다. 그러나 우리는 결국 국제노동자대학이 성공하기 위해서는 전달체계, 강사임금, 그리고 강좌개발이 필요하다는 사실과 직면할 것이다.'

지금도 이 제안에 대한 토론은 계속되고 있으며 최근에는 노동자교육협회국제연맹 집행위원회 회의의 의제로 나오기까지 했다. 국제노동자대학의 원형('웹상의 솔리넷'라고 임시로 불리는)은 1996년 말과 1997년 초 사이에 출범하기로 계획되었다. 벨랑제는 웹 토론게시판을 운영하고, 캐나다, 미국, 러시아, 이스라엘 그리고 다른 나라들의 강사들을 접촉하기 시작하면서 이 일을 주도하고 있다. 이 계획이 만개한 온라인 노동자대학의 창조로 이어질지는 지켜볼 일이다.

세 가지 미친 생각

가상 기업평의회와 온라인 국제노동자대학은 나름대로 근거있는 생각이다. 가까운 미래에 그것들이 실현되리라는 것을 나는 의심치 않는다. 그러나 나는 아득히 먼 세 가지 생각들로 이 책을 끝맺고 싶다. 아무도 당황하게 만들고 싶지 않기 때문에, 내 생각으로 몇 가지를 주장할 것이다.

온라인 국제노동언론

대부분의 나라들에서 전국적 수준의 노동언론은 사라졌다. 1981년, 내가 이스라엘에 살려고 왔을 때, 전국 규모의 노동운동 일간신문이 두 개 있었다. 하나는 전국노총(Histadrut)의 것이었고, 또 다른 하나는 이스라엘내 두 개의 민주사회주의정당 중 하나인 통합노동당(Mapam)에서 발간하는 것이었다. 그러나 해를 거듭하면서 두 신문은 모두 판매부수 저하와 적자 증가라는 문제에 직면했고, 두 신문을 통합하자는 제안을 비롯하여 어쨌든 이들 신문을 살리자는 제안들이 나오게 되었다. 그러나 1996년 결국 두 신문 모두 문을 닫았다.

미국에선 전국적인 노동일간지가 성공한 적이 없고, 노조운동가들은 노동조합에 대한 대중매체의 왜곡을 상당히 느끼고 있었다. 의류직물노련의 통신부장인 조-앤 모트(Jo-Ann Mort)는 미국의 노동언론에 관한 최근의 책에서 전국 노동일간지를 만들 것을 제안했다. 그녀는 몇 장에 걸쳐 그러한 신문이 무엇을 할 수 있는지, 그것이 어떤 공백을 메우게 될 것인지를 상세히 설명했다. 그러나 어떤 노동조합이나 노동조합 연맹들도 지금까지 그러한 생각을 실행에 옮기지 않았고, 그렇게 할 것 같이 보이지도 않는다.

노동운동과 마찬가지로 최근까지 노동언론이 활발했던 스칸디나비아에서조차도, 노동조합이 지원하는 신문들은 소멸하고 있다. 덴마크의 사회민주당원들은, 이스라엘의 좌파들이 현재 소멸한 노동일간지들을 방어하기 위해 주장했던 것과 같은 맥락으로, 전국 노동일간지를 옹호하고 있다. 그 신문의 판매부수가 적고 그나마도 점점 감소하는 추세에 있지만, 그것이 가진 영향력은 당의 지도부를 뛰어넘는 것이라고 그들은 말한다.

국제노동언론도 마찬가지로 열악한 상황에 있다. 국제자유노련은 매달 ≪자유노동세계≫라는 작은 신문을 발간한다. 이 신문은 여러 나라 말로 발간되며 많은 나라의 노조 간부들이 읽는다. 국제산별노련 사무국들도 그들의 예산에 맞는 소식지를 발간한다. 그러나 식품 노동자들의 국제산별노련이 매달 발간하기로 되어 있는 ≪뉴스 게시판≫은 최근 1년 동안 4번밖에 나오지 않았다.

이러한 상황에서 노동언론이 자본주의적인 대중매체들과 경쟁할 수 있는 길은 없다. 그러나 인터넷은 한 가지 돌파구를 제공하는데, 그것은 통신공간을 통해 일간 노동뉴스 서비스나 신문을 만드는 것이다. 온라인 서비스와 신문이라는 두 가지 개념 사이에는 더 이상 어떠한 차이점도 없다. 그러한 일간 신문은 인터넷이 광범위하게 이용되지 않는 나라들에 대해서 뉴스를 제공하는 기능을 하게 될 것이다. 즉, 신문에 실린 기사들은 다시 타자로 칠 필요 없이 각 지역의 간행물들에서 사용할 수 있는 것이다. '일간'이라는 개념도 적절하지 못하다. 즉, 내가 읽는 인터넷 신문들은 하루에 한 번만이 아니라 끊임없이 갱신된다. 따라서 내가 제안하는 것은 온라인상에서 끊임없이 갱신되는 노동뉴스 서비스이고, 그 형태는 여러 면으로 된 월드와이드 웹페이지가 될 것이다.

이러한 서비스는 국제자유노련이 국제산별노련들과 함께 만들어야 한다. 그들만이 세계 각지로부터 들어오는 여러 언어권의 노동 뉴스들을 정리해서 발간할 수 있는 기술과 지식을 보유하고 있기 때문이다. 다언어주의의 중요성을 강조해야 하며 이러한 뉴스 서비스는 주요 유럽언어들뿐만 아니라, 중국어, 일본어, 한국어, 아랍어 그리고 그밖에 다른 언어들로도 발간되어야 한다. 만약 종이, 인쇄, 조판, 우편 발송 등에 대한 지출 없이 모든 비용이 '전적으로' 글쓰기와 번역에만 들어간다면, 그 비용은 국제자유노련과 국제산별노련들이 발행하는 현재의 인쇄물에 들어가는 것보다 더 적게 들 것이다.

그러한 범지구적 노동뉴스 서비스의 효과는 무엇일까? 일간 노동언론은 독자들 사이에서 사고와 정서의 '공동체'를 형성시킨다. 이는 국제 노동조합운동이 조직을 만들기 위해 행했던 여러 방법 중 가장 좋은 것이 될 것이며 그렇기 때문에 지체없이 시작해야만 한다.

사실 일간 온라인신문은 앞으로 이루어질 일들의 시작에 불과하다. 최근의 기술발전은 정말로 놀랍다―인터넷에서의 '흐르는 멀티미디어'2)와 같이. 이러한 응용프로그램들은 기본적으로 인터넷을 실시간으로 전 지구에 전송되는, 완벽한 라디오, 텔레비전 방송매체로 변모시켰고, 게다가 쌍방향성까지 구비하도록 만들었다.

그래서 나는 그다지 빠르지 않은 모뎀, 두 개의 저렴한 스피커와 사운드 카드가 장착된 보통의 가정용 컴퓨터를 이용해서, 세계 각지의 몇몇 지역 라디오방송들을 들을 수 있었다. 리얼오디오와 같은 기술을 사용하면(인코더3)와 클라이언트 프로그램4)은 무료이다), 한때 불가능한 꿈이었던 것, 즉 전 세계적으로 방송되는 노동라디오 네트워크를 굉장히 쉽게 시작할 수 있을 것이다.

이런 종류의 기술을 활용한다면, 노동운동은 값비싼 방송장비도, '방송'하기 위한 정부의 허가도 필요없다. 세계 어느 곳에서든지 노조원들은 그런 방송을 들을 수 있고, 인터넷 이용이 비싼 곳에서는 기존의 지역 라디오방송국을 활용하여 복사, 재방송할 수 있다. 그러한 방송(broadcast)은

---

2) streaming multimedia; 연속적으로, 마치 흐르듯이 멀티미디어 정보가 전송되는 기술.
3) encoder 프로그램; 소리를 리얼오디오 방식의 파일로 저장하는 프로그램.
4) client 프로그램; 리얼오디오 방식의 소리파일을 실시간으로 들을 수 있도록 해주는 프로그램.

(엄밀히 말하면 내로우캐스트5))가 더 좋은 표현이다) 일반 라디오보다 검열하거나 전파를 방해하기가 훨씬 더 어렵다.

오늘날 VDO라이브6)와 같이 발전된 인터넷 기술들은 생방송 텔레비전 방송의 전망을 보여 준다(물론 느린 모뎀으로는 작동하지 않지만). 또 저렴한 컬러 디지털 비디오카메라(현재 28,800bps 모뎀 정도의 가격이다)의 출현으로 온라인 노동 텔레비전 방송은 이제 시간문제다. 노동조합운동을 위한 이러한 기술들의 가능성은 정말로 경이로운 것이다.

온라인 문서보관소, 토론그룹, 저널

인터내셔널의 '황금시대'였던 1차 세계대전 이전을 돌이켜보면, 독일사회민주당(SPD)은 전 세계 운동의 기함이었다. 당내에서 벌어졌던 논쟁들—예를 들어, 개혁이냐 혁명이냐라는 문제에 대한 베른슈타인(Eduard Bernstein)과 로자 룩셈부르크(Rosa Luxemburg) 간의 논쟁—은 전 세계에 파장을 미쳤다. 이론적 경향의 당 출판물인 《신시대(*Die Neue Zeit*)》는 독일사민당의 대표적 이론가였던 칼 카우츠키(Karl Kautsky)가 직접 발행하였다. 사민당의 출판물들은 독일뿐 아니라 다른 모든 곳의 사회민주주의자들도 읽었다. 거기에 게재된 글들과 사민당 출판부에서 출판된 책, 소책자들은 모든 나라 말로 번역되곤 했다.

그후로 그 정도의 영향력을 가진 국제 간행물은 하나도 없었다. 그러나 노동운동은 노동세계, 세계경제 그리고 정치에서의 극적인 변화와 더불어 21세기로 진입하게 되었고, 세계의 변화를 좀더 심도깊고 진지하게 고찰해야 할 필요가 그 어느 때보다 절실하게 느끼게 되었다. 내가 1977년에 《신국제평론》을 발간하기 시작했을 때, 나는 그것이 그런 역할을 할 수 있지 않을까 하는 기대를 가졌었다. 그러나 판매부수가 너무 적고 편집자가 너무 경험이 없어서, 그러한 기대는 꺾이고 말았다.

---

5) 보통 '방송'을 뜻하는 영어단어인 'broadcast'는 넓다는 뜻의 'broad'와 전파를 보낸다는 뜻의 'cast'가 합쳐진 말이다. 이에 비해 'narrowcast'란 공중파방송과 같이 폭넓은 지역을 대상으로 하는 것이 아니라, 소수의 한정된 시청층을 대상으로 전파를 보내는 방식의 방송을 총칭하는 개념이다.
6) VDOLive; 인터넷을 통한 실시간 화면전송기술의 일종.

인터넷은 민주적 사회주의자의 세계관을 형성하는 데 기여할 새로운 성과물들을 저렴하게 발간하는 것뿐만 아니라, 문서보관소에서 썩게 될지도 모르는 글들을 재인쇄하는 것도 가능하게 한다. 이러한 일은 세계의 일부 지역에서 이미 진행중이다. 예를 들어 오스트레일리아의 시드니 대학과 뉴 사우스 웨일즈 주립도서관은 1840년부터 45년 사이에 발간된 약 75종의 출판물들을 필름과 디지털로 옮겨서 인터넷으로 볼 수 있도록 하는 프로젝트에 50만 달러를 투자하고 있다. ≪시드니 모닝 헤럴드(*Sydney Morning Herald*)≫의 기사에 따르면, '1차적인 목적은 이러한 자료들에 대한 접근이 극도로 제한되어 있는… 연구자들의 필요를 충족시키기 위함이지만, 사회·경제·가족의 역사를 연구하는 사람들도 관심을 가지리라 기대된다.' 이는 초기의 사회주의나 노동관련 출판물에 대해서도 마찬가지로 적용될 것이고, 이를 필요로 하는 잠재적인 독자들은 단지 역사가들에 국한되지 않을 것이다.

우리는 원래의 글(original article)과 그것에 대한 반응들(이 중 일부는 웹사이트 안에 있는 토론그룹들에서 제기될 수 있다)을 모아 출판하는 현재의 저널들만을 생각해서는 안된다. 우리는 지난 세기에 걸쳐 노동운동과 사회민주주의운동들이 발간한 많은 수의 중요한 책들과 저널, 소책자를 디지털화하고 웹을 통해 볼 수 있도록 하는 작업을 시작해야 한다.

이것이 어떤 '실용적' 쓰임새를 가질 수 있는가? 하나의 사례를 제시하겠다. 1993년에 우리는 노동자교육협회국제연맹에서 발행하는 ≪노동자교육≫이라는 잡지의 한 호 전체를 노동절이라는 주제로 채울 것을 결정했다. 연맹의 집행위원회에서는 이에 대한 논쟁이 있었고, 이에 전면적으로 반대하는 목소리가 제기되었다. 그러나 대다수는 노동절의 의미와 기원, 그리고 노동절이 어떻게 기념되고 그것의 미래는 어떠할지 등에 대해 토론하는 것이 중요하다는 데 인식을 같이했다. 노동절은 오늘날까지 노동운동의 아주 강력한 상징들 중 하나이고, 때문에 우리는 가능한 가장 좋은 자료를 발간하고자 하였다.

인터넷을 이용해서 우리는 노동절에 대한 책과 소책자들의 목록을 만들 수 있었고, 거기에는 오랫동안 인쇄되지 않았던 자료도 포함되어 있었다. 불행하게도 노동절에 대한 기록 자료는 온라인상에서는 볼 수 없었다. 이 호는 발간된 후 많은 나라들의 노조활동가들이 실질적으로 이용하는 효과를 낳았다. 노동운동이 현재 몇 년 동안 치명적인 탄압하에 있는 뉴질랜드에서는 전국노조평의회가 ≪노동자교육≫의 노동절 부분과 자체 내용을 추가해서 다시 찍어냈다. 뉴욕시에서는 한 좌파 잡지가 사설을 옮겨 실었다. 필리핀에서도 그 호의 일부분을 재인쇄했다. 노동운동의 과거와 전통을 다룬 정보에 대한 목마름이 존재했고, 지금도 존재하고 있는 것이다.

따라서 우리에게 필요한 것은 ≪신시대≫와 같은 학술저널뿐 아니라, (원래의 글들이 게재될 수 있는) '저널', (오래된 자료들을 디지털 형태로 볼 수 있는) '문서보관서(archive)', 그리고 (독자들이 쉽게 견해를 밝히고 질문을 던질 수 있는) '토론그룹'을 한데 묶은 형태의 것이다. 이러한 기획은 월드와이드웹을 통해서 실현될 수 있다.

누가 이러한 과제를 맡아야 하는가? 이 답은 그리 간단하지 않다. 아마도 사회주의 인터내셔널의 도서관과 문서보관소 역할을 하고 있는 네덜란드의 국제사회사연구소(International Institute of Social History)가 중요한 역할을 해야 할 것이고 노동자교육협회국제연맹도 그 역할을 해야 한다. 이미 많은 자료들을 발간, 재발간해왔던 프리드리히 에버트 재단(Friedrich Ebert Stiftung; FES)과 칼 렌너 협회(Karl Renner Institut) 같은 기관들도 참여해야 한다. 그러나 노동운동의 문서보관소, 도서관, 연구소, 노동 박물관, 학술저널들 모두가 한 역할을 해야 한다.

이 작업을 시작한 것은 독일의 프리드리히 에버트 재단이었다. 내가 그들의 웹 사이트에 들어가, '도서관'을 마우스로 눌렀을 때, 처음에는 실망했다. 제공되고 있는 것은 노동조합과 사회민주주의 관련자료들을 보유하고 있는 재단의 거대한 도서관을 묘사한 단 한 문단뿐이었다. 카드로 정리된 자료목록은 이곳에 없었다.

그러나, '지금은' 이 재단의 굉장한 도서관에 대한 온라인 목록을 통신에서 볼 수 있다—독일어 메뉴이긴 하지만. 나는 내가 흥미를 느끼는 주제—1918년에서 1921년까지 그루지아(Georgia)에 있었던 사회민주주의 공화국에 관한—를 가지고 시험해보기로 했다. 내가 '게오르기(georgie. 그루지아의 독일어식 표기—역자)'를 입력하자, 프로그램은 즉각 그 주제에 대한 책 전부를 찾아냈다. 이것은 자신의 문서보관소나 도서관을 인터넷을 통해 모두에게 무료로 제공한, 최초의 중요한 사회민주주의 연구소이다.

5월 1일 노동절이 다가오던 어느 날, 노조 지부, 사회민주주의정당 내 어떤 부서, 또는 노동교육단체가 노동절에 관한 자료를 찾는 것을 나는 상상할 수 있다. 그들은 웹사이트에 들어가서 많은 관련문서, 그림이나 사진, 그리고 소리파일들을 찾을 수 있을 것이며, 이를 통해 노동자들이 의미있는 이 날을 더욱 풍성하게 기념할 수 있게 할 것이다.

노동조합의 권리에 대한 조기경보네트워크

노동조합의 권리가 세계 곳곳에서 공격받고 있다. 이 사실이 현존하는 공산주의 사회들(특히 중국)에도 해당되고, 전통적 우파 권위주의 체제들에서 마찬가지이며, 몇몇 서구 민주주의 체제에서조차도 그렇다는 것은 놀라운 일이다. 예를 들어 현재 뉴질랜드에서는 몇 가지 노동조합의 기본적인 권리들이 부정되고 있다.

국제 노동단체들은 종종 권리의 침해에 관한 소식을 듣고, 팩스와 전화를 통해 세계 여러 곳에 있는 지부에 그 소식을 알린다. 그러나 국제사면위원회 같은 단체가 발견했듯이, 전통적인 통신기술들을 대체가 아닌 보완하는, 보다 효과적인 방법은 컴퓨터통신을 활용하는 것이다.

그다지 체계적이지는 않지만 국제노동운동은 이러한 일을 어느 정도까지 이미 해오고 있다. 범지구적 노동네트워크의 초기에 지오넷 게시판은 노동조합의 권리에 대한 침해를 알리고, 연대투쟁을 요청하는 소식을 게시하는 데 이용되었다. 그러나 국제화학노련의 짐 캐터슨이 지적했듯이, 이러한 소식들을 누가 읽었는지는 확실하지 않았다. 국제식품농업노련의 경험은 약간 독특하다. 국제식품농업노련은 지오넷 게시판에 펩시콜라 등의 초국적기업이 활동하고 노동자의 권리를 인정하지 않은 과테말라와 같은 나라들에 관한 정보를 정기적으로 올렸다. 한번은 노동조합이 아닌

한 중요한 단체가 이러한 호소 때문에 국제식품농업노련에 연락을 하기도 했다. 진보통신연합 토론게시판도 종종 연대를 호소하는 글로 채워지는데, 이 글들은 주로 개발도상국의 노조들이 국제산별노련을 통해 올린 것이다. 하지만 이런 것들은 언론보도문이나 팩스와 같은 전통적인 통신형태를 보완한 것에 불과하다. 진보통신협회 토론게시판에 연대호소문을 올린 단체들 중 하나는 1995년 중반에 통신공간에 들어온 직물·의류·피혁 국제노련(International Textile, Garment, and Leather Workers Federation)이다. 국제운송노련은 새로이 만든 웹사이트를 연대활동을 널리 알리는 데 사용했다.

그러나 국제 노동조합운동은 네트워크를 산발적으로 비체계적으로 사용하고 있다. 국가와 부문을 가로질러 캠페인을 기획하는 국제사면위원회와 달리, 노동조합들은 그들이 항상 해왔던 제한된 부문별 방식으로만 인터넷을 사용하는 경향이 있다. 모든 나라와 부문을 총괄하는 하나의 노동조합 조직, 국제자유노련은 네트워크를 통해 어떠한 연대활동도 실행한 적이 없다. 하지만 어느 한 곳에서 벌어진 노동조합의 권리에 대한 탄압은 모든 곳의 관심사이기 때문에, 그에 관한 정보는 어느 한 부문이나 나라에 한정되어서는 안된다. '가'라는 개발도상국의 한 노동조합이 '나'라는 나라와 전화를 통해 연락을 취하고, 그런 다음에 '나' 나라의 노동운동이 연대행동을 조직하는 것으로는 불충분하다. 마찬가지로 노동조합에 관한 탄압이 모든 노동운동의 관심인데, 국제산별노련 혼자서 산업부문 내의 그 문제를 해결하려고 하는 것도 불충분하다.

우리는 다음 세 가지 요소들에 기반한 범지구적 조기경보네트워크를 건설해야만 한다.

- 노동조합이 위협에 처해 있는 나라에서, 하나의 중앙주소(central address)에 조합원 납치, 시위대에 대한 공격, 조합 간부들의 구속이나 암살 등과 같은 사안들을 알리는, 인터넷에 연결된 컴퓨터와 책임 있는 개인들.
- 정보를 받고 처리하는 컴퓨터와 운영자들로 이루어지는 중앙주소.

- 신속하고 효과적으로 행동할수 있는 사람들에게 소식을 전달하기 위해 인터넷을 이용하는 일종의 '긴급행동네트워크(urgent action network. 국제사면위원회가 칭하는 이름).'

첫번째 요소를 충족하기 위해서는 노동조합이 탄압을 받는 각 나라들에서 최소한 하나씩의 워크스테이션[7])을 유지할 수 있도록 국제노동운동이 컴퓨터와 기술을 제공해야 한다. 사실 이 제안은 어떤 나라들에서는 많은 돈을 필요로 하는 것일 수도 있다. 왜냐하면 이들 나라에서는 인터넷에 접속하기 위해서 국제전화비를 들여야 하기 때문이다. 또 적절한 사람들이 정보를 받고 처리해서 중앙주소로 발신하는 과정을 훈련받는 것도 마찬가지로 중요하다. 출발은 국제자유노련 산하 전국노총들에서 하는 것이 좋겠지만, 지역의 인권 단체들이 그 역할을 더 잘할지도 모른다.

두번째 요소는 호스트컴퓨터 한 대와 하루 24시간, 일주일 내내 대기하는 직원이 필요하다. 이는 아마도 국제자유노련의 본부나 국제산별노련 사무국 중 한 곳에서 가능할 것이다. 노동조합권리의 침해에 관한 소식을 받자마자, 이 정보는 처리되고 검토된 후에 전 세계 노동조합의 관계자들에게 전자적으로 전달될 것이다. 이밖에도 노동운동과 동맹하는 그룹들, 예를 들어 인권단체나 노동당들에도 정보가 전해질 수 있다―이 역시 전자우편을 통해서이다.

국제사면위원회 모델에 기반한 범지구적 노동조합 '긴급행동네트워크'는, 리스트서브와 같은 단순한 도구를 이용해서 만들어질 수 있고 국가, 산업부문, 언어 또는 다른 기준들에 따라 메일링리스트가 만들어질 것이다.

이것이 어떻게 작동할 수 있을지에 관한 예를 제시해 보겠다. 선도적인 초국적기업(예를 들어 코카콜라)에 고용된 한 노조활동가가 어느날 브라질에서 '실종된다'. 그가 속한 노조 지부는 자신들의 전국 본부에 이를 알리고, 전국 본부에서는 리우데자네이로에 있는 전국노총에 알린다. 실종된 활동가의 사진도 본부에 도착하고 스캐너를 이용, 사진을 컴퓨터로 처

---

7) workstation; 정보처리 시스템에 연결되어 독립적으로 데이터를 처리할 수 있는 컴퓨터.

리한다. 리우의 책임자는 모든 관련 정보가 빠짐없이 기입되도록 정해진 서식을 이용해서 인터넷 전자우편으로 그 정보를 전송한다. 사진도 같은 방식으로 전송한다.

1, 2분 후에 이 정보는 지정된 중앙주소—이를테면, 브뤼셀의 국제자유 노련 본부—에 도달한다. 근무중인 운영자가 이를 판독한 후, 사진을 포함해서 이미 디지탈화된 정보들을 브뤼셀에 있는, 계속 갱신되는 두 개의 리스트서브 메일링리스트로 보낸다. 하나는 세계 전역에 있는 코카콜라 노동조합들을 위한 것이고, 다른 하나는 세 개 대륙에 있는 포르투갈어권 노동조합들을 위한 것이다.

이 정보는 브라질을 떠난 지 단 몇 분 후에 각 나라들의 노동조합 전자 우편함에 들어가게 된다. 편집자나 저널리스트로 일하는 사람들은 즉시 자신의 원고에 이와 관련된 몇 문장들을 추가시킬 수 있다. 디지털로 처리된 관련사진과 기사들은 몇 시간 만에 노동조합 신문들에 실리기 시작한다. 전 세계 정치가들의 사무실에 전화가 울리기 시작한다. 코카콜라사의 간부들이 무슨 일이 벌어졌는지 미처 알기도 전에 애틀랜타의 본사 앞에서는 시위가 열린다. 몇 시간 내에, 코카콜라사의 누군가가 브라질의 누군가에게 조용히 전화 한통을 걸고, 실종되었던 운동가는 눈가리개를 하고 약간 얻어맞은 채로, 하지만 대체로 안전하고 건강한 상태로 다시 나타난다.

내 생각에 이러한 조기경보시스템은, 어떤 상황에 대응하는 데 걸리는 시간을 줄이고 중복된 노력을 방지하는 데 큰 기여를 하는 한편, 어떤 곳의 인권침해에도 전 세계 노동조합들이 최대한 맞설 수 있도록 한다. 이것은 남반부에서 노동조합을 강화하는 데 크게 도움을 줄 것이며, 인터내셔널을 새롭게 건설하는 데 매우 중요하다.

인터내셔널은 부활했다

나는 1864년 칼 맑스가 창립한 인터내셔널부터, 다양한 인터내셔널의 역사를 간단히 살펴보면서 이 책을 시작했다. 나는 인터내셔널이 단지 조직으로서뿐 아니라 하나의 '사상', 즉 수백만의 사람들의 의식 속에서 중요한 무언가로서 존재했던 1차 세계대전의 발발 전까지의 한 시대를 그려냈다. 백년 전의 그 사람들은 '인터내셔널에 속해 있었다'. 물론 그들은 노동조합 지부, 전국 노동조합, 그리고 사회주의 정당의 구성원이었다. 그러나 그들은 또한 훨씬 광범위한 것에 속해 있었고 그러한 의식의 중요한 부분이 우리 세계로 돌아오기 시작했다.

오타와의 마르크 벨랑제와 모스크바의 바실리 발록이 통신을 통해 국제노동자대학에 관해 논의하고 있을 때, '그들은 과연 어디에 있는가?' 인터넷 사용자라면 보통 '사이버공간'이라고 답한다. 맞는 말이긴 하지만 충분하지는 않다. 벨랑제의 제안에 관한 토론은 사이버공간에서 벌어졌다기 보다는, 그 안의 특정한 한 부분, 즉 내가 태동중인 범지구적 노동네트워크라고 부르고 있는 곳에서 벌어졌다.

이러한 온라인 공동체가 성장함에 따라 이 장에서 내가 논의했던 그러한 기관들이 만들어지기 시작할 것이다. 온라인 기업평의회가 나타날 것이다—이에 대해서는 의문의 여지가 없다. 국제노동자대학의 경우도 시간 문제일 뿐이다. 온라인을 통한 범지구적 노동언론, 문서보관소, 토론그룹, 저널의 결합, 그리고 노동조합 권리에 대한 조기경보네트워크에 대한 나의 제안은, 최악의 경우에도 미성숙할 뿐이다. 모든 것이 이런저런 형태로, 이르거나 늦게 실현될 것이다.

피터 워터만은 새로운 '범지구적 연대문화(global solidarity culture)'에 대해 쓰면서, 이것이 국제주의, 통신·노동운동에 관한 낡은 개념들을 변화하는 세계에 맞도록 새로운 개념으로 대체할 것이라고 했다. 그는 새로운 사회운동들에 기반하는 대안적인 국제적 통신에 대해 열정적이다. 그가 말하듯이 노동자들의 이해와 새로운 사회운동의 이해들이 겹쳐질 때, 컴퓨터를 통한 국제적인 노동자통신이 '시작되는 것처럼 보인다.'

얼마 전 누군가가 빌 게이츠에게 물었다. 그가 만약 1970년대로 돌아간다면, 랩탑 컴퓨터나 인터넷과 같이 현재 일어나는 새로운 기술발전에 놀라겠느냐고. 게이츠는 그렇지 '않을' 것이라고 대답했다. 그 이후로 일

어난 모든 기술발전은 예상되고 기대된 것이었다고 그는 가볍게 이야기
했다. 그렇다. 그가 옳았다. 마찬가지로 범지구적 노동네트워크의 출현은
오랫동안 기다려지고 기대되었던 것이다. 칩 레빈슨은 1972년에 그것을
예측했다. 그것은 범지구적 자본주의의 성격이 변하기 때문에 필요에 따
라 만들어지고 있으며, 그 속도가 느릴지언정 아무것도 그것을 막을 수는
없다.

‘속도도 더 빨라질 수 있다.’ 15년 전부터 지금까지 수십 명의 사람들
은 밴쿠버, 맨체스터, 샌프란시스코, 제네바, 요하네스버그, 모스크바, 오
타와, 브뤼셀, 시카고, 런던 그리고 그외의 곳들에서 노조 지부의 사설게
시판, 지역적 노동네트워크, 범지구적 전자우편 네트워크들을 만들었고,
최근에는 수백 개의 웹사이트도 만들었다. 그들이 1980년대에 이런 일을
시작했을 때, 그들은 노동운동의 형제자매들이 보이는 적개심이나 혼란에
직면해야 했다. 오늘날 우리는 어느 초국적기업의 표현대로, 그들이 단지
그들의 시대보다 조금 앞섰을 뿐임을 알고 있다. 이제 그들의 시대가 온
것이다.

‘신세계질서’가 새로운 국제주의를 탄생시키고 있다. 국제 노동운동에
참여하는 사람들은 그들 자신의 지역적·일국적 한계를 초월하고, 언어나
피부색이 아니라 사회 계급에 기초하는 범지구적 공동체와 새로운 사회
를 향한 전망의 일부분으로서 자신들을 인식하기 시작했다.

인터넷 덕분에 한 세기에 걸친 국제주의의 쇠퇴는 이미 반전되었다. 매
일 통신망에 접속하는 수천의 노조운동가들에게 인터내셔널은 이미 부활
한 것이다.

<부록 1>

노동 웹사이트 목록

여기 소개되는 목록이 포괄적이거나 항상 최신정보를 담을 수는 없다. 그 이유는 웹사이트 주소들이 자주 바뀌고, 노동조합들이 월드와이드웹에 의욕적으로 뛰어들고 있기 때문인데 그렇기에 인터넷 초보자들은 여기 실린 거대 사이트(일례로 IGC노동 네트워크) 중 하나를 방문해서 그곳을 출발점으로 삼을 것을 권한다. 여러분은 이 목록의 사이트들을 통해 이 책에 언급된 모든 지역 사이트를 찾을 수 있을 것이다.

국제적 네트워크

국제노동기구(ILO)
http://www.unicc.org/ilo/index.html

국제자유노련(ICFTU)
http://www.icftu.org/

국제자유노련 아시아태평양 지역기구
http://singnet.com.sg/~icftu/welcome.html

상업·사무·전문직·기술직 노동자 국제연맹(FIET)
http://www.fiet.org/fiet/

노동자교육협회국제연맹(IFWEA)
http://www.poptel.org.uk/ifwea

유럽노동자교육협회(Euro-WEA)
http://www.wea.org.uk/eurowea/index.html

국제운송노동자연맹(ITF)
http://www.itf.org.uk/

화학·에너지·광산·기타 직종 노동조합 국제연맹(ICEM)
http://www.icem.org/

공공노동자국제연맹(PSI)
http://www.world-psi.org

전국적 네트워크

오스트레일리아노동연구센터
http://gopher.labour.adelaide.edu.au/Default.html

오스트레일리아노동조합회의(ACTU)
http://129.127.68.34/Unions/actu-home.html

오스트레일리아 노동자·노동조합 페이지
http://www.vicnet.net.au/vicnet/labour.html

오스트리아노동조합총연맹(OEGB)
http://www.oegb.or.at/oegb/

캐나다농업노동자조합(CFU)
http://artworld.com/cfu/intro.html

캐나다: 토론토대학 노자관계연구소
http://utll.library.utoronto.ca/www/cir/bookmark.htm

캐나다: 공공노동자동맹(PSA)
http://www.psac.com

캐나다: 노동조합네트워크(Solinet/Web)
http://www.web.apc.org/unionnet/index.html

독일: 프리드리히에버트재단(FES)
http://www-fes.gmd.de/

독일: 금속노조(IG Metall)
http://igmetall.de

아일랜드: IMPACT
http://www.iol.ie/arena/impact

이스라엘: 국제사회학협회, 노동운동연구위원회
http://pluto.mscc.huji.ac.il.~mshalev/welcome.htm

한국: 한국민주노총
http://www.cybercom.co.kr/kctu/

네덜란드노동조합총연맹(FNV)
http://www.fnv.nl/

뉴질랜드노동조합회의(CTU)
http://www.union.org.nz/

싱가폴: 전국노동조합회의(NTUC)
http://www.technet.sg/NTUC/ntuc.html

남아공노동조합회의(COSATU)
http://www.anc.org.za:80/cosatu/

남아공: 전국광산노조(NUM)
http://www.anc.org.za:80/num/

남아공: 상고넷(SANGONeT)
http://www.wn.apc.org/labour/labour.html

영국: 통신노조(CWU)
http://www.cwu.org/

영국: 노동조합총연맹(GFTU)
http://www.poptel.org.uk/gftu/

영국: 노동네트워크(GreenNeT)
http://www.gn.apc.org/labournet

영국: 노동정보통신센터(LTC)
http://www.poptel.org.uk/ltc

영국: 대중매체노조 웹사이트
http://www.gn.apc.org/media/

영국: 제조노련(MSF) 정보기술전문직연합(ITPA)
http://www.poptel.org.uk/msf/

영국: 전국교원노조/여성교원노조
http://www.poptel.org.uk/nasuwt/

영국: 팝텔(Poptel)
http://www.poptel.org.uk/

영국: 공공·세무·상업노조(PTC)
http://www.poptel.org.uk/ptc/

영국: 노동조합회의(TUC)
http://www.tuc.org.uk

영국: 공공노조(UNISON)
http://www.poptel.org.uk/unison/

미국: 미국노총산별회의(AFL-CIO)
http://www.aflcio.org

미국: 주/군/시공무원연합(AFSCME)
http://www.afscme.org/

미국: 경제민주정보네트워크(EDIN)
http://garnet.berkeley.edu:3333/

미국: 트럭운송국제노조(IBT)
http://www.teamster.org/

미국: IGC노동네트워크
http://www.igc.apc.org/labornet/

미국: 사무전문직국제노조(OPEIU)
http://www.opeiu.org/

미국: 국제판금노동자연합(SMWIA)
http://www.smwia.org/hvac/

미국: 트럭운송민주노조(TDU)
http://www.igc.org/tdu/

미국: 단결(UNITE)
http://www.uniteunion.org/

미국: 전미자동차노조(UAW)
http://www.uaw.org/

미국: 전미광산노조(UMW)
http://access.digex.net/~miner/

미국: 미국철강노동자연합(USA)
http://www.voicenet.com/~enos/

미국: 노동자교육189지부/노동자교육신문
http://www.erols.com/czarlab/

미국/멕시코: 전기국제연대연합사이트
http://www.igc.apc.org/unitedelect/

지방 네트워크와 지역 네트워크

브리티쉬컬럼비아교사연맹(BCTF)
http://www.web.apc.org/bctf

디트로이트저널
http://www.rust.net/~workers/strike.html

전기노동자국제노조(IBEW) 1220지부
http://www.ecnet.net/users/urkastig/ibew1220

노바스코샤 간호사노조
http://fox.nstu.ca/~nsnu/

오하이오주 노총산별회의
http://www.ohaflcio.org

샌프란시스코자유언론
http://www.ccnet.com/SF Free Press/welcome.html

앨버타간호사연합(UNA)
http://www.ccinet.ab.ca/una/una.html

<부록 2>

전자우편을 이용한 노동조합 토론그룹과 참가방법

H-노동(H-LABOR): 미국에 근거를 둔 노동의 역사에 관한 토론리스트. 참여하려면 listserv@ uicvm.uic.edu에 'subscrube h-labor <u>이름 학교</u>'를 기입하여 전자우편으로 보내면 된다.

H-UCLEA: 대학 노동자교육협회의 토론리스트. 참여하려면 listserv@h-net.msu.edu에 'subscribe h-uclea <u>이름 소속단체</u>'를 써서 전자우편으로 보내면 된다.

노동뉴스(LABNEWS): 1995년 8월에 생겼으며 미국에 근거를 둔 노동뉴스 제공 리스트이다. 참여하려면 listserv@cmsa.berkeley.edu에 'subscribe labor-l 이름 성'을 기입하여 전자우편으로 보내면 된다.

노동-L(LABOR-L): 캐나다에 근거를 둔 '범지구적 경제하의 노동에 관한 포럼'이다. 참여하려면 listserv@vm1.york.ca에 'subscribe labor-l <u>이름 성</u>'을 기입하여 전자우편으로 보내면 된다.

노동-당(LABOR-PARTY): 미국에서 노동당을 건설하는 문제를 논의하는 토론그룹. 참여하려면 majordomo@igc.apc.org에 'subscribe labor-party'라는 내용의 전자우편을 보내면 된다.

노동조합세계(MUNDO SINDICAL): 1995년 말에 페루 노조활동가들이 만든 라틴아메리카 토론그룹이다. 토론은 스페인어로 행해진다. 참여하려면 listasrcp@rcp.net.pe에 'subscribe sindical'이라는 내용의 전자우편을 보내면 된다.

노동조합-D(UNION-D): 1995년 여름 영국 노동조합활동가들이 만든 유럽 최초의 전자우편을 이용한 토론리스트이다. 참여하려면 listserv@wolfnet.com에 'subscribe union-d'라는 내용의 전자우편을 보내면 된다.

단결(UNITED): 미국에 근거를 둔 평조합원 토론그룹이다. 참여하려면 united-request @cougar.com에 'subscribe'라는 내용의 전자우편을 보내면 된다.

<부록 3>

용어해설

고퍼(Gopher): 월드와이드웹 이전에 매우 복잡하고 유용했던 인터넷상의 문서검색 체계.

국제노조사무국(International trade secretariat; ITS): 산업별로 조직된 노동조합의 범지구적 조직들.

근거리통신망(Local area network: LAN): 하나의 사무실, 건물의 한 층, 한 건물 등의 제한되는 중고속 네트워크.

글라스넷(GlasNet): 진보통신연합(APC)에 가맹된 러시아의 네트워크.

남아공 노동네트워크(WorkNet): 인종분리정책 시기에 시작되었고 오늘날은 상고넷(SANGNeT)이란 이름으로 민중운동에 복무하고 있음.

네트워크(Network): 데이터를 교환하고 정보를 나누거나 서로의 소프트웨어를 이용하도록 하는 컴퓨터들의 연결망.

뉴스그룹(Newsgroup): USENET의 토론그룹.

단말기모방소프트웨어(Terminal emulation software): 모뎀의 설치, 작동의 제어, 다른 모뎀 장착 컴퓨터로의 연결과 통신, 모뎀을 통한 파일의 교환 등을 위한 프로그램.

달팽이 우편(Snail mail): 인터넷 이용자들이 우편으로 배달된 편지를 조소적으로 부르는 말.

데이터(Data): 축자적으로는 '주어진 것'을 의미. 데이터는 사실, 양, 수 등을 가리킨다. 데이터는 어떤 형태로든 존재할 수 있지만 보통 전자디지털신호와 같은 것으로 간주된다.

데이터베이스(Database): 전자적 형태로 조직된 정보의 집적.

디지털(Digital): 양이나 기호를 나타내기 위해 숫자를 이용하는 것. 전자디지털신호는 정량의 가산 펄스로 구성된다.

로그온(Log-on) 또는 로그인(log-in): 네트워크에 자신의 이름으로 접속하는 것. 접속을 끊는 것은 로그오프(log-off)라고 함.

리스트서브(LISTSERV): 전자우편 메일링리스트를 이용하는 온라인 토론을 수행하는 프로그램.

마우스(Mouse): 컴퓨터에 연결하는 지시도구.

모뎀(Modem): 'MODulator/dEModulator'라는 용어에서 파생된 말. 모뎀은 컴퓨터가 말하는 것이 전화선을 통해 이동하도록, 여러분의 컴퓨터를 '듣고' 컴퓨터언어를 전화언어로 변환시키는 장치이다. 내장형모뎀은 컴퓨터 내부에 꽂는 카드형이고 외장형모뎀은 금속상자로 케이블을 통해 컴퓨터에 연결되는 것이다.

미러(Mirror): 한 컴퓨터상에서 다른 컴퓨터로 나타나는 파일의 복사, 또는 한 토론그룹에서 다른 곳으로 메시지를 복사하는 것.

바이러스(Virus): 다른 프로그램과 결합하여 자기복제하는 프로그램. 보통 컴퓨터에 손상을 야기함.

배순차문서구성언어(Hypertext markup language: HTML): 월드와이드웹상에 나타내기 위한 페이지(파일)를 만드는 단순한 컴퓨터 언어.

브라우저(Browser): 월드와이드웹의 웹페이지에 연결하기 위한 넷스케이프 등의 프로그램.

비순차문서전송규약(Hypertext transfer protocol: HTTP): 인터넷을 통해 월드와이드웹 데이터를 보내는 데 이용되는 전송규약.

사용자(User): 정보기술이나 컴퓨터통신을 이용하는 사람.

사용자편의(User-friendly): 사용자가 이용하기 편리한 소프트웨어나 하드웨어.

사이버공간(Cyberspace): 인터넷을 이용할 때 여러분이 존재하는 공간.

서핑(Surfing): 다수의 웹사이트를 차례로 접속하는 것.

셰어웨어(Shareware): 무료로 배포되는 컴퓨터 프로그램. 사용자는 계속 이 프로그램을 사용할 경우에만 회사측에 가격을 지불한다. 일반적으로 가격은 매우 저렴하다.

소프트웨어(Software): 컴퓨터 프로그램(키보드나 모니터처럼 컴퓨터의 물리적 부분을 구성하는 하드웨어의 반대말).

솔리넷(Solinet): ① 캐나다공공노조가 1986년에 창설한 전국적인 컴퓨터통신 네트워크, ② 북미, 특히 미국의 지역 노동조합 BBS의 느슨한 연합체.

스캐브(Scab): 파업파괴자.

실시간(Real time): 지연 시간이 없이 업무를 수행하는 응용프로그램을 참조하라.

아메리카 온라인(America Online): 미국 양대 온라인서비스 회사 중 하나.

암호(Password): 보호장치를 한 네트워크, 시스템, 파일 등에 접근할 수 있는 암호.

양방향성(Interactivity): 전송되는 산출(output)뿐 아니라 사용자의 입력(input)도 수용하는 시스템의 특성.

어드레스(Address): 컴퓨터 데이터의 전송을 확인하기 위해 사용되는 문자와 숫자로 조합된 독특한 배열.

온라인(Online): 네트워크에 연결된 상태.

원거리통신(Telecomputing): 원거리의 컴퓨터와 상호작용하는 것.

월드와이드웹(World Wide Web: WWW): 인터넷에서 가장 발전하는 분야. 문서, 화상, 음성, 동화상을 포함한 상호연결된 하이퍼미디어 파일의 집합.

웹(Web): 월드와이드웹(World Wide Web) 참조.

웹사이트(Web site): 월드와이드웹을 통해 이용할 수 있는 파일. 홈페이지는 웹사이트의 안내 페이지임.

윈도우(Windows): 마이크로소프트사가 만든 개인용컴퓨터용 그래픽 인터페이스.

유즈넷(USENET): 원래는 유닉스 사용자의 네트워크(Unix Users Network)였으나 오늘날은 수천 개의 뉴스그룹을 포괄하는 지구적인 게시판임.

응용프로그램(Application): 컴퓨터시스템에 내장된 시스템소프트웨어의 반대개념. 외부작업을 하는 소프트웨어.

이스라엘 전국노총(Histadrut): 이스라엘의 전국노동조합 중앙조직.

인터네트워킹(Internetworking): 더 큰 네트워크를 만들기 위해 네트워크들을 연결하는 것.

인터넷(Internet): 네트워크들의 범지구적 네트워크. 1969년 ARPANET으로 창설, 오늘 날 수백만 개의 컴퓨터와 수천만 명의 사람들을 연결하고 있다.

인터넷 릴레이 채트(Internet Relay Chat: IRC): 실시간 대화(chat) 체계. 핀란드에서 개발됨.

전송받기(Downloading): 한 컴퓨터에서 다른 컴퓨터로 정보를 전송하는 것. 그 반대는 전송하기(uploading)이다.

전송제어규약/인터넷 규약(Tranmission control protocol/Internet protocol: TCP/IP):

인터넷의 근간을 이루는 프로토콜의 집합. 서로 다른 종류의 컴퓨터가 서로 대화할 수 있도록 하는 일종의 에스페란토임.

전용선(Leased-line): 사적인 데이터 통신을 위해 지정된 통신선.

전자게시판(Bulletin board system; BBS): 사용자가 프로그램을 전송받거나 다른 사람에게 메시지를 남기는 등의 일을 할 수 있는 온라인 체계.

전자우편(Email: electronic mail): 컴퓨터와 모뎀을 사용해서 문서나 다른 데이터를 주소 간에 보내는 것.

전화접속(Dial-up): 전화연결을 이용하는 온라인서비스 접속방식.

접속(Access): 원거리의 자료에 도달하고, 연결하고 상호작용하는 것.

정보고속도로(Infobahn): 정보고속도로라는 의미의 독일어.

정보고속도로(Information superhighway): 대중매체가 인터넷을 과대선전하는 용어 중의 하나.

정보통신(Telematics): 모든 유형의 데이터 처리, 전자정보 등의 상호작용.

지니(GEnie): 미국의 소규모 상업적 온라인서비스.

지오넷(GeoNet): 독일에서 탄생한 국제적 통신체계. 영국의 팝텔을 비롯해서 많은 유럽지역과 세계 노동조직에 연결되어 있다.

진보통신연합(Association for Progressive Communication: APC): 영국의 그린넷(GreenNet), 미국의 IGC, 캐나다의 웹(Web), 러시아의 글라스넷(GlasNet), 남아공의 상고넷(SANGONeT) 등을 포함, 비정부기구를 연결하는 범지구적 네트워크.

컴퓨서브(CompuServe): 미국 양대 온라인서비스 회사 중 하나.

코민테른(Comintern): 공산주의 인터내셔널 혹은 제3인터내셔널.

텔넷(Telnet): 사용자의 컴퓨터로부터 원거리의 컴퓨터에 접속하도록 하는 인터넷 프로토콜.

파일(File): 생성, 저장되고 이름 붙여진 데이터. 컴퓨터에서 파일은 주로 디스크에 저장된다.

파일전송규약(File transfer protocol: FTP): 이용자의 컴퓨터에서 다른 컴퓨터에 파일을 전송하는 규약(과 프로그램).

팝텔(Poptel): 대중정보통신계획(Popular Telematics Project). 1986년 영국에서 시작되었고 노동조합의 인터넷 활용을 증진하기 위한 것이다.

프로그램(Program): 코드화된 명령의 집합.

프로디지(Prodigy): 미국의 거대 상업 온라인서비스.

프로토콜(Protocol): 한 컴퓨터가 다른 컴퓨터의 말을 해석하는 일련의 규칙. 한 컴퓨터가 다른 컴퓨터에 말할 때, 양자는 동일한 프로토콜을 사용한다.

프리넷(FreeNet): 무료로 인터넷에 접속할 수 있는 네트워크.

프리웨어(Freeware): (법적으로) 무료로 배포되는 소프트웨어.

피도넷(FidoNet): 지방 게시판들의 범지구적 네트워크.

호스트(Host): 데이터베이스 등의 서비스를 네트워크를 통해 사용자들에게 제공하는 중앙컴퓨터. 서버(server)라고도 함.

홈페이지(Homepage): 웹페이지(Webpage) 참조.

화상회의(Videoconferencing): 전화선을 통해 실시간으로 전송되는 동화상과 음성을 이용한 쌍방향 통신.

@: 'at'으로 발음됨. 왼쪽의 사용자이름과 오른쪽의 컴퓨터 도메인주소를 구분하는 표시.

bps: bits per second. 모뎀의 통신속도단위.

Integrated services digital network(ISDN): 일반 아날로그 방식보다 훨씬 빠르게 데이터를 전송할 수 있는 디지털 전화체계.

Mapam: 이스라엘의 통일노동당.

NUJnet: 영국과 아일랜드의 전국언론인노조(National Union of Journalists)의 네트워크.

이 책은 에릭 리(Eric Lee)의 『노동운동과 인터넷: 새로운 국제주의(*The Labour Movement and the Internet: The New Internationalism*)』(Pluto Press, 1997)을 완역한 것이다. 우리가 이 책을 처음 접하게 된 것은 97 서울 국제노동미디어 행사를 통해 에릭 리를 만나고 나서였다. 1996년과 97년 민주노총의 총파업 이후 우리는 진보운동의 국제적 연대에 있어서 인터넷의 가능성을 탐색하고 있었고, 에릭 리의 저서는 우리에게 하나의 지침을 제시하고 있다고 생각했다.

언어의 장벽이라는 곤란함 그리고 인터넷 자체가, 흔히 생각하듯이 온전히 민주적인 공론 영역이 전혀 아니라는 사실을 논외로 한다면, 인터넷은 과거의 사고와 정보의 교류에 있어서 우편왕래, 전화, 팩스가 했던 역할을 대신하고 있으며, 이러한 기술적 발전은 이전의 어떤 통신수단보다도 효율적인 의사소통을 보장해주고 있다. 그러나 작금의 상황은 이러한 도구를 그리 효과적으로 이용하고 있지 못한 형편인데 이는 언어장벽, 기술적 어려움, 인터넷을 비롯한 컴퓨터통신이 선진국의 전유물이라는 점, 통신공간에 대한 적극적 사고의 부족 등이 복합된 것이다. 지구화·정보화라는 자본의 새로운 변모는 전 세계 노동자와 소수자를 궁지에 몰아넣고 있지만 동시에 또한 새로운 기회를 제공하고 있다. 인터넷도 마찬가지로 자본과 권력의 횡포가 자행되는 장소이면서 새로운 연대를 형성하고 공동의 행동을 모색할 수 있는 공간이다. 에릭 리의 저서는 이를 위한 훌륭한 나침반을 제시해주고 있다. 여기에 뛰어들어 헤쳐나가는 것은 우리의 몫이다.

에릭 리는 미국에서 태어나 현재는 이스라엘 키부츠에서 거주하고 있지만, 인터넷을 통해 국제적 노동운동에 있어서 중요한 역할을 수행하고 있다. 미국에서는 청년사회주의자동맹, 사회당 등에서 활동했고 1981년 이스라엘로 옮긴 이후에는 이스라엘 통합노동당과 국제사면위원회, ≪노동자교육≫ 등을 거쳤다. 올 6월 말에는 영국으로 이주해서 그곳에서 활동할 것이라고 한다. 현재 인터넷상에서 그가 주관하는 웹사이트는 전 세계 노동운동에 관한 풍부한 최신소식을 담고 있는 '노동출발'(http://www.solinet.org/LEE/labourstart.html), 범지구적 노동네트워크 건설을 논의하는 온라인 소식지 ≪범지구적 노동네트워크(*Global Labournet*)≫ (http://www.solinet.org/LEE/labour04.html), 그리고 이 책의 웹사이트 (http://www.solinet.org/LEE/thebook.html) 등이 있다. 한국을 방문한 후에는 '한국노동운동과의 연대(http://www.solinet.org/LEE/korea_news. html)' 라는 웹사이트를 영문으로 제공하기도 했다(이 사이트는 4월부터 '노동출발'에 포괄되었다). 에릭 리의 웹사이트는 전 세계 노동운동가들이 정보를 찾기 위해 가장 먼저 방문하는 곳이 되었고, 그를 비롯한 많은 노동네트워크 전문가들의 노력으로 인해 각국 노동운동이 서로의 사고와 정보를 공유하는 것이 가능케 되었다. 피터 워터만이 말했듯이 '범지구적 연대문화'가 형성되고 있는 것이다. 물론 이 수많은 자료들을 아직 우리말로 볼 수는 없는데 이는 노동운동의 전문가들이 해결해야 할 과제이다.

이 책의 기획과 번역에는 많은 사람이 함께 했다. 정보연대 SING, 민주와 진보를 위한 지식인연대, 카퍼레프트 모임 등에서 활동하는 많은 분들이 번역작업을 여러모로 도와주었다. 초고를 검토하고 많은 조언을 해주신 여러분께 감사드린다. 물론 오역과 졸역의 책임은 우리에게 있다. 아울러 독립적·민주적인 통신공간을 만들기 위해 진보네트워크센터 건설을 준비하는 분들에게 이 책의 출간이 미진하나마 도움이 되길 바란다.

끝으로 이러한 희귀한 종류의 책의 출판에 선뜻 동의, 번듯한 책으로 만들어준 도서출판 한울 여러분께 감사드린다.

1998년 7월 13일
국제연대정책정보센터

● 지은이 에릭 리(Eric Lee)는 미국과 이스라엘에서 25년간 노동운동과 민주적 사회주의 운동을 벌인 노동운동가로 현재 이스라엘 키부츠 아인 도르에 거주하고 있다. 저서로는 『사이공에서 예루살렘까지: 이스라엘의 베트남 참전군인과의 대화』(1992), 『비밀공작: 스탈린과 오크라나(Okhrana)』 등이 있으며 여러 편의 논문이 있다.

● 옮긴이 국제연대정책정보센터는 1997년 총파업을 계기로 한국 정보운동 진영의 실천적 국제연대를 모색하기 위해 그 해 8월 설립되었다.
참세상 게시판: go PICIS
참세상: tsPICIS, 나우누리: hanboss, 천리안: SOLIDA, 하이텔: SOLIDARI
인터넷 영문 웹사이트: htt://kpd.sing-kr.org/~picis/

노동운동과 인터넷
새로운 국제주의

ⓒ 국제연대정책정보센터, 1998

지은이／에릭 리
옮긴이／국제연대정책정보센터
펴낸이／김종수
펴낸곳／도서출판 한울

편집책임／온현정
편집／이경희

초판 1쇄 인쇄／1998년 8월 1일
초판 1쇄 발행／1998년 8월 7일

주소／120-180 서울시 서대문구 창천동 503-24 휴암빌딩 201호
전화／326-0095(대표)
팩스／333-7543
등록／1980년 3월 13일, 제14-19호

Printed in Korea.
ISBN 89-460-2534-4 93330

* 가격은 겉표지에 있습니다.